如何从0到1：
语言科学研究方法论探索

How to Start from Scratch:
The Methodological Exploration of
Constructing Scientific Linguistic Theories

周 频 著

清华大学出版社
北京

内 容 简 介

本书是一本对理论语言学的科学研究方法论进行元理论思考和研究的理论专著。不仅引导读者反思一些普遍接受的观点，还基于科学史和科学哲学的背景，提出了自己的灼见：如何有效地开展学术批评，理论的结构是怎样的，如何建构原创的语言理论，语言学与哲学究竟是什么关系等等。此外还着眼于前沿的认知科学、神经科学、复杂性科学等，前瞻性地提出了将语言学纳入认知科学大家庭的超学科发展范式的构想，以及今后如何改革研究生的课程体系，培养具有创新能力的理论语言学人才等等。本书希望能对我国语言理论的创造和创新提供借鉴和启示。

版权所有，侵权必究。举报：010-62782989，beiqinquan@tup.tsinghua.edu.cn。

图书在版编目（CIP）数据

如何从 0 到 1：语言科学研究方法论探索 / 周频著. —北京：清华大学出版社，2020.4（2022.1重印）
ISBN 978-7-302-53892-9

Ⅰ. ①如… Ⅱ. ①周… Ⅲ. ①语言学–研究方法 Ⅳ. ① H0-3

中国版本图书馆 CIP 数据核字（2019）第 205364 号

责任编辑：倪雅莉　钱屹芝
封面设计：子　一
责任校对：王凤芝
责任印制：宋　林

出版发行：清华大学出版社
网　　址：http://www.tup.com.cn, http://www.wqbook.com
地　　址：北京清华大学学研大厦 A 座　　邮　编：100084
社 总 机：010-62770175　　邮　购：010-62786544
投稿与读者服务：010-62776969，c-service@tup.tsinghua.edu.cn
质量反馈：010-62772015，zhiliang@tup.tsinghua.edu.cn

印 装 者：三河市东方印刷有限公司
经　　销：全国新华书店
开　　本：155mm×230mm　　印　张：15　　字　数：251 千字
版　　次：2020 年 4 月第 1 版　　印　次：2022 年 1 月第 2 次印刷
定　　价：108.00 元

产品编号：085041-02

序

周频经过十余年的深入思考和研究，写就了这本《如何从0到1：语言科学研究方法论探索》，嘱我写几句话作为序，我欣然允诺。

这本书中提出了一些非常重要、却尚未得到应有的重视或澄清的问题，比如：语言学的学科性质、地位问题；语言研究创新人才如何培养，语言学专业研究生课程如何设置；语言研究如何从还原论的思路走向复杂性科学的整体论的研究路径等。对于书中作者提出的观点和思考，有些我是认同的，有些还值得商榷。不管怎样，能提出这样的问题，并试图去回答这些问题，需要勇气、自信、良好的学术直觉、独立的思考和执着的精神。我认为，周频是一位具备了以上这些特质的学者。

周频在2009年复旦博士毕业后，来到上外跟我做博士后研究。她当时的研究选题是《认知语言学哲学基础的批判研究》，对当时势头正盛的认知语言学的哲学基础——具身哲学，提出了反思和批判。关于她的开题报告，有的专家持有不同意见，建议她把研究重点放在对具体语言问题的研究上，而不是在哲学上。考虑到她已具备一些哲学基础，我支持和尊重她的研究兴趣。

后来，她申报的"对Lakoff & Johnson认知语言学理论的认识论及方法论基础的反思与批判"项目获得第47批中国博士后科研基金项目资助。在上外两年的博后研究工作期间，她在外语类和哲学类的核心或权威期刊上发表了多篇学术论文，其中有一篇被《中国社会科学文摘》转载。

周频有自己独立的思考、多元的知识结构、强烈的好奇心和探索欲。为了挑战具身理论的理性观、数学观，她广泛涉猎数学、哲学、心理学、人类学、认知神经科学等相关知识，努力拓展自己的视野，力图从哲学的高度、多学科知识的广度和认知神经科学的深度等方面，深化自己的研究。

2014 年,她有幸受到国际神经科学界的领军人物 Antonio Damasio 院士的邀请,赴美国南加州大学的脑与创造力研究中心学习了一年认知神经科学和具身语义学。近年来,她在认知神经语言学方法论方面的理论研究,逐渐得到国内一些同行的认可。

目前,她正在投入地研究情绪的概念化问题。据悉,她翻译的学术著作《情绪、学习与脑》,即将由清华大学出版社出版。她申请的关于情绪概念化的研究课题先后获得上海市哲社基金和国家社科基金资助。最近又受到著名情绪与内感受神经科学家 Hugo Critchley 教授的邀请,将赴英国的萨塞克斯大学的布莱顿和萨塞克斯医学院研修内感受神经科学(interoceptive neuroscience)。

在此,祝贺周频,也希望她不断探索,不断进步!

是为序。

束定芳

上海外国语大学

2019 年 7 月 2 日

前　言

改革开放四十多年来，中国的经济、文化、教育、科技等都取得了举世瞩目的辉煌成就，学术研究方面也呈现出欣欣向荣、蓬勃发展的大好局面。然而，随着改革的深入，一些问题也日益凸显。比如，我国无论在自然科学还是人文社会科学领域，基础理论从0到1的原创一直是我们的短板。李克强总理指出，我国的"自主创新能力不强，关键核心技术短板问题凸显。"[1] 在部署2019年政府工作任务时，他强调，要"加大基础研究和应用基础研究支持力度，强化原始创新，加强关键核心技术攻关"。[2] 在今年的全国政协十三届二次会议的分组讨论上，政协委员徐旭东提出，"要鼓励原始创新和关键核心问题的解决。0到1的创新，和有了1之后核心问题的解决都很重要，这两方面的贡献真正确立一个国家在科学技术领域的国际地位......鼓励青年科学家不要满足于在美欧日同行建立的科学框架里蹭热点、做填空"。[3]

缺乏理论原创的现象在语言学界也概莫能外——至今，我们尚无在国际上有影响力的、原创的理论体系。国内不少学者习惯于做国外理论的"消费者"。他们主要通过引介、消化、吸收和应用国外的理论来解释汉语现象，甚至逐渐形成了拥护Chomsky的生成语言学的形式语言学派、支持Halliday的系统功能语言学的功能学派，和围绕着Lakoff & Johnson等人为代表的认知语言学学派等三大主流语言学范式。时而"你方唱罢我登场"，时而"各立山头、各拥其主"。但有些学者对自己所拥戴的师祖往往只能做到"吾爱吾师"，却不能做到"吾更爱真理"，亦或许不知道该如何"爱真理"。

这或多或少反映出我们不仅缺乏文化自信和理论创新的底气，而且缺乏批判精神和创新意识。那么该如何增强自信，如何进行学

---

[1] 李克强总理在2019年3月5日的第十三届全国人民代表大会第二次会议上作的政府工作报告回顾2018年工作中时强调。
[2] http://www.china.com.cn/lianghui/news/2019-03/05/content_74534032.shtml
[3] https://baijiahao.baidu.com/s?id=1627723226974934466

术批判，如何建构原创的理论体系，西方的理论体系又是如何构建的，今后的语言学研究该如何创新理论、研究生该如何培养等等，这些问题既极其重要，逻辑上又相互关联，却仍未得到深入、系统的思考和研究。导致一些学者要么盲目接受和迷信国外的理论，把他们的话当成"金科玉律"或教条不加怀疑和反思；要么由于在批判方法上不得要领，未能触及根本，只能"隔靴搔痒"，难以产生"釜底抽薪"式的、颠覆性的科学革命。因而，很多情况下，中国学者只能"在美欧日同行建立的科学框架里蹭热点、做填空"。

对方法论的思考和研究（也称为"元理论研究"）始于博士论文期间的工作。2006年我在复旦大学外文学院攻读博士，2009年获得博士学位后，又在上海外国语大学开启了博士后的研究项目。2011年博士后研究出站后，到上海海事大学外语学院从事教学和科研工作。一路走来的学术研究生涯里，我一直都在有意无意地思索和探究西方的理论究竟是怎样"造出来"的？西方的语言理论是否存在漏洞和不足之处，能否从更广阔的知识体系中去审视他们的理论？如何先破后立，建构自己的理论体系？今后的语言学应该何去何从？

经过十多年的思索和积累，我发现西方的每一个主流的语言理论其实都是理论家们建构的一套系统的、融贯的理论体系。其中，每一个理论都有他们自己的基本假定（我称之为理论大厦的"地基"），而理论大厦的建筑风格受到时代科技水平的影响或限制。这些理论的建筑大师们都声称他们的理论是科学的理论，并且，终极的目标是揭示语言、思维/心智和实在三者的关系（简称"三元关系"）。因此，不同时代的"科学"具有不同的内涵，每一个理论都不是终极的真理，而是既具有相对的科学性和知识体系的完备性，同时又受到理论家自身和时代的局限，他们的理论都有可能被证伪。也因如此，我们有理由不必对他们建构的理论体系顶礼膜拜、不加怀疑。因为随着科技的发展，他们的理论都不可避免带有时代的局限性。我们完全有可能基于更可靠、更先进、更广阔的知识框架去质疑、挑战他们的理论，找到他们理论的漏洞、反例或矛盾。并以此作为"阿基米德支点"，撬动整个理论大厦，再建构一幢基础更加牢固的理论大厦，从而颠覆前人的理论。而不是仅仅满足于在别人的框架结构内添砖加瓦。

前言

本书内容大部分是我从 2006 年到 2016 年这十余年内，对语言理论作的反思性、批判性、探索性的元理论研究，其中大部分思想已在外语类和哲学类的 CSSCI 期刊上发表。还有一些未发表在 C 刊上，可能因为思想在当时有点超前，未能得到应有的重视。所以，也希望通过此书的出版，把一粒粒散落的珠子串在一起，或是把一间间房子拼装、组合在一起，搭建成一幢楼房。从而，把自己关于方法论的点滴思考汇集整合成系统完整的语言科学研究方法论体系。

此外，我也希望循着元理论思考的轨迹，探索如何从破到立，先破后立。语言理论从 0 到 1 的创立，首先需要基于更广阔的知识结构，审视现有理论的漏洞。倘若不能跳出现有的知识框架，就会"不识庐山真面目，只缘身在此山中"。正所谓"当局者迷，旁观者清"。然后，基于更坚实可靠的科学知识结构，尝试建构自己的理论大厦。

本书共有九章。第一章，我们将讨论究竟什么是语言学，语言学是不是科学？如何科学地研究语言？我们将从索绪尔谈起。人们往往不加思索地接受他是"现代语言学之父"，却不去深究其中的缘由，只知其然，不知其所以然。对他的语言理论的"现代性"和"科学性"也缺乏深刻的认识。然后，我们将反思，中国语言学界为何没有产生理论体系，语言学的学科性质、学科地位、语言学研究分哪些层次，以及还原论与整体论的关系问题等等。第二章，我们将从科学知识的增长模式思考语言理论创新之路。研究是始于问题还是始于观察？从 0 到 1，是先做实证，还是先批判前人，提出质疑？我们认为，要做到理论原创，必须具备必要的科学哲学素养或元理论意识。只有在正确的方法论指引下，才能提出语言科学理论。第三章希望能让您了解如何找到自己的研究问题。科学哲学家波普尔说过"科学的精神是批判"，批判他人的过程就是发现自己研究问题的过程。如何通过批判找到自己的研究问题呢？我们将以三个案例说明，如何反思和批判权威的理论。并由此管窥西方的语言学家们关心的究竟是什么问题：是语言现象问题，还是现象背后的心智问题？为何那些语言学大家们都会关心科学的实在性问题？不同的语言学流派看语言、心智和实在三者关系的出发点有何不同？第四章我们将着重讨论如何正确开展学术批评。学术的健康发展，不能靠"一团和气""互相吹捧",而是离不开学者之间的对话和批评。而批判有"内部"与"外部"之分。我们将告诉你,哪一种是更好的批判方法。第五章讨论不同理论流派之间的关系。一些学者认为,不同的理论可以相互融合,取长补短。有这种可能性吗?我们将剖析不同理论的哲学假定,弄清楚理论之间的关系。第六章将讨论语言学与哲学的关系。作为中西语言哲学研究会的常务理事,我曾参与学会的创立和发展的早中期阶段。对前会长钱冠连先生和现任会长王寅教授的一些思想,提出了自己的见解。钱先生一直心怀理论建构的雄心壮志。他看到语用学的很多思想最初来自哲学家的思考,于是提出哲学是语言学的"营养钵",语言学家或许可以通过研究哲学家们的思想,为理论创新提供理论基础和思想资源。而王寅教授也认为,语言学与哲学不应彼此分离,研究语言学需要受到哲学思想的引领。而我认为,语言学虽然脱胎于哲学,但它本质上是经验科学。哲学为语言学研究提供认识论和方法论,甚至提出有意义的研究问题。而语言学最终需要来自人类学、心理学、认知神经科学等的实证研究证据,确立其学科地位的合理性和合法性。第七章讨论语言学与认知科学的关系。我们认为,随着认知科学的发展,语言学家的任务逐渐从关注语言的符号性和社会文化属性,深入到关注语言的认知属性、神经生理属性和进化生物性等。语言学也终将归于认知科学的大家庭。无论是 Chomsky 还是 Lakoff & Johnson 等认知语言学家都主张,研究语言的目的最终是为了揭示人类心智的奥秘。第八章将在复杂性科学的视野下,探索语言科学的超学科发展之路。人类语言是一个多层次、多维度、有生命力、不断演化的复杂系统。然而,受传统的科学方法论思想和分析哲学的影响,对语言的研究主要是采取静态的、分析的、演绎逻辑的、原子论的路径,或基于形式规则的语法、封闭的算法或符号的表征等还原论的方法。但还原的方法对复杂系统往往显得无能为力。现有的学科分工也不适用于对复杂的语言系统进行研究。我们将论述,语言学需要与认知科学相关学科,包括人类学、心理学、神经科学、哲学、人工智能等如何交叉整合,开展超学科研究,共同探索心智的奥秘。最后一章,我们希望为今后的研究生培养和课程体系改革提供一些启示。我们认为,未来学科界限将变得模糊,学科壁垒将逐渐消融。研究生的课程体系也需要进行相应的变革。因此,我们提出了研究生课程体系改革的新构想。

我要衷心感谢我的团队成员。这本书的思想大多来自我曾经发表过的论文。在如此紧迫的时间内，需要把这些论文整理成前后融贯的专著，靠我一个人几乎是"impossible mission"。于是，我们成立了"周老师小分队"。团队成员是上海海事大学外语学院的几位优秀青年骨干教师，他们大多都是新进校的博士，包括：北大毕业的宋璟瑶博士、上海交大毕业的周祥博士、华东师大毕业的李谷慧博士、英国罗汉普顿大学毕业的陈林博士，高翻同传教师许信。此外，还得到了佟和龙副教授的鼎力相助，替我完成了第四章"内部批判"的部分书稿。我们七位老师带着9名研究生，他们分别是：丁友德、高雅、韩蒙、何小庆、季鹏程、李凡、魏小乔、夏雪怡、张玉文（按字母顺序排列）帮助我完成了本书的编辑、整理、充实和完善工作。最后，宋璟瑶博士完成了全书的目录汇编，并在几位研究生的帮助下，完成参考文献的整理工作。陈林博士通读和润色了全书的文字。因此，从论文到专著的这一程，如果没有他们的辛勤付出和无私帮助，我个人不可能完成这一艰巨任务。各个章节的分工如下：

章节	负责老师	负责学生
第一章	周 频	韩 蒙
第二章	周 祥	夏雪怡
第三章	李谷慧	丁友德
第四章	佟和龙	李 凡
第五章	宋璟瑶	何小庆
第六章	周 祥	季鹏程
第七章	宋璟瑶	高 雅
第八章	周 频	张玉文
第九章	许 信	魏小乔

这也是我首次组建这么多人的团队一起"攻坚克难"。在此过程中，我们互相鼓励、互相扶持、砥砺前行，彼此结下了深厚的友谊。再次感谢他们的认真负责、耐心细致、不辞辛苦和深情厚谊！

我还要感谢我学术生涯中有幸遇到的贵人和恩师们：熊学亮教授、束定芳教授、章宜华教授、石锋教授、周统权教授、姜孟教授、王文斌教授、文旭教授、张后尘教授、钱冠连教授、何自然教授、朱志方教授、赵彦春教授、彭宣维教授、杨枫教授、Antonio Damasio 院士和 Lisa Aziz-Zadeh 教授等等。是你们一直给予我无私的帮助、鼓励和支持，带领我走进学术的殿堂，引领我探索语言、心智、脑和身体的奥秘……

最后，我要衷心感谢我的父母，是你们教会我始终以积极、乐观、健康的心态去面对事业和生活！

2019 年 6 月末
于滴水湖畔闲云阁

目 录

序 i

前言 iii

第一章 什么是语言学？语言学是科学吗？ 1
1.1 Saussure 为何是"现代语言学之父"？ 2
1.1.1 为何为"父"？ 4
1.1.2 何谓"现代"？ 8
1.2 Saussure 理论源于西方的自然认识方法：公理–演绎法加抽象化–理想化 9
1.2.1 源于雅典的公理–演绎法/形而上学思辨法 9
1.2.2 亚历山大抽象的–数学的自然认识方式 11
1.2.3 近代科学的三种革命：伽利略、笛卡儿和培根 11
1.3 Saussure 语言理论的现代性和科学性特征及其局限性 12
1.4 中国语言学界为何没有产生理论体系？ 13
1.5 语言学的学科地位问题 15
1.5.1 语言学的学科性质 17
1.5.2 语言学的内部结构 20
1.5.3 举个例子——认知神经语用学 21
1.6 "还原论"与"整体论"相结合 23
1.7 面向未来的语言学学科建设构想 24

第二章 科学知识的增长模式与语言理论的创新之路 27
2.1 为何走不出"有学术无学派"的瓶颈？ 27
2.1.1 现状与问题 28
2.1.2 原因分析 32
2.2 科学知识是如何增长的？ 35
2.2.1 归纳主义的科学观：累积式增长模式 36
2.2.2 证伪主义的科学观：猜想–反驳模式 37

    2.2.3 范式论的科学观：常规科学–科学革命模式 38
    2.2.4 精致证伪主义：科学研究纲领方法论模式 40
    2.2.5 科学进步的解题模型 41
  2.3 科学哲学大视野下看语言理论创新之路 41

第三章 理论批判是发现研究问题的起点 45

  3.1 对学术权威的态度：膜拜还是批判？ 45
  3.2 什么是批判？ 47
  3.3 发现权威理论的漏洞 47
  3.4 案例一：为什么语言学家关注科学实在性问题 49
    3.4.1 三大语言理论对三元关系的基本假定之比较 50
    3.4.2 语言相对论的科学实在观神话 52
    3.4.3 祛魅 Halliday 的语法隐喻的科学观 55
    3.4.4 夸大其辞的具身的科学实在论 62
  3.5 案例二：对具身哲学的理性观的批判 67
    3.5.1 具身哲学的理性观 69
    3.5.2 对具身哲学的理性观的反思 69
    3.5.3 对无意识性的反思：基于认知错觉的发现 76
    3.5.4 对想象性的反思——基于对"逻辑"和"对逻辑
         的理解"两个不同概念的澄清 77
    3.5.5 对进化性的反思——基于人与动物的思维的截然
         界线和心智黑洞的证据 79
  3.6 案例三：对具身哲学的数学观的反驳 81
    3.6.1 具身的数学观 81
    3.6.2 对具身论的数学观的反思 87
  3.7 通过批判发现研究问题 94

第四章 理论批判的方法：内部批判与外部批判 95

  4.1 王初明与文秋芳关于"写长法"之争 96
    4.1.1 关于王的"写长法"理论 96
    4.1.2 文对"写长法"的批判 97
    4.1.3 王对"写长法"的辩护和对文批判的反驳 98
  4.2 从"外部批判"和"内部批判"看王与文之争 99
  4.3 "内部批判"举例——关于"语言机能"的大辩论 ... 103

4.3.1　争论的前提——要有基本的共识 ································ 104
　　4.3.2　争论双方的分歧：围绕着递归的实现方式–合并展开 ···· 105
　　4.3.3　后续影响 ··· 114

第五章　语言理论范式之间不可通约 ·· 119
5.1　如何获得（确定的）知识？ ·· 119
5.2　什么是科学的研究方法？ ··· 122
5.3　建构理论如同建造楼房 ·· 125
　　5.3.1　不同语言理论是建在不同地基上的大厦 ························ 128
　　5.3.2　不同"地基"的语言学理论之间不可通约 ······················ 134
5.4　不同理论之间或许可以互补 ··· 136
　　5.4.1　CL 和 SFL 关于语篇连贯机制的不同解释 ······················ 137
　　5.4.2　CL 和 SFL 对语篇连贯解释的互补性 ···························· 139
5.5　实用主义真理观与理论的评价和选择 ·· 144

第六章　语言学与哲学的关系 ··· 148
6.1　国内外学者之见 ·· 148
6.2　为何西方哲学家也研究语言问题？ ··· 151
6.3　哲学家与语言学家的研究问题和目标 ·· 154
6.4　语言学与哲学相互影响 ·· 157
　　6.4.1　语言本体论与语言学理论 ·· 159
　　6.4.2　三元关系中的语义理论与认识论 ··································· 160

第七章　当代语言学是认知科学大家庭之一员 ······························· 164
7.1　两代认知科学 ··· 165
7.2　对心智的哲学研究 ··· 166
　　7.2.1　从本体论转向认识论——从"何物存在"到"对于
　　　　　存在我知道什么" ··· 166
　　7.2.2　认识论的语言转向——将心智问题还原为对语言的
　　　　　逻辑分析 ··· 167
　　7.2.3　心智哲学的兴起——关于心脑关系的争论 ····················· 168
7.3　对心智的科学研究 ··· 169
7.4　心智研究的发展与语言本体观的演变 ·· 172
7.5　基于认知神经科学的语言研究 ·· 174
　　7.5.1　厘清语言科学解释的层次 ·· 175

xi

7.5.2　语言学需要进入超学科发展模式 ································ 176
　　7.5.3　认知神经语言学的方法论模型 ································ 177

第八章　复杂性科学视野下的语言科学研究 ·························· 180
8.1　当前语言研究方法中存在的问题 ································ 181
　　8.1.1　什么是复杂系统？ ·· 181
　　8.1.2　复杂的语言被简单化研究 ···································· 183
　　8.1.3　简单化语言研究中的缺陷 ···································· 186
8.2　科学研究方法从简单到复杂的演化 ······························ 190
8.3　复杂性科学下的语言研究方法论思考 ···························· 191
　　8.3.1　复杂性科学的研究方法 ······································ 191
　　8.3.2　复杂性科学对语言研究方法论的启示 ·························· 193

第九章　创新人才的培养——语言学专业研究生课程设置构想 ······ 195
9.1　我国目前的语言学学科定位中存在的问题 ························ 196
9.2　国外顶尖大学的语言学课程设置举隅 ···························· 204
9.3　超学科视域下语言学研究生课程设置构想 ························ 206

参考文献 ·· 207

后记 ·· 219

跋 ·· 221

图目录

图 1.1　Schleicher 的印欧语系树图（王士元，2011：8） ············ 3
图 1.2　分析哲学关于三元关系的假定 ··· 6
图 1.3　结构主义语义观的三元关系假定 ······································· 6
图 1.4　索氏二分法下确立的语言研究对象（王寅，2013b：2） ···· 8
图 1.5　语言学系统内部的层次结构及关系 ·································· 24
图 1.6　语言学学科建设的四层构架 ··· 26
图 2.1　归纳主义科学观的累积式增长模式 ·································· 37
图 3.1　语言相对论关于三元关系的假定 ····································· 51
图 3.2　系统功能语言学关于三元关系的假定和知识观 ············· 51
图 3.3　认知语义学关于三元关系的假定和知识观 ···················· 52
图 3.4　从知识走向无尽的科学探究 ··· 67
图 3.5　·· 70
图 3.6　·· 70
图 3.7　（ibid.：23） ··· 70
图 3.8　（ibid.） ·· 71
图 3.9　（ibid.） ·· 71
图 3.10　（ibid.：24） ··· 71
图 3.11　（ibid.） ·· 71
图 3.12　（ibid.：25） ··· 72
图 3.13　（ibid.） ·· 72
图 3.14　（ibid.：27） ··· 72
图 3.15　（ibid.：28） ··· 73
图 3.16　（ibid.：30） ··· 73
图 3.17　用容器图式理解的逻辑推理 ·· 78
图 3.18　毕达哥拉斯定理 ··· 93
图 4.1　·· 106
图 4.2　·· 107
图 4.3　·· 109

图 4.4		110
图 4.5		112
图 4.6		115
图 5.1	连贯、语域、衔接（张 & 刘，2003：34）	137
图 5.2	衔接与衔接手段（张 & 刘，2003：29）	138
图 7.1	语言学与认知科学的相关学科交叉整合（Miller，2003）	176
图 7.2	跨学科与多学科的学科间交叉关系（经济合作与发展组织，2010：139）	177
图 7.3	超学科的知识发展模型（经济合作与发展组织，2010：139）	177
图 7.4	认知神经语言学的方法论模型	178
图 8.1	复杂性的十大特征	183
图 8.2A		188
图 8.2B		189
图 8.2C		189
图 8.2D		190
图 9.1	我国语言学专业的学科设置	198
图 9.2	《中华人民共和国学科分类与代码国家标准》的分类（ibid.）	199
图 9.3	《国家社会科学基金项目申报数据代码表》的分类（ibid.）	200

第一章

什么是语言学？语言学是科学吗？

开篇第一章，我们将讨论究竟什么是语言学。也许您会说，"语言学不就是专门研究语言的学问吗？"确实，语言学是以人类的语言为研究对象。那么，什么又是语言呢？或者说，语言的本质究竟是什么呢？您或许会说，"语言就是人们用来表达和交流思想的一种方便而有效的工具"。或者会说，"语言就是一套能表达意义的符号系统"等等，诸如此类。但这些回答似乎并不太令人满意。因为这只是凭直观感觉说出了语言的一些功能和特征，就好像告诉我树木可以遮阴、挡风一样，并没有说出它的根本性质。比如，与寻常百姓不同，科学家会告诉你，树木可以通过叶片中的叶绿素与日光发生光合作用，制造氧气，吸收空气中的二氧化碳等等。因而，这样基于直观、表象的回答没有提供出更多关于语言本质的解释。如果你说"语言不仅可以用来表达和交流思想，从某种意义上看，语言也是组织、规定或限制我们的思想的'一只看不见的手'"，你就为我们提供了更多关于语言的知识，尽管这样的知识还有待于被证实或被证伪。因此，科学研究应当提供更多超出常识和直观、关于事物本质的知识，并且这种知识目前已被许多事实所证实。尽管如此，也不能指望它就是绝对真理，因为它有可能被证伪。

我们继续追问，"语言是从何而来的呢？动物有没有语言呢？人类的语言与其他生物的交流方式有何不同呢？"等等。如果我们的这些问题激发了您的好奇心，相信您的脑子还会冒出更多更有趣的问题！这些也是语言学家们感兴趣的问题，而且至今仍争论不休。不管怎样，现在我们知道，语言是认知心理现象，它既有文化和社会的属性，又具有神经生理学基础。因此，要认识语言的本质，还有许多未解之谜等待着我们去探索和发现。

您也看到，通过这种"苏格拉底式"追问，要回答清楚一些貌似简单、平常的问题并非易事。事实上，对于什么是语言，什么是语言学，该如何研究语言，该如何建设语言学学科等一系列问题，我们还存在诸多疑问及概念上的混乱，甚至是错误。这导致我们对语言学的学科定位、学科规划、课程设置，以及研究对象、研究方法、研究目标等都产生了诸多模糊不清的认识。进而导致"各自为政""见木不见林""盲人摸象"等盲目、零散、碎片化的研究。

在本章，我们先从现代语言学的"开山鼻祖"Saussure谈起，看看究竟为什么人们会把"现代语言学之父"的桂冠授予他。然后，我们将对语言学的学科地位、学科性质和未来的发展趋势等问题展开讨论。

1.1 Saussure为何是"现代语言学之父"？

人类对语言的研究可追溯到上古时期，可以说，历史上有关语言的研究比天文学、数学开始得还要久远。但那时的研究只能被称为"语文学"（philology）（产生于公元前5世纪到18世纪）。因为古代的语文学家们对语言的研究主要是基于主观臆测，而非客观的描述，更没有科学的实证研究方法加以检验。他们往往只限于解释古代的书面语，比如梵文、希腊文、拉丁文、古汉语文言文、佛教的巴利文、旧约全书的希伯来文和古兰经的阿拉伯文等等。依据经典古文制定语法，恪守语法的规定性，而不关心现实生活中人们使用的活生生的口语和方言（陈明远，1983）。

而现代语言学的发端和发展则与时代的科技水平密切相关。甚至从某种程度上可以说，**一个时代有什么样的科技水平，就会有什么样的语言学**[1]。从语言学发展的历史来看，大致可分为五个时期：（1）历史比较语言学，产生于19世纪；（2）结构语言学，产生于20世纪上半叶；（3）形式语言学，产生于20世纪中期；（4）系统功能语言学，产生于20世纪中后期；（5）认知语言学，大约在20世纪80年代后期至20世纪90年代开始成型（章宜华，2009：3）。最早具有科学意义的语言学——历史语言学，就是受到当时达尔文进化论思想的影响而产生的。19世纪德国语言学大师奥古斯特·施莱谢尔·施莱歇（August Schleicher）（1821—1868）写出的《达尔文理论与语言学》和《印欧系的语言》等著作，勾画出了印欧语系的树图（图1.1），推动了历史比较语言学的兴起。同样，随着计算机科学、认知科学的兴起和发展，生成语言学应运而生。而认知心理学和认知神经科学的发展，则推动了认知语言学和认知神经语言学的产生和发展等等。

---

[1] 书中粗体为笔者所加，下同

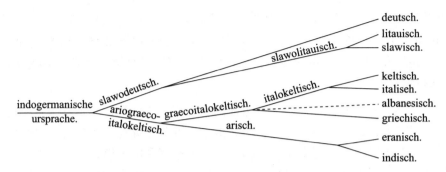

图 1.1　Schleicher 的印欧语系树图（王士元，2011：8）

现在学界公认的"现代语言学之父"是瑞士语言学家 Saussure。那么，为什么会把这顶荣耀的桂冠授予他呢？

瑞士语言学家 Saussure（1857—1913）是现代语言学的奠基人，也是结构主义思想的开创者之一。他被后人称为"现代语言学之父"，结构主义的鼻祖。他的代表作是《普通语言学教程》（Cours de Linguistique Generale），该书集中体现了他的语言学思想，对 20 世纪的现代语言学研究产生了深远的影响。

2013 年，为了纪念 Saussure 逝世 100 周年，中西语言哲学专业委员会在美丽的西子湖畔举办了主题为"Saussure 语言哲学思想研究"的论坛。当时，有些学者把 Saussure 视作一位语言哲学家，认为由于他具有深刻的哲学思想，是当之无愧的"现代语言学之父"。这让人不禁疑惑：Saussure 真的是因为他的哲学思想而被称为"现代语言学之父"吗？毕竟还有那么多语言哲学家（或者说分析哲学家），为何没有把这顶桂冠戴在他们的头上呢？

带着这样的疑问，我们找来了由 Saussure 的学生根据他上课的讲义整理出版的《普通语言学教程》（以下简称《教程》）（2011）和《Saussure 第三次普通语言学教程》（以下简称《第三次教程》）（2007）。我们把这两本书中带有"哲学"和"科学"的字眼都数了数，惊讶地发现，Saussure 频繁提到"科学"和"语言科学"，比如在《教程》中共计 52 次，《第三次教程》

中共计22次，却几乎没有找到他关于语言哲学的论述。据王寅先生统计，Saussure有一处提到"哲学家"，一处提到"语言哲学家"（2013a：12）。由此，我们可以得出一个初步的判断：作为语言学家，**相比哲学而言，Saussure 更偏重科学**。

当然，也许是他的思想主要由他的学生根据听课笔记和他本人的札记经过重新组织综合而成，谁也不清楚他本人的思想究竟是怎样的。这给后人揣测和解读（甚至过分解读）留下较大的空间和随意性，也导致无穷无尽的争论。尽管Saussure已故去一个多世纪，我国学者对Saussure的研究热情仍经久不衰[2]。一方面也许是出于对他的敬意，另一方面也许是由于困惑。毕竟他头顶上耀眼的光环不免让我国学者对他心生敬意。尤其在西方语言学刚刚引入我国时，很多人难免对权威心生敬畏之心。

另一方面，近年来，我国已有一些学者对当西方理论的"消费者"和"二传手"感到不满，希望找到他们理论产生的根源。比如，钱冠连先生提出，要从西方语言哲学的"摇篮"里寻找根据。他感到困惑，为何西方学者能建构理论体系，而我国学者只能对语言现象进行零星的、碎片式的具体问题研究。他希望弄清楚，西方的理论体系究竟是怎样建构出来的？这种疑惑，用现在流行的一句话说就是：**我们为什么迈不出"从0到1"的这一步**？

要解答这样的困惑，我们不仅需要了解西方的科学发展史，还需要了解中国和西方文明所孕育出的不同的**自然认识方法**。因为，只有把Saussure置于西方近代科学的演变史中来解读他思想的现代性或科学性，也许才能更好地回答为何Saussure被称为"现代语言学之父"这个问题。由此，我们可以更好地厘清西方语言理论构造的机理和方法论思想的渊源。

为此，我们向您介绍荷兰著名科学史家弗洛里斯·科恩（2012）的思想。他对西方近代科学的起源和发展脉络进行过清晰、深入的剖析。我们希望能以史为鉴，真正理解西方的理论从何处来、向何处去，以期对我国语言学的科学发展提供有益的启示。

1.1.1 为何为"父"？

王寅先生认为，Saussure之所以被尊为"父"的原因不外乎二：一是

---

[2] 在CNKI网上可以搜索到近3000条关于Saussure研究的文章（从1962年至今）。

理论新奇。由于 Saussure 所确立的结构主义语言学理论"走了一条与当时流行的历史比较语言学完全相反的进路，掀起了一场语言研究领域的哥白尼式革命。他独具匠心地将语言定义为'一套形式要素之间关系的总和'，首开'关门打语言'之先河，仅以语言系统为对象而排除其他一切要素，只研究语言系统内部的单位及其间关系即可"（2013a：8）。二是影响深远。王寅先生认为，Saussure 在 1916 年《普通语言学教程》中所论述的基本观点几乎影响了整个 20 世纪的语言学研究。他指出，"大多语言学家都在阐发、应用、发展索氏语言理论……就连当下亦成主流的认知语言学派，也接受了索氏很多观点……索氏所倡导的结构主义理论还波及其他人文和自然学科"（ibid.）。

王寅还认为，Saussure 不仅是一位语言学家，也是一位语言哲学家。因为他提出的许多思想不仅与一些哲学家的语言观不谋而合，他的理论基础也符合语哲的三大原则，即"以形式逻辑为基础，以语言为研究对象，以分析方法为特征"（王寅，2012a：13）。他认为，只有从这种渊源关系的角度出发，才能更深刻地解读索氏哥白尼革命意义之所在。

然而，如果仅因 Saussure 的思想与一些语言哲学家的观念存在共鸣，就被尊为"现代语言学之父"，并因"理论新奇""影响深远"，就赢得"哥白尼革命"的美誉，还是有些牵强——这些理由既不充分，也并非必要。首先，仅因为他走了一条与当时流行的历史比较语言学完全相反的进路——"关门打语言"，并不能说明他的理论就是"哥白尼革命"——**这好比与权威"唱反调"并不是证明他的思想伟大的充分条件和必要条件。**其次，Saussure 的思想是否真的与分析哲学的原则一致，值得商榷。事实上，分析哲学的真值语义观与 Saussure 的结构主义语义观的第一原理（即论证的起点）根本不同（周频，2011）。前者关注语言符号与实在的关系，极力排除语言使用者的心理因素。如逻辑实证主义假定语言、思维和实在（简称三元关系）是逻辑同构的，**语言哲学家试图通过对语言进行逻辑分析，揭示世界的逻辑构造**（如图 1.2）。而结构主义语义观把语言视为自足的符号系统，通过抽象化和理想化，不考虑心智和实在，认为语义仅取决于语言符号之间的对比或差异（如图 1.3）。最后，即便凭后见之明，发现其理论思想与哲学家们的语言观有所联系，Saussure 也未必能凭此"附和之能"荣登"学科之父"的宝座。

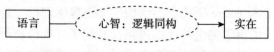

图 1.2　分析哲学关于三元关系的假定

图 1.3　结构主义语义观的三元关系假定

那么为什么称 Saussure 为"现代语言学之父"呢？一般而言，在西方，一个人被尊崇为学科"之父"往往是因为他们的理论**开创了现代科学意义上的一门学科**。什么是"现代科学"呢？所谓"现代科学"是指西方启蒙时代以来，科学家不再基于形而上学的思辨或恪守亚里士多德等哲学家们的经典教条去认识世界、解释自然，**而是以抽象的-数学的、理论推导、实验验证等方法展开专门化、建制化的自然认识活动。并且各个领域的研究逐渐从哲学中分化为独立的学科**。比如，"现代心理学之父"威廉·冯特虽然同时也是一位哲学家，但并不是因为他的哲学思想而成为"心理学之父"。恰恰相反，是因为他用科学的、实证的方法研究心理学现象——冯特心目中的心理学应该是一门可量化的、实验的科学，使得心理学脱离了哲学的母体，成为一门实验科学，他才被誉为"心理学之父"。他认为心理学并不是依赖于哲学的，心理学不应该建立在哲学的假设基础上。而哲学只有建立在心理学、科学的经验基础之上，其思辨才是有价值的。他的科学心理学是哲学与生理学相结合的产物。

怎样才能确立一门学科呢？通常来说，这一般需要包含三个基本要素[3]：

（1）独特的、不可替代的研究对象或研究的领域；

（2）理论体系，即特有的概念、原理、命题、规律等所构成的严密的逻辑化的知识系统；

（3）方法论，即学科知识的生产方式。

我们以此为标准来看 Saussure 对开创现代语言学的贡献。众所周知，在明确研究对象上，他通过区分"语言"和"言语"两个概念，排除了具

3　http://www.360doc.com/content/14/1107/04/15224945_423361435.shtml

体的言语，将抽象的"语言"确立为语言学的研究对象。他曾说，"语言学的一个目标，就是要界定自身，识别所统领的范围"（2007：4）。他还说，"在静态语言学里，正如在大多数科学里一样，如果不按惯例把事实材料加以简化，任何论证都是不可能的"（2011：140）。

在建构理论过程中，Saussure 把语言符号的任意性或不可论证性选定为第一原理，由此推演出一套内部逻辑自洽的理论体系。我们可以将他的论证思路总结如下：

（1）由于语言是任意的符号→不同语言团体的人被强制（不以个人的意志为转移）使用特定的语言进行交流→语言学研究的重点应放在语言的规约性、社会性或整体性而非个体性上。

（2）语言随时间而变化→不同时代的人使用不同的语言系统→同一时间断面的语言规律无需通过追溯语言的演化史获得→仅通过研究共时的、静态的语言就能发现语言的普遍规律→只有排除语言研究中的时间因素，才能发现语言的普遍规律。

由此，他建构了关于语言符号的理论体系。他说，"语言学家的任务是要确定究竟是什么使得语言在全部符号事实中成为一个特殊的系统。如果我们能够在各门科学中第一次为语言学指定一个地位，那是因为我们已把它归属于符号学"（2011：25）。或许受西方数学思想的影响，**Saussure 的"符号"是与日常现实无关的理想的、抽象的实体**。

在知识的生产方式方面，Saussure 拒斥历史比较语言学家的经验归纳法，崇尚理性主义的公理–演绎法。他强调，其所要建立的语言学与历史比较语言学的本质区别在于"科学性"。他说"恰恰是科学这个词语使其与其他所有早期阶段的研究区别了开来"（ibid.：3）。他特别强调语言科学研究的目的，**须从一切语言本身的历史中得出最为普遍的规则**，并尖锐地批评历史比较语言学家只是在玩"为比较而比较的游戏"——他们既不关心整体语言存在的条件，也无法上升到普遍的规律。

总之，我们可以看到，**Saussure 因明确或限定了语言学的研究对象，建构了系统的理论，阐明了对语言进行科学研究的方法（仅就当时科技水平而言），使得语言学成为一门可进行科学研究的专门化学科，故被称为"父"**。那么 Saussure 的语言理论的现代科学性和革命性究竟体现在哪里呢？

1.1.2 何谓"现代"?

要认识 Saussure 理论的"现代性",我们需要从"现代科学"的意义上去把握。然而,很多对 Saussure 思想的解读常常忽视这一点,导致"知其然,却不知其所以然"。所谓现代科学,简单来说,指 16 到 17 世纪,哥白尼、开普勒、伽利略、笛卡儿、牛顿等开创了全新的自然认识方法,从而彻底改变了人们看待世界的方式。**哥白尼、开普勒和伽利略都采用抽象的-数学的方法"让自然获得了理性"**(克莱因,2007)。之后,**培根提出了自然认识的"发现的-实验的方法"**,他认为科学研究不能仅靠寻找亚里士多德的形式因或终极因(formal or final causes),而应通过系统实验对论断进行验证。笛卡儿提出,数学和几何是逐步建构科学知识的思维模型,并提出机械化的世界图景。牛顿综合了前人数学的、理论推导的、实验观察和归纳法等自然认识方法,提出了运动定律、万有引力定律和光学理论,从而完成了近代科学革命,其影响一直持续至今(科恩,2012)。**因此,现代科学是以抽象的-数学的方法加上发现的-实验的方法去认识自然、认识世界为特征的。**

关于研究对象的确定,王寅先生(2013b)认为,Saussure 先确立了一系列二分观点,切下了四刀:切除了异质的言语表达、复杂的外部干扰、多变的历史因素,然后锁定了"同质的语言内部的共时形式系统"为其惟一的研究对象(图 1.4)。不过,这只是我们所见之"果",背后之"因"是什么呢?他为何要作如此切分?我们不妨问问,难道这样切分就一定是"革命性的创举"吗?此外,在阐明研究目的时,Saussure 反复强调,应寻求整体语言的**普遍规律**。他为何有此诉求,背后的动机又是什么呢?(我们不妨问问,我国的语言研究者们是否常怀此心呢?)要回答这些问题,需将目光投向西方近代科学发展史,只有在此背景下,方可领会 Saussure 理论的现代性意义和科学精神。

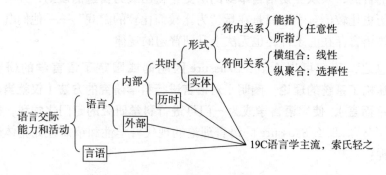

图 1.4 索氏二分法下确立的语言研究对象(王寅,2013b: 2)

1.2 Saussure 理论源于西方的自然认识方法：公理–演绎法加抽象化–理想化

　　Saussure 把语言符号的"任意性"作为构造理论的第一原理，其他论断则由此演绎出来。这种方法叫作"公理–演绎法"。熟悉欧几里得几何的人都知道，欧几里得在他的《几何原本》中从少量"自明的"定义、公理、公设出发，利用逻辑推理的方法，推演出整个几何体系。所选取的少量的原始概念和不需证明的命题成为整个体系的出发点和逻辑依据，然后运用逻辑推理证明其他命题。这种公理演绎法深刻地影响了西方的科学思想。**古希腊的科学注重思想理论体系的建立，而近代科学的各个学科几乎都能在古希腊那里找到思想源头**，比如斯宾诺莎的伦理学、牛顿的《自然哲学的数学原理》、爱因斯坦的相对论等等莫不如此，可以说古希腊是科学思想的摇篮（燕晓东，2008）。

　　欧几里得是古希腊最负盛名、最有影响的数学家之一。欧几里得的《几何原本》对于几何学、数学和科学的未来发展，对于西方人的整个思维方法都有极大的影响。该著作是古希腊数学发展的顶峰。欧几里得将公元前七世纪以来希腊几何积累起来的丰富成果，整理在严密的逻辑系统运算之中，使几何学成为一门独立的、演绎的科学。

　　后人总结他的生平时这样说，他给这个世界留下过一本书和两句话。第一句是"在这里，皇帝没有特权"。第二句话是当欧几里得面对一位青年的质问"你的几何有何用处？"时，他的回答简洁而确定，他给身边的侍从说："请给这个小伙子三个硬币，因为他想从几何学里得到实际的利益"（燕晓东，2008）。

　　而 Saussure 排除"言语"，将研究对象确立为抽象化的"语言"，属于"抽象化–理想化"的研究方法。按照科恩，这两种方法都起源于古希腊，但分属不同的研究路径，公理–演绎法是以雅典为中心，抽象的–数学的方法是以亚历山大为中心。

1.2.1　源于雅典的公理–演绎法/形而上学思辨法

　　两千多年前的雅典产生了四个哲学学派——柏拉图的学园、亚里士多德的吕克昂、斯多亚派和伊壁鸠鲁的花园。各派讲授的内容各不相同。但它们有一个共通点：解释巴门尼德提出的**变化问题**。之所以要解释此问题是因为，在日常生活中我们**感知**到的是斗转星移、生老病死、花开花谢等千变万化的世界。**但古希腊人追求的是发现所有变化背后的永恒性和规律性**。巴氏认为，感知到的变化只是假象，感官无法使我们获得关于实在的**可靠知识**。他由此提出巴氏悖论——变化是不可能的，尽管有其外表。后来，此悖论被改造为巴门尼德问题：如何才能既承认这个悖论本身，同时又使其无害，即如何通过一种同样严格的思想来**拯救变化**（科恩，2012）？对此，希腊人提出了四种不同的解释：

- 柏拉图区分了不完美的现象世界和完美的理想形式世界。前者可凭借感官知觉到，后者则不能被可知觉的现象充分反映。比如，虽然存在着各种可能的树，如橡树、柏树、松树、柳树、枫树等等，但真正重要的是那永恒不变的树的理念，即理想的树，所有具体形式的树都源于它。**他认为，认识自然、人和人类社会的努力总是以认识其理想形式为目的，数学是实现这种认识的途径**。对于理想世界，我们只能凭借思想，不能依靠感知。

- 亚里士多德则区分了两种存在：潜在的存在和现实的存在。由此，变化可以理解作为可能性处于事物之中的东西朝着现实存在状态展开。比如，一颗橡子（只是潜在的一棵橡树）长成成熟的、真正的树。变化就是所有变化者从一开始就承载着的目标的实现。

- 斯多亚派认为，变化表现为弥漫于整个宇宙的普纽玛（Pneuma）之中无时无刻、无处不在的张力改变。

- 伊壁鸠鲁的"原子论"认为世界由无法察觉、不可再分的原子组成，世上所有变化最终都是这些原子持续不断的重新组合。（ibid.）

这四种对变化的解释和由此产生的自然图景之间的分歧引起了无休止的争论，却无法取得进展。尽管如此，这四种对变化的解释有一个共同点："都提出了一些第一原理来说明我们周遭世界的性质。每一套原理都具有绝对的确定性，其正确性不容怀疑，当然也无法反驳。但其解释力是有限的，任何经验事实都可以毫无问题地纳入某些观察事实来说明第一原理"（科恩，2012：11）。具有讽刺意味的是，**雅典人对可靠知识的追求，却因各学派不同的第一原理而争执不休**。

由此看来，仅靠哲学思辨无法获得确定可靠的知识。**但无论如何，我们可以看到，西方之所以会学派林立，理论层出不穷，源于他们都选择了不同的第一原理，然后将一些观察事实按逻辑的方式加以组织，建构为一套内部逻辑自洽的理论体系。

1.2.2 亚历山大抽象的-数学的自然认识方式

亚历山大的研究重点不是哲学而是数学，其主要代表人物有欧几里得、阿基米德、托勒密等。不过，希腊人所创立的数学与其他文明的数学有着本质的区别，前者是理性主义的，而后者属于经验主义。希腊数学家从一开始就拒绝从经验中获得知识，因为他们认为感官经验是不可靠的，而使用证明的方法。比如，他们不是用量角器，而是靠逻辑推理证明三角形三内角和为180度。又如，阿基米德使用抽象和数学的方法研究杠杆定律和浮力定律。通过抽象过程，他把所有物质性的东西消除：把杠杆表示成直线，重物并不是真的悬挂起来，而是设想用直线与之相连。这种研究不考虑实际物体的各种形态，而是把物体抽象成几何图形。同样，托勒密构造了复杂的数学模型来解释天体的运行规律。

总之，科恩认为，"雅典"与"亚历山大"属于两种根本不同的自然认识形式，他称前者为"自然哲学的"，后者为"抽象的-数学的"。雅典人着眼于日常经验的实在，希望把自然现象置于一个整体之中来**解释**它们。"在讲授哲学学说时，每一位哲学家都偏爱那些最符合自己学派观点的现象。自然哲学家所关注的是：根据一劳永逸确定的、完全用语词表述的第一原理，导出定性的、非定量或近乎非定量的无所不包的解释"（ibid.: 15）。亚历山大人研究抽象的数学实在，其自然认识**与实在几乎没有什么联系**，仅仅代表自身。他们**不做解释**，不转弯抹角地用语词作定性说明，而是用可做计算的数学单元——数和形的**描述和证明**。

1.2.3 近代科学的三种革命：伽利略、笛卡儿和培根

文艺复兴时期出现了三种自然认识形式，它们的代表人物分别为伽利略、笛卡儿和培根。伽利略的研究方法与亚历山大人一脉相承〔科恩称之为"亚历山大加（plus）"〕，他把数学称为"书写自然之书的语言"，并区分了三种实在层面：日常的、理想的、居间的实验的。而他所研究的是与阿基米德和其他亚历山大人一样的理想层面——**将所有干扰情况抽象掉，或者说在思想中被排除掉**——比如假定物体的运动没有空气和摩擦表面的阻力。因此，这种现象不是发生在日常经验的物理空间，而是发生在一个理想的几何空间之中，我们能够思想它，甚至接近它，但永远不能实现它。

笛卡儿则继承了"雅典人"的理性传统，发展出他的自然认识观——所有自然现象都须通过某些特定的第一原理来解释（科恩称之为"雅典加"）。

培根等人发展出了第三种自然认识形式——发现的-实验的系统研究法，其特点是精确的观察和以实际应用为导向。他的思想为通过系统实验获得知识开辟了道路。

牛顿在研究中则一直由数学推导的确定性与追求一致的世界图景这种幻想性的东西之间的张力支配，他由此完成了近代科学革命的大综合。

总之，人类认识自然的进程是从蒙昧走向理性和科学的过程，从靠经验归纳、哲学思辨、形而上学的猜想，走向通过数学抽象和系统实验寻找确凿证据的科学之路。正如科恩说的：

> 我们越来越清楚地看到，自然的奥秘几乎无法通过显而易见的手段、常识和单纯的感官来揭示，也不能由第一原理思辨性地导出，而一些纯粹定性的描述只能非常有限地理解自然。要想彻底理解自然，就必须深入下去，学习数学的语言，（尽可能通过精确的测量）把实验当作实在的源泉和检验标准（ibid.: 201）。

现代科学如此，现代语言学（作为研究语言的科学）亦然。那么，Saussure 的语言理论的现代性具体体现在哪里呢？

1.3　Saussure 语言理论的现代性和科学性特征及其局限性

作为一名西方的学者，Saussure 不可避免地受到西方的思想传统和时代科学精神的影响。基于以上介绍，我们有理由猜测他的理论体系主要采用了源于"雅典"和"雅典加"的公理-演绎法。在确定研究对象上，他采用了"亚历山大"和"亚历山大+"的抽象化-理想化的方法。同时，从他的符号观中，能明显看到西方数学思想对他的影响。

数学是利用符号语言研究数量、结构、变化以及空间模型等概念的一门学科，**其研究对象与实在无关**。数学的演进可看成是持续的抽象化，或是题材的延展过程。数字是最早被抽象化的概念，比如，"3"不代表 3 个苹果、3 头羊、3 根手指等具体对象。随着数学的发展，数的概念变得更加抽象，人们发明了有理数、无理数、虚数等等。**但这些抽象的数学概念始终与实在无关，仅表示更加抽象的关系**。卡西尔指出，自然数、分数和无理数等数不是对具体实物、物理对象的描述或映象，而是表达了非常简单的关系。数的自然领域的扩大，比如虚数的产生，仅仅意味着引入了新的符号，这种符号易于描述更高层次的关系。他说"这种新的数不是简单关系的符号，而是'关系的关系'的符号，'关系的关系的关系'的符号，等等"（2009：294-295）。

不过，以今天的眼光看Saussure的理论，或许因缺乏数学训练和现代科技手段，不难发现许多问题和不足：

（1）他的理论的思辨成分远多于实证研究；

（2）对语符关系的描写，多使用语词，而不是数学方法。虽然他曾指出"在基本性质方面，语言中的量与量之间的关系可以用数学公式有规律地表达出来"（冯志伟，2011：1），还把语言比作一个可以归结为一些待证定理的几何系统。但仅仅停留在想法阶段，并未用数学实际地研究语言；

（3）他排除具体的"言语"，将语言学的研究对象限定在抽象的"语言"上，也带来了巨大的弊端——使得语言学局限于研究语符关系（即"关门打语言"），忽视了从认知科学等角度，对语言产生和理解的认知机制进行实证研究和科学解释。例如，他虽注意到布洛卡关于脑损伤导致的失语症和失书症的研究，但把这些现象都归于言语现象而有意忽视。他说"卜罗卡（Broca）发现说话的机能位于左大脑第三额回，人们也就根据这一点认为言语活动有天赋的性质。但是大家知道，这个定位已被证明是跟言语活动的一切，其中包括文字，有关的"（Saussure，2011：18）。因此，他刻意回避或忽略了对"言语"的研究，只研究抽象的"语言"，即符号之间的关系。

1.4 中国语言学界为何没有产生理论体系？

钱冠连先生（2004）曾一针见血地指出，**中国语言学界有学术却无学派**。长久以来，国外的理论推陈出新，学派纷呈；而我国学界则零敲碎打，**始终聚焦于具体语言现象研究**。为何我们偏向研究具体问题，却不擅长构建理论体系呢？科恩说，中国没有出现伽利略或牛顿，这不是纯粹的巧合。同样，我们认为，中国没有出现Saussure、Chomsky、Halliday或Lakoff，也不是巧合。这或许是语言学界的"李约瑟难题"。

究其原因，科恩认为，**中国的自然认识方法主要以经验事实和实用为导向**。相对于希腊人，中国人偏重以观察为基础的"自下而上"的经验法，并倾向于把宇宙理解为万物相互联系的有机体——强调"关联性",而非"因果解释"。对中国人来说,万物构成了一个有机织体和循环过程,这种世界图景使中国人很容易接受任何能够表明这种关联的东西。尼德汉姆和若南指出,中国人把宇宙看成是一个巨大的有机体,世界是一个无限精细的织体,每一根纹路都与其他纹路交织在一起。要想理解这种多重性,就必定需要一种关联的、相互联系的思想。道、气、五行、阴阳这四种基本概念反映了这种思维方式,它们终于发展成为中国的世界图景(科恩,2012:25)。

而希腊的方法是"自上而下"的——**普遍化先于资料收集,经验事实被纳入一种理性框架,与实际问题的联系几乎不存在,思想非常抽象和理论化**。近代科学最终是基于希腊而非中国的版本。从 Chomsky(基于理性主义哲学)、Halliday(基于社会建构论)和 Lakoff(基于具身哲学)等理论中都能看到它们基于不同的哲学假定(不过,光有哲学是不够的,现在 Chomsky、Lakoff 等都试图从进化生物学、神经科学中寻求验证他们理论的科学证据)。反观历史,答案或许在于:**中华文化中缺乏西方人那种基于公理-演绎法展开哲学思辨的思维方式、抽象的-数学的自然认识方式,也缺乏通过系统地控制实验、发现和检验假说的研究方式**。

综上,我们基于科恩的科学史观,对 Saussure 的语言理论的现代性和革命性进行了剖析,**发现他理论的科学性在于他以抽象化-理想化的方法,限定了语言学的研究对象;并基于公理演绎法建构了语符关系的理论;其研究的目的旨在揭示所有语言的普遍规律**。我们认为被誉为"现代语言学之父",是因其开创了现代科学意义上的语言学。

此外,我们还基于科恩关于中西文明截然不同自然认识方法的论述,指出中国无学派的缘由所在:自古以来,在中国的自然认识方式中,积淀出我们的研究偏重自下而上的观察,而非以寻求普遍规律为导向;另一方面,我们的语言研究有较多主观性和猜想性,而不是对现象寻求理性的、科学的因果解释。

培根曾用蚂蚁、蜘蛛和蜜蜂来比喻三种不同的自然认识途径。他说,我们不能像蚂蚁那样只是耐心地收集材料——这是经验主义的做法(中国古代大多采用此方法),它不能使我们走远;也不应像蜘蛛那样只顾自己吐丝织网——这是雅典人的理性主义的做法,也不会达到目标;而须像蜜蜂那样从花中吮吸花蜜,并且在蜂巢中加工成蜂蜜。单纯收集事实,或者仅有概念框架,都还不是真正的科学。只有使两者形成富有成效的相互关系，才能产生真正的科学（科恩，2012：31）。

通过对西方科学史的简要梳理，以及对 Saussure 科学思想和科学精神的剖析，我们知道，西方的现代语言学是一门科学，这对我国的语言学学科建设有什么启示呢？我们目前的语言学界还存在哪些概念混淆，该如何厘清呢？下面，我们进一步探讨如何在科学轨道上进行语言学的学科建设。

1.5 语言学的学科地位问题

目前，我国的语言学研究大多集中在各大高校的中文系和外语院系。"中国语言文学"和"外国语言文学"均为一级学科，"语言学及应用语言学"为下设的二级学科。

然而，现代的语言学越来越向纵深发展，探究语言的认知本质，因而语言学的研究对象、研究方法、研究目标等也发生了根本的改变。语言学越来越呈现出科学化发展的趋势。传统地把语言学归属于特定语种下的人文学科范畴，已暴露出诸多不利于其发展的弊端。国内一些语言专家曾多次呼吁将语言学调整为一级学科。《语言科学》期刊在 2010 年第一期上，围绕这一主题，组织了一组笔谈文章。汉语界的知名专家学者杨亦鸣、徐杰、陆俭明、沈阳、刘丹青、张伯江、游如杰等从不同角度论证了其必要性和重要性，并提出具体建议。就必要性而言，他们的理由可概括为如下三点：

首先，语言学已越来越远离传统的人文学科范畴，日益具有自然科学的性质，因此不应继续与文学合在一起组成一级学科。陆俭明和沈阳认为，"传统意义上的语言学只是附属于人文科学（特别是文学和文献学）的准科学……而现代语言学则是跨自然科学和人文科学的尖端科学，是联系基础科学和应用科学的系统科学，也是作为当代前沿科学特别是信息科学和生命科学的重要组成部分的前沿科学"（2010：11）。刘丹青和张伯江指出，"语言和文学是性质差异极大的学科，分别位于人文社会科学中最接近自然科学和最接近艺术的两端，在研究方法、评价标准等方面都相距甚远"（ibid.：16）。杨亦鸣和徐杰认为，"在当今发达国家中，语言学已成为一门领先的科学……现代语言学与自然科学、社会科学和思维科学的众多具体学科有着广泛的联系和交叉，产生了一系列边缘交叉学科，先后诞生了人类语言学、社会语言学、心理语言学、数理语言学、病理语言学、神经语言学、计算语言学、发展语言学、应用语言学、认知语言学、模糊语言学、生物语言学等"（ibid.: 3）。游汝杰（2010）也认为，作为一门科学，语言学的许多领域与文学的关系越来越远，其中有的分支学科，如语音学、实验语音学、计算语言学、病理语言学、神经语言学等更与"文学"风马牛不相及。

其次，语言学作为科学应对人类语言具有普遍的解释力，不应局限于解释特定语种的语言现象。而在我国，语言学研究"完全依附在特定语种上，缺少语言学的核心要素所必备的对人类语言整体的关怀"（刘丹青 & 张伯江，2010：16）。游如杰从学科分类的角度论证指出，把语言学冠以国别属性，不符合现代科学的分类法。他还认为，把"语言学及应用语言学"设为"中国语言文学"和"外语语言文学"下的二级学科在逻辑上是错乱的。因为，"'中国语言学'只是'语言学'的下位概念，却与'中国文学'合为一级学科，同时又将上下位关系不对等的'语言学及应用语言学'和'汉语言文学'并立为二级学科。这种情况既不合学科分类的学理和逻辑，也不能适应近年来语言学（包括对外汉语教学）蓬勃发展的现状，而且使语言学今后的发展受到种种限制"（2010：19）。他认为这种错误是由历史造成的，是不讲究学科建设的旧时代的产物。

最后，从欧美发达国家的大学学科设置来看，语言学大多被设为独立的学科。杨亦鸣和徐杰（2010）调查了哈佛大学、麻省理工学院、加州大学伯克利分校等美国部分有代表性和指标性大学的语言学及与语言学相关学科（学系）设置情况发现：国外一流大学的学科设置不仅有自己的英语系和各国别语言文学或语言文化专业和系科，还都有专门的语言学系，相当于中国的语言学一级学科。基于对排名前25位的世界语言学杂志的调查，他们发现，语言学作为一门领先的科学，其领先性主要体现为理论的先进性和学科的交叉性。

经过这些学者多年来的多方呼吁，加上科技的飞速发展，近年来人们越来越意识到语言学与文学具有截然不同的学科属性，再也不能它们生拉硬扯在一起了。在杨亦鸣教授等的倡议和带领下，2009年5月我国第一个以"语言科学"命名的学院——徐州师范大学（现为江苏师范大学）语言科学学院成立。2018年10月29日，北京语言大学在国内率先成立了语言学系。该校语言学系提出要"在继承传统的基础上开始探索符合汉语实际的创新型理论体系，同时也开始注重培养具有完备现代语言学知识结构的语言学专门人才。"[4] 2019年3月25日，教育部发布通知公布了2018年度

---

[4] https://baijiahao.baidu.com/s?id=16156538645318270
26&wfr=spider&for=pc

普通高等学校本科专业备案和审批结果。北京语言大学和上海外国语大学成为国内首批设立"语言学"本科专业的学校。据上外官网报道,上外"旨在通过在本科阶段设立'语言学'专业,构建本、硕、博完整的语言学专业人才培养体系,推动语言研究向科学化和前沿化转型……。要在传统的外国语言文学学科中尽快融入神经科学、心理科学等新的学科要素,以应对时代发展与国际责任,迎接人工智能时代,在革新中获得新的活力。"[5]

总之,随着认知科学的相关学科的发展和人们对语言和心智的本质认识的加深,语言学的学科地位发生了深刻的变化:从传统的主要关注对特定语种的语言现象的分类和描写,到逐渐融入认知科学的范畴,成为跨学科、多学科甚至超学科的研究对象。尽管如此,我们认为,国内的一些学者对语言学的学科性质**仍缺乏清晰、系统和科学的认识**,导致了一些混淆或错误的观念。下面我们具体分析语言学的学科性质问题。

1.5.1 语言学的学科性质

前面说过,人们对语言本质的认识是随着科技的进步而发展的。因而,该学科的内涵和外延并不是一成不变的,而是在不断扩展和演进。传统的一些观念已不太能适应,甚至阻碍了其发展。鉴于此,我们需要重新审查语言学的学科地位问题和学科性质问题,以及未来的语言学学科建设问题。

1.5.1.1 中西方语言研究传统的差异

由于受传统方法论思想的影响,我国的语言研究与西方崇尚用科学的方法和手段描写语言现象、解释语言的本质相比,存在较大差异,**这种差异甚至是根本性和系统性的**。在西方,语言学被看作是研究人类语言的**科学**。而中国传统的语言研究主要包括三个分支——音韵学、训诂学、文字学,属于国学中的"小学",旨在解释古代经典著作,强调对汉语的字、词、句、篇的音、形、义进行分类和描述。学界对中国古代的语言研究是否属于语言学仍存在争议。姚小平(2001:25)指出,在编撰中国语言学史过程中,讨论较多的一个问题是中国古代的语言研究究竟是属于"语言学"还是"语文学"。他认为,导致分歧的根本原因在于中西、新旧两种语言研究传统的差异。中国传统似乎不便、也不宜纳入源于西方的语言学框架。"王力从现代角度回观历史,认为中国古代有语文学而无语言学"(ibid.:25)。尽管我国现代的语言研究与传统的"小学"在理论建构和研究方法方面已不可同日而语,**但对语言学的科学性的认识仍显不足**。

---

[5] http://www.njszk.net/News/fb6257df19df46e09d8ef513ac32f6b4.html

1.5.1.2 西方的语言学始终在科学轨道上发展

西方的语言学从 1786 年威廉·琼斯开创的历史语言学，到 20 世纪 Saussure 建立的结构主义学派，再到美国的描写语言学，都是试图通过对语言现象的归纳和总结，再加上大胆的假设，**建立关于语言本质的假说或理论体系**。尤其是到了 Bloomfield 时代，他非常重视研究方法的科学性，深刻而广泛地影响了其后的语言科学研究。受逻辑实证主义思想的影响，他倡导用严格的实证主义方法研究语言，并指出"科学应当是把事件放在时空维度中，对于任何或所有的观察者在他们的时空中都是可及的"（Robins，2001：242）。尽管今天看来，他所主张的还原论、行为主义或机械论的心理学是错误的，但当时他将语言问题还原为公共可观察行为的**实证研究方法成为 20 世纪上半叶美国语言学的主流，语言学也因此在美国的大学更加牢固地确立了其独立的学科地位**（姚小平，2001）。

此后，Chomsky 站在理性主义的立场上对 Bloomfield 的经验主义的语言科学观发起了革命性的批判，彻底改变了语言科学的发展轨迹——从 Chomsky 开始，语言学的研究对象从外部走向内部，从对语言符号、言语行为等的外在研究，转向通过语言揭示人类的心智或认知心理的内部研究。再往后，语言研究逐渐向认知心理和认知神经的纵深方向探索。

认知主义先后经历了两个阶段，前一个阶段是以 John von Neumann 和 Winston 为代表的、将大脑类比为计算机的第一代认知科学时代。他们主张基于信息论、控制论等人工智能理论建构语言的认知加工模型。后一阶段以 Lakoff、Langacker 等为代表，他们主张认知的功能主义，即从哲学、心理学等相关心智理论出发，演绎语言认知的功能性假说。

我们可将语言认知的理论研究方法大致划分为如下四个发展阶段（见表 1.1）：

表 1.1 西方语言认知理论研究发展的四个阶段

方法论	语言观	代表人物	对语言认知机制的解释
经验归纳法	行为主义	Bloomfield	通过外在行为推测语言的认知心理
直觉内省法	心智主义	Chomsky	通过母语者的直觉构造和验证语言的认知心理机制
人脑计算机类比法	符号计算主义	John von Neumann 和 Winston	基于信息论、控制论等人工智能理论建构语言的认知处理模型
假说–演绎法	具身论	Lakoff 和 Langacker 等	从具身哲学、心理学等相关心智理论出发，演绎语言认知的功能性假说

1.5.1.3 我国学者的语言观

我国的语言研究者们是怎样看待语言研究和语言学的呢？我们将他们的观点大致分为如下四类。

（1）语言现象研究观：以沈家煊先生为代表，认为语言学就是研究语言现象本身。他曾说"**语言学家主要任务是什么？是研究语言，而不是研究语言理论**。语言学家是干什么的？是研究语言的，研究语言的现状和历史，研究语言的结构和用法，研究语言的习得和丧失"（沈家煊，2008：iii）。他还强调，"语言理论是在研究之前或研究之后提出的有关语言本质的假说。有各种各样的理论和假说，它们可以是研究的对象，但是这项工作主要是语言史专家的任务，**语言学家的任务是研究语言**。语言学家在研究语言的时候当然也要对已有的各种理论和假说加以比较和评价，但是这样做的目的还是为了研究语言"（ibid.）。

（2）语言哲学研究观：以钱冠连、王寅等为代表，他们认为仅仅研究语言现象，无法提出像西方那样的语言理论体系、无法形成独立的学派，在国际上无一席之地。出路在于，"从语言哲学这营养中，发掘出全新的研究方向……用新的方向和新的解答方式来引领新的语言研究和发展"（钱冠连，2009：8）。钱冠连先生提出了"营养钵说"或"摇篮说"。他说，"（西方）语言哲学与语言研究的关系，就像营养钵对钵中的小苗的关系，也像摇篮对摇篮中的婴儿的关系"（ibid.）。王寅则提出"合流说"和"新增长点论"。他认为，"打通语言学与（语言）哲学之间的通道，解决两界相分离的两张皮，尽早实现两界的合流，相互取长补短，则必为本世纪语言学研究的新增长点之一，或将其视为'之首'也不为过"（王寅，2008：28）。

（3）语言科学研究观：主要以杨亦鸣（2010）、徐通锵（2007）、程琪龙（2004）、周频（2012，2016等）等为代表，认为语言学是一门科学，应当以科学的方法加以研究。杨亦鸣指出，"当语言学研究的目的从描写人类语言行为发展到解释人类语言能力的时候，语言学就不可逆转地走上了认知科学的道路，语言学由此迅速逼近语言神经机制和脑功能的研究，最终形成了跨学科的神经语言学，是当今学术研究的前沿，具有广阔的发展前景"（2010：4）。

（4）"盲人摸象"观：还有人对以上三种观点不置可否。他们认为，没有哪种理论能完全客观、全面地解释语言的本质，各路学说都不过是"盲人摸象"，只要能构造一套"自圆其说"的假说，"怎么样都行"。

我们认为，既然语言学是研究人类语言的科学，是寻求纷繁复杂的语言现象背后的普遍规律，"盲人摸象"观显然不符合科学的理性精神。而"语言现象研究观"和"语言哲学研究观"又各有偏颇。**"语言现象研究观"反映出我国语言学界的研究普遍"重具体问题研究，轻理论体系建构"的实用主义的倾向。**如果语言学家的任务仅仅是关注语言现象，解释具体的语言问题，而不是建构语言学理论，那么那些纷繁复杂的语言现象就永远无法得到系统的、科学的理解和认识。并且，仅靠对语言现象的经验观察，并无法揭示其内在的本质。正如我们无法仅靠观察树叶，了解其光合作用的原理一样。

按照科学哲学家库恩的观点，科学研究都是在特定范式指导下进行的，理论就是一个能暂时容纳所有现象、事实的"箱子"（box）或"框架"，他称之为"范式"。郭贵春认为，"一个学科一旦缺少了范式，就缺少了纲领；而没有了范式和纲领，当然也就失去了凝聚自身学科，同时能够带动相关学科发展的能力，所以它的示范作用和地位就必然地要降低"（2008：i）。科学知识是在范式的不断更迭中增长的。即当出现反常，这个范式无法兼容反常现象时，就会发生科学革命，科学家们又要建立新的范式，并在新范式指导下进行科学研究。**所以，建构理论假说是科学研究中必不可少的重要一环。**

而"语言哲学研究观"仅仅强调以哲学等相关理论为基础建构语言理论体系，却忽视了科学研究的另一个重要环节——理论的检验。而未经科学检验的理论只是假说，永远无法上升为科学的理论。目前还有一个现象是，有些学者貌似在做科学研究，但更多是为了实证而实证，并无意于建构理论体系。

总之，正如上面所讨论的，有些只专注于实证的研究者是培根所谓的"蚂蚁式"的经验主义者。他们往往难以超越现象，走向对现象的理性的、本质的认识。那些只注重哲学思辨，建构理论的理性主义者，则是"蜘蛛式"的玄想家。真正的科学的研究，需要做"蜜蜂式"研究者——在科学事实中"采蜜"，再拿到理论框架的"蜂巢"内酿蜜。既要建构理论体系，又要基于科学实在。

1.5.2 语言学的内部结构

导致我国学者在语言观上的分歧和误解的原因之一，我认为是尚未厘清语言学的内部结构，没能分清语言研究的层次以及不同层次之间的关系。对这个问题,我们会在第七章(7.3 节)中详细讨论。在此,我们只作简要论述。

让我们回到最根本的问题上来——什么是语言呢?这取决于你从什么层次或维度看语言。如果仅从外在表象上看,语言是抽象的符号,是用于表达和交流思想的工具,它还受社会和文化因素的影响,因而语言或话语也是一种社会和文化现象。但如果从内在认知机制上看,语言则是人脑的高级认知功能。传统研究主要是研究语言的外在表象,比如对语言现象进行分类、描述,或总结一些规律。这有点像早期的生物学研究——将不同种类的植物、动物等分为纲、目、属、种等。而到了认知神经科学时代,语言的认知加工可以从行为、认知心理、神经回路、神经元甚至到分子层次加以研究和解释。这就像到了分子生物学时代,生物学就与物理、化学等学科日趋融合产生了生命科学一样。

所以 Chomsky(2002;2010)也声称,语言学终将与脑科学融合,可以从心理学、神经科学等不同层次去研究。2005 年 9 月世界著名期刊 *Language Learning* 与荷兰马普心理语言学研究所共同举办了"第二语言习得的认知神经科学"学术研讨会并出版了会议论文集《第二语言习得的认知神经科学》(Gullberg & Indfrey,2006)。研究者们普遍认为认知神经科学是"语言科学的下一个前沿",它不仅提供新的研究方法,还提供新的解释的可能性,因此需要以更开阔的语言观理解语言各个方面的神经实现。

近年来,我国学者也开始自发或自觉地将语言学与认知神经科学进行交叉融合,还纷纷成立了认知神经语言学会和神经语言学会等学术团体。研究者们通过脑电实验或眼动仪等设备,甚至有的还利用脑功能成像技术研究认知过程的脑机制。杨亦鸣等指出,人们已经能实时地观察脑内的活动了,从某种程度上讲人脑已经由一个"黑匣子"变成了一个"灰匣子"(周统权,2010:187)。

那么,怎样将语言学与认知神经科学等进行交叉融合呢?下面我们以认知神经语用学为例加以说明。

1.5.3 举个例子——认知神经语用学

传统的语用学研究主要是基于哲学、社会学、心理学、人类学等相关理论,在行为层面和心理层面构造了合作原则、礼貌原则、关联理论和顺应理论等。然而,这些研究都没有考虑过人类的语用能力究竟来自哪里。

设想一下，人要遵守这些语用原则或准则，如果没有一个健全的、经过充分社会化的大脑这一基本的前提，就谈不上遵守合作、礼貌、关联等等原则。

早期，神经科学家们通过脑损伤及自闭症患者的脑发育异常推知：正常人的语用能力必须具备良好的自我知觉（这需要内侧前额叶皮质的参与）、自我知识、对他人的知觉（这些需要镜像神经元为心理模仿提供神经基础）和社会知识（需眶额皮质的参与）。如果负责或参与这些认知功能的基因、神经元或神经回路出现异常，就会导致行为上的语用缺陷或障碍。

历史上曾经记录过一个经典案例。1848年的夏天，在美国的新英格兰，25岁的铁路建筑工人菲尼亚斯·盖奇（Phineas Gage）带领着他的建筑队组正在铺设穿越佛蒙特州的新铁路。他体格健壮、精力充沛、聪明能干、心灵手巧。并且，他的性格温和，尽职尽责，深得上司的赏识，任命他当了工头。在9月13日这天，盖奇在安装炸药。这需要先在岩石中钻一个洞，将炸药放进去，放到一半时，把导火索放进去，再盖上泥沙。然后用一根钢钎夯实。然而，不幸的是，没等他的助手用泥沙把炸药盖住，后面突然有人叫了他一声，他一分心，就用钢钎直接向炸药敲去。刹那间，敲击岩石迸出的火花点燃了炸药，巨大的气浪将钢钎直插他的左脸颊，穿过颅骨底部，经过脑的前部，然后从头顶穿了出去。钢钎落在一百多英尺远的地方，沾满了鲜血和脑浆。而他竟然还能保持清醒。不幸中的万幸，尽管他的头部伤口感染和化脓了，医生最终还是把他从死神的手中救了回来。但由于前额皮层受损，人们逐渐发现他好像变了个人似得。

他的医生约翰·哈洛对此作了详细的记录：

> 盖奇的触觉、听觉和视觉仍然正常，四肢和舌头也没有麻痹。他的左眼瞎了，但是右眼的视力仍然完好，走起路来平稳，可以灵活使用双手，讲话也没有明显的困难。但是，"他的理智能力和动物本能之间的平衡状态"好像摧毁了。这些变化在脑损伤的急性阶段结束时就开始显现出来。他现在"变化无常，亵渎神灵，经常会用最粗俗猥亵的语言，而这些都不是他以前的为人特点；他对同事一点也不尊重，如果有什么规定或意见与他的看法相左，他会变得不耐烦；有时相当固执，却又喜怒无常、优柔寡断；虽然设计了许多未来计划，但刚刚开始实施就放弃了……他的理智水平和行为像个孩子，但同时又具有

一个强壮男子所具有的动物性激情"。他讲的那些下流话太难听了，连妇女们都被告知不要在他面前停留太久，以免她们敏感的心理受到伤害。总之，钢钎穿过他的大脑前额叶后，他生活还能自理，智力也比较正常，但他的性情、以前所爱好和憎恶的事物，以及理想和希望全都变了。变得缺乏责任心、不遵守社会规则、性情粗鲁、言行粗俗，做事缺乏计划未来和对自己有利的决策能力，他经常做些自毁的行为。人们说"盖奇再也不是从前的那个盖奇了"（达玛西奥，2010：13）。

可见，盖奇的大脑受损后，他不再是个能遵守语用规则和社会规约的人了。

自闭症则是一种以异常社会行为为特征的发育性障碍。患者无法参与正常的社会交往，而经常关注自我刺激，对别人的行为缺乏兴趣。有一种理论认为：自闭症者没有发展出适当的心理理论（theory of mind）技能，他们对他人心理状态的理解和/或赏识是不正常的。还有研究发现，自闭症儿童的左额下回的镜像神经系统远没有正常儿童活跃。他们无法产生同理心，也无法对他人的行为和思想进行心智模拟，因而，也无法理解他人说话的意图或言外之意。

因此，倘若大脑出现损伤或先天发育不良，就无法运用语用能力实现正常的社会交往。**这些脑损伤或大脑异常的例子说明，今后对语用学的研究，除了从传统基于语言、社会、文化的研究外，还应开拓神经语用学研究领域，因为神经层次研究才能提供更加根本的解释。**

1.6 "还原论"与"整体论"相结合

基于以上讨论，我们认为语言学家的任务应该包含构造假说和验证假说两大方面，它们之间是相辅相成、互动互补的关系。构造假说可基于哲学、社会学、心理学等相关理论，以及对语料的分析、归纳形成假说；验证假说则需要基于实验等经验科学证据。关于理论检验的方法论，学界存在"还原论"与"整体论"之争。在无生命的系统里，科学家们一般接受还原论，即他们相信因果解释或说明需要从较低层次指向较高层次。整体论则认为对有生命的系统，不可能进行彻底的自下而上的重构。较高层次的现象不可能溯因至较低层次，而需采用整体论的方案。

因此，对人类认知系统的因果解释需要双管齐下：既需要还原论的分析方法,也需要整体论的整合方案,二者互为补充,才能正确处理理论建构与实证检验、假说演绎法与经验归纳法之间的关系。

1.7 面向未来的语言学学科建设构想

目前,国际上一般把语言学的下属研究领域分为理论语言学、描写语言学和应用语言学三大主要方向,它们各自的子方向如表1.2所示[6]。

表1.2 语言学学科分类

语言学		
理论语言学	描写语言学	应用语言学
认知语言学、生成语言学、定量语言学、音系学、语形学、句法学、词汇学、语义学、语用学	人类语言学、比较语言学、历史语言学、语源学、语音学、社会语言学	计算语言学、法律语言学、语言习得、语言评估、语言发展、语言教育、语言规划、语言人类学、神经语言学、心理语言学、文体学

然而,这种分类只是基于表象,并未厘清语言学学科内部的结构,缺乏系统的科学依据。随着认知神经科学的发展,今后的语言学学科建设将体现出层次性、系统性、互动性、交叉性的科学特征。从语言学系统内部看,整个语言学学科系统以对语言的认知神经机制的研究为核心展开,再到认知心理机制和社会文化中的语言现象/行为研究,构成内外互动的系统(见图1.5)。

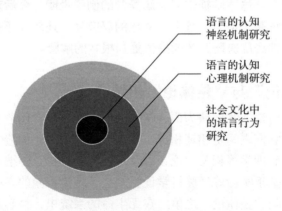

图1.5 语言学系统内部的层次结构及关系

另一方面,语言学并不是一个孤立的学科,而是与脑、心智、社会、

---

6 http://en.wikipedia.org/wiki/Linguistics

文化等因素之间存在千丝万缕、错综复杂的关系，因此需要与认知科学的相关学科——神经科学、哲学、心理学、人类学、人工智能、教育学等交叉融合，创造出跨学科（interdisciplinary）、多学科（multidisciplinary）甚至超学科（transdisciplinary）的研究领域（我们将在第七和第八章中详细论述）。

面向未来，该如何发展和规划我国的语言学研究，以便尽快与国际接轨，并在语言科学领域建立自主创新的理论呢？我们认为，对语言认知本质的揭示也将随着研究层次的细化和深化而逐渐科学化。语言学的学科系统结构将从微观到宏观、由内至外形成有机的四位一体的系统发展格局（见图 1.6）。

- **内部语言学（或理论语言学）**：基于认知神经科学在神经层面研究语言的认知机制，包括利用脑损伤、脑刺激、脑成像技术，对语言的语音和语义在脑区中的分布、神经传递和功能表征等进行研究，从而解释语言的本质、来源和习得等。具体研究方向包括生物语言学、神经语言学和认知语言学等，和以此为基础的音系学、句法学、语义学、语用学等新的研究领域。

- **外部语言学（或描写语言学）**：将语言视为一种人类的社会交际行为，旨在对语言进行社会、文化、种族差异等的交际功能的描写和结构变体的解释。主要以社会学、心理学、人类学和文化研究等社会科学理论为依据。研究方向包括社会语言学、文化语言学、人类语言学、心理语言学、历史语言学、比较语言学和方言学等。

- **应用语言学**：将内部和外部语言学的理论研究成果应用于语言教学、翻译、词典编纂等。研究方向包括计算语言学、法律语言学、语言习得、语言评估、语言发展、语言教育、语言规划、文体学、翻译学和词典学等。

- **语言学哲学**：对语言学理论的认识论和方法论基础进行反思和批评，审查理论的基础假定、逻辑论证的合理性和论据的有效性，推动理论的完善、发展和创新。

这四个方面形成互相渗透、互相影响的有机整体。其中内部语言学研究语言的本质规律，是整个语言学的核心，它也是外部语言学和应用语言学的基础。语言学哲学则对内部、外部和应用语言学这三个不同层次的语言学理论的认识论和方法论进行反思和批评。语言学与其他相关的交叉学科，比如认知科学、脑科学、神经生物学、社会学、心理学、哲学等之间也互相整合、互动。

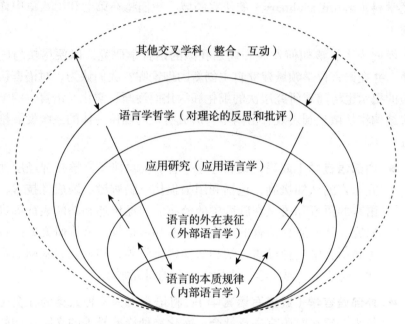

图 1.6　语言学学科建设的四层构架

第二章

科学知识的增长模式与语言理论的创新之路

上一章我们提到长期以来,我国语言学界的学术研究以介绍、诠释和应用国外的理论为主,至今尚未形成在国际上有影响力的原创的理论体系和独立的学派(胡文仲,2009;钱冠连,2004等)。本章将通过统计十年前(2008—2009年)和近三年(2017—2019年)刊登在国内三大顶级外语类期刊(《外语教学与研究》《外国语》和《现代外语》)上的有关语言学及应用语言学论文中的研究问题和研究方法,管窥当前我国语言学界依旧缺乏理论原创的原因,并介绍科学知识增长模式的相关理论,以期找到语言理论创新的启示。本章将讨论三个问题:

(1)中国语言学界为何走不出"有学术无学派"的瓶颈?
(2)科学知识是怎样增长的?
(3)科学知识的增长模式对语言理论创新有何启发?

2.1 为何走不出"有学术无学派"的瓶颈?

钱冠连先生在《以学派意识看汉语研究》一文中指出了我国"有学术无学派"的现象。何为学派?钱先生认为,"学派是学术研究领域走向成熟、发达、繁荣的标志"(2004:3)。他认为,形成学派的主要标志是:"有代表人物(领军人物)、有成员(以更入行的话说是'有核心成员及追随者或支持者')、有代表作、数得出主要贡献(在理论上解决了什么重大问题)、有主要学术套路及独特的研究风格"(ibid.:2)。可见,形成独立的学派就意味着要形成自己的一套理论体系,并在学术共同体内有一定的影响力和追随者。

然而，长期以来，国外的理论推陈出新、学派纷呈，而我国语言学界则零敲碎打，始终局限于具体语言现象研究。以"语言学"为主题在知网中搜索（截至2019年4月20日），目前已有46016篇论文，**但其中大多数论文是基于西方语言学理论，解释汉语现象**。而在语言学的基础理论原创方面仍然乏善可陈，尚未建立有国际影响力的语言理论体系。国内不少学者习惯于做国外理论的"消费者""二传手"，而不是创立者。并且，语言研究者对国外的语言理论正面评价多，批判的少；应用性研究多，建构性、独创性研究少。

不过，偶尔我们也能看到国内学者在理论建构方面的尝试。比如，几年前由王初明提出的"续理论"和文秋芳提出的"产出导向法"，颇具中国特色。但这两个语言习得理论目前还处于发展初期，尤其是这两个理论尚未确立自己独特的外语教学哲学基础，也未能吸纳二语习得的心理学、认知神经科学的理论基础，因而还是一个偏向实用的教学方案或模型，尚不构成一个系统性的科学理论体系。要发展成为国际公认的主流语言学理论恐怕尚需时日。

下一节，我们将通过对近三年内刊登在国内三大外语类期刊上的语言学及应用语言学论文进行统计分析，看看国内学者目前偏爱研究和发表怎样的论文。

2.1.1　现状与问题

我们曾在2009年调查过国内的三大外语期刊（《外语教学与研究》《外国语》《现代外语》）上发表的论文中的研究问题和所用的研究方法。调查分为两大类：语言学及应用语言学（或二语习得）研究。其中，我们比较了这些期刊上发表的关于语言学理论问题的研究的论文与研究具体语言问题的论文数量，同时还比较了二语习得方面的关于理论探讨的论文与实证研究的论文数量（见表2.1）。

表 2.1　2008—2009 年三大外语期刊上语言学及应用语言学研究问题调查

	语言学					应用语言学				
		理论问题		语言问题			理论探讨		实证研究	
	总篇数	篇数	比例	篇数	比例	总篇数	篇数	比例	篇数	比例
2009 年										
《外语教学与研究》(1–4 期)	16	6	37.5%	10	62.5%	16	4	33.3%	12	66.7%
《外国语》(1–5 期)	36	20	55.6%	16	44.4%	1	0	0%	1	100%
《现代外语》(1–3 期)	15	5	33.3%	10	66.7%	16	0	0%	16	100%
2008 年										
《外语教学与研究》	22	10	45.4%	12	54.5%	18	6	33.3	12	66.7%
《外国语》	36	24	66.7%	12	33.3%	5	4	80%	1	20%
《现代外语》	20	7	35%	13	65%	20	2	10%	18	90%

经过近十年的发展,我们又对 2017 年至今[1](截至 2019 年 4 月)这三大类期刊上刊登的论文做了重新调查,结果见表 2.2。

表 2.2　2017—2019 年三大外语期刊上语言学及应用语言学研究问题调查

	语言学					应用语言学				
		理论问题		语言问题			理论探讨		实证研究	
	总篇数	篇数	比例	篇数	比例	总篇数	篇数	比例	篇数	比例
《外语教学与研究》2017(1)–2019(2)[1]	72	33	45.83%	39	54.17%	59	7	11.86%	52	88.14%
《外国语》2017(1)–2019(1)	75	34	45.33%	41	54.67%	7	0	0%	7	100%
《现代外语》2017(1)–2019(2)	71	30	42.25%	41	57.75%	74	3	4.05%	71	95.95%

统计显示,在语言学方面,总体而言,这三大期刊更倾向于刊登具体

---

[1] 限于时间和精力,本文仅统计了这三大期刊近三年刊发的论文,截至 2019 年 4 月底数据统计时,网上检索到的最新一期为 2019 年第二期,标注为 2019(2)。

语言问题研究的论文，占论文总数比均超过53%。虽然《外语教学与研究》《现代外语》和《外国语》近三年增大版面刊发理论问题的研究，但大多数仅是对语言学理论问题的综述与阐释，其中《外语教学与研究》和《现代外语》中就分别刊发了11篇和7篇理论综述性文章，梳理近几十年语言学理论的发展现状及其未来展望，相比之下，理论反思性和建构性研究占比极小。

在应用语言学方面，三大外语类期刊都把绝大部分的篇幅分配给了实证研究，而关于语言习得理论的探讨和建构方面的论文所占比例较小。近三年《外语教学与研究》和《现代外语》上实证研究的比例分别为88.14%和95.95%，而《外国语》近三年仅刊发了7篇应用语言学论文，全部是二语习得的实证研究。从近三年国内语言学类顶级期刊的发文特点可见，它们更侧重发表研究具体语言问题和实证研究的论文。

通读论文摘要后，我们发现，近三年这三大期刊上刊登带有理论争鸣、商榷、反驳或证伪性质的论文共13篇，仅占所有理论问题研究总篇数的12.14%，而刊登带有理论创新性论文共有5篇，仅占所有理论问题研究总篇数的4.67%。

概言之，所发表的语言学论文的研究方法具有以下特点：

（1）应用理论解释语言现象多，建构理论体系少；

（2）常规性研究多（即在特定语言理论范式的指导下解决疑难问题（puzzle solving））多，理论突破少；

（3）确证或辩护国外理论多，批判或反驳国外理论少。

二语习得类论文研究方法的特点：

（1）偏重经验归纳法，忽视假说演绎法；

（2）实证研究多，理论探讨和创新少；

（3）科研中的实验操作性多于理论思想的新奇性、有趣性、大胆性。

这种研究方法上的偏好以及期刊的导向从某种意义上说，是我国外国语言学及应用语言学的研究长期缺乏理论创新的部分原因，特别是理论体系的建构。研究总体趋势仍表现为：

（1）跟着国外理论走，很少有学者大胆地提出自己的假说或理论；

（2）研究中的证实多于证伪，对他人的理论更多的是不加怀疑地接受，缺乏对国外理论的反思与批判；

（3）实证研究所确证的理论或假说普遍表现为较低的证伪度，缺乏波普尔（2001）所谓的"有趣的、大胆的、有信息量的"假说或理论。

对此，胡文仲在总结新中国六十年外语教育的缺失中指出，"我国的外语教育理论研究一直相当薄弱，至今没有形成独立的学派，在国际上无一席之地"（2009：168）。他还说：

> 外语界的科学研究和学术期刊长期以来以介绍和诠释国外的教学理论和方法为主，国外出现什么新的理论在国内立刻就有所响应。这是我国改革开放以来学术领域出现的好现象，说明我国外语教师对于国外的理论和学术进展比较敏感。但是，问题在于独立的学术研究成果比较少，具有我国特点的理论和方法也为数不多，更没有形成自己的理论系统和独立的学派。这一切说明我们在外语教育研究方面还有着比较大的缺陷。国内学者多年来对此一直颇多议论，但是至今还没有真正改变这一局面（ibid.）。

钱冠连在分析学者的理论习惯、研究方法与科研监管机制及评价体系中不利于产生学派的因素时，指出了语言学界的现状是：

> （1）爱理论，却蔑视体系。（2）爱事实真理（由实验依据得到的真理），拒斥形式真理（由形式科学如逻辑与数学的推演而得到的真理）。（3）爱记录句子（由经验验证得到的命题），拒斥猜想句子（提出一个大胆的猜想然后等待别人反驳）。（4）爱归纳推理，拒斥演绎推理。（5）不分研究对象，不分青红皂白地一律要求学术研究具有实用价值（对经济发展有可见的物质利益），这就阻碍了基础理论的发展。（6）监管体制与评价体系对学者的浮躁与弄虚作假是要负一定的责任（2007：28）。

他认为，造成该现状与问题的原因有多种，其中最为迫切的问题是：外语学者在创立学派方面存在心理障碍。

我们认为，钱冠连的意见是中肯的。但是，如果上一代的学者是由于时代和社会环境等条件所限，对于创立学派心存芥蒂的话，我们现在的中青年学者则不应再有这种心理障碍。我们所需要的是科学的方法论训练和指导。下面首先撇开学者的心理因素，从研究者的认识论和方法论上存在的问题入手，分析造成上述状况的原因。再基于科学知识增长的相关理论，尝试提出走出当前困境的对策和建议。

2.1.2 原因分析

我们认为，导致上述状况的原因恐怕在于语言学界对研究问题和科研方法的认识上存在三大误区：

（1）混淆了语言学与语文学两个概念，导致对语言学研究的目的不明确——语言学究竟是研究具体语言问题还是建构语言学理论？

（2）对实证研究方法的目的和价值不甚清楚，有很多是为了实证而实证，或者说为了发表论文而发表论文。没有建构理论体系的传统，习惯做常规性研究，即习惯在别人的理论框架内"做填空、蹭热点"。革命性、颠覆性的理论研究比较欠缺。

（3）理论研究方法论素养的不足，不知如何整理和系统阐述关于语言的知识。

首先，关于语言学研究的目的，在语言学界存在相当大的误解。很多人甚至包括一些著名的语言学家都认为，语言学家的任务就是研究语言问题或解释语言现象。比如，上一章说过，沈家煊认为，研究语言理论或假说主要是语言史专家的任务，语言学家的任务是研究语言（2008：iii）。然而，沈先生其实是混淆了语言学与语文学这两个根本不同的概念。

事实表明，许多西方语言学大家，比如，Chomsky 和 Lakoff & Johnson 并不是从研究具体语言问题入手，归纳出生成语法和认知语言学理论的。Chomsky 通过反对 Bloomfield 的结构主义语言学习观，而提出"天赋论"的语言习得观。**试问，他算是语言学家还是语言史学家呢？同样，Lakoff & Johnson 通过反驳 Chomsky 的语言能力"自治说"，而提出语言能力来自人类的一般认知能力的"认知说"，他算是语言学家还是语言史学家呢？**如果不研究和反思别人的理论，他们如何能建立自己的理论？如何表明他们的理论比前人或他人的理论更优越？而经过这么多年的语言研究，我们关于语言的知识是否增长了？是通过怎样的模式增长的？

有目共睹的是，国外语言学理论不断推陈出新，我们却总在学习别人的理论。今天用这个理论解释一些语言现象，明天出现新的理论，大家又一哄而上，纷纷找出一些例子来证实别人理论的有效性，或是做一些英汉对比研究。偶尔发现别人的理论无法解释某些汉语现象时，也只能就事论事地给出一些猜测性的解释，却并没有从根本上去找出别人理论中的漏洞或基础假定中存在的不合理因素，提出自己认为更加合理的哲学假定，再建构自己的理论体系。总之，我们所做的工作大多还是所谓的"常规性""描述性"研究（描述语言的结构和用法），而不是"革命性""解释性"的研究（解释构成语言形式和意义的底层原则）。

在第一章我们已经讨论过，不同的理论其实是基于不同的第一原理。因此，对前人理论最根本、彻底的批判就得从其基本假定入手，因为任何理论都基于特定的哲学假定。如果仅专注于具体语言问题的研究，要么只能确证一个理论，要么对其作局部的修正，这并不能从根本上证伪一个理论，也就谈不上创新。拉卡托斯指出，"'证伪'最根本的特点是：证伪是对于相互竞争的理论之间的关系，而不是经验陈述与理论之间的冲突"（孙思，2005：248）。**因此，仅靠研究具体语言事实中的反例，并不能证伪别人的理论，更无法通过研究具体语言问题，建构一个语言理论体系。**

此外，国外的语言学大家提出他们理论的初衷都不仅仅是为了解决语言问题，而是怀有更大的雄心抱负和更宽阔的学术视野——探索人类的本质，揭示人的大脑和心智的奥秘，认识人与世界、社会的关系等更深刻的科学问题或哲学命题。例如，Sapir–Whorf 假说就是探讨语言、思维和实在三者的关系。Chomsky（2002）认为语言研究属于生物学研究的一部分，并称其研究为"生物语言学"（biolinguistics）。他指出，如同化学与物理学曾经被看成是两个完全独立的学科，随着量子理论革命的出现，这两门学科得到了统一。同样，语言学研究也终将与脑科学的研究统一。可以从心理学、神经科学等不同层次去研究语言，从而使我们能更好地认识人类自己。**Lakoff & Johnson 的理论的根本目的不是为了研究语言，而是通过语言去揭示心智的本质。**从他们的书名就可见一斑：*Philosophy in the Flesh: The Embodied **Mind** and Its Challenge to Western Thought*［(Lakoff & Johnson，1999)］；*Women, Fire and Dangerous Things: What Categories Reveal about the **Mind***［(Lakoff，1987)］；*The Body in the **Mind***［(Johnson，1987)］。2000 年 Lakoff 和 Núñez 合作出版了 *Where Mathematics Comes from: How the Embodied **Mind** Brings Mathematics into Being*，进一步探讨具身的心智与数学关系。可见，如果说语言学家的任务就是研究语言的话，这些语言学大师们岂不都是不务正业？他们难道都不配为语言学家吗？我认为，**只注重语言问题研究，忽视语言学理论研究的现象正是中国至今没能提出在国际上有影响的语言学理论体系的一个重要原因。**

之所以导致以上错误认识的根本原因在于：

（1）国内学者对科学理论的结构缺乏认识；

（2）对科学知识的增长模式缺乏了解；

（3）缺乏对理论的反思和批判精神；

（4）缺乏基于大视野的、对人的心智和人类自身认识的终极关怀。

此外，国内的许多研究者在方法论上也存在错误认识：错把实证研究当成是正宗的科研方法。由于外语界许多研究者都是文科出身的，对数学和科学等知识有先天不足，而一旦掌握了一定的数理统计方法，就认为文章中若有实验设计、实验数据和定量统计分析就俨然是在做科研了，认为有数据、有图表的文章看上去就是有科学含量的论文。

这种误解一方面是由于研究者不清楚科学研究的根本目的不是为了实验而实验，而是为了发现关于自然的普遍规律（二语习得研究的目的应该是探索外语学习的普遍规律）。而普遍规律的语言表达形式是全称陈述句，可表述为"所有的 A 都有 B 的性质"。观察和实验得到的仅仅是有限数量的单称陈述。但无论选取的实验样本有多大，都不能推导出全称命题，因为通过归纳法无法证实一个理论的普遍有效性。例如，2009 年诺贝尔生理学或医学奖颁给了 3 名"发现端粒和端粒酶是如何保护染色体的"的科学家，因为这一成果揭开了人类衰老和罹患癌症等严重疾病的奥秘。这将对延缓人类的衰老、增加寿命具有重大意义。然而，我相信诺贝尔奖绝不会颁给那些哪怕是在全世界都做过调查，试图发现长寿者的生活习惯、环境等因素与长寿的相关性分析的研究成果，因为归纳研究无法得出普遍规律。

另一方面，研究者也不清楚实证研究的价值不仅是为了得出一个断定，而是为了证实或证伪一个假说或理论，或是为提出假说提供暗示或启发。**然而，许多实证研究往往得出一些低证伪度的断言或启示**。比如，有的研究者调查学习者因素与四级考试成绩的关系。他们研究发现努力程度和深层动力等因素对四级成绩有影响，而且高低分组在努力程度、深层动力和表层动力上都有显著差异，高分组的努力程度比较高，低分组的表层动力大于高分组，深层动力低于低分组。可以说，不做实验，我们也大致可以猜出这样的结果。因为凭常识我们都知道，凡是努力的、学习动机强的学生比不用功的、缺乏动力的学生的考试分数更高。**即这种研究的实验数据所支持的结论并没有带来惊奇，而是显而易见的事实**。这就是波普尔（2001）所谓的平庸的、无趣的、信息贫乏的研究。而只有通过实证研究发现人们习以为常、固有的一些观点竟然是错的，实验结果大大超出人们的预期的研究才更有价值。

这些认识上的误区导致：一方面，国内"研究成果"层出不穷，另一方面理论原创匮乏，且长期处于一种"无学派"的跟风状态。那么，怎么才能走出这种瓶颈状态？如何建构原创的语言学理论体系呢？我们认为，了解科学知识是如何增长的，或者说先了解科学知识的增长模式，才能在正确的方法论指导下，突破瓶颈，为人类创造出新的知识。

2.2 科学知识是如何增长的？

所谓科学知识的增长就是指科学知识的发展或进步。所谓理论创新，就是为人类提供新的知识，改变人们认识世界的方式，为人类认识世界提供一个新的图景。比如，哥白尼提出"日心说"后，彻底改变了我们看待世界的方式。同样，爱因斯坦的相对论也彻底改变了我们看待时间、空间、质量、能力量之间的关系，进而改变了我们看待世界的方式。这一节我们将简要介绍科学知识增长模式的几个主要理论。

历史上的一些语言学家，像 Saussure、Chomsky、Lakoff & Johnson 都因缔造了全新的语言学理论，而改变了我们看待语言、心智和实在的方式。Saussure 提出的结构主义语言学让我们看到，词语或语言符号不一定需要通过指称外部世界而获得意义，而可以把语言符号看作象棋游戏中的棋子，棋子的价值通过它与其他棋子的对比关系中体现出来。因而，词语的意义也是通过与特定语言系统中其他相关词语的对比关系中体现出来。Chomsky 的生成语言学也彻底地改变了我们关于语言本质的看法。在他之前，人们都认同 Bloomfield 的经验主义的语言学习观，即认为人的心智天生下来是一块"白板"，语言的学习是后天学习的结果。而 Chomsky 认为，人天生的心智并非"白板"一块，而是具有习得语言的天赋——语言习得机制，后天的学习只是激活这个先天的机制。

Lakoff & Johnson 反对 Chomsky 的语言能力"自治说"，以及基于 Chomksy 的"思想就是语言"的隐喻和"思想就是数学运算"的语言观，提出了以具身哲学为基础的认知语言学理论。他们认为，语言能力来自人类的一般认知能力。这再次改变了我们对语言本质的认识图景。

因此，在西方理论界，知识似乎都是在批驳前人理论的基础上（就像"釜底抽薪"），另立门户，再起高楼。他们似乎并不像我们想象的"站在前人的肩膀上"继续前行，而是给世人提供一个全新视角来认识语言的本质。正是基于这样的知识增长观，他们才会展现出一派学派林立、百家争鸣、百舸争流、欣欣向荣的局面。

遗憾的是，我国许多学者对"什么是科学理论？科学理论是如何被创造或建构的？科学知识的增长模式是怎样的？如何评价科研成果的价值？"等问题不甚了了。或许是由于缺乏必要的科学哲学素养和科学的方法论指导，我国的语言理论研究长期缺乏理论体系、学派以及重大的创新性成果。

那么，新的科学知识如何产生，其动力来自何处？新旧知识之间是怎样的关系？科学知识沿着怎样的途径增长？评价知识进步的合理性标准是什么？20世纪后半叶，这些问题引起了科学哲学家的强烈兴趣和激烈争论，相继出现了归纳主义的累积式增长模式、波普尔的证伪论模式、库恩的范式论模式、拉卡托斯的科学研究纲领方法论模式和劳丹的解题模式，它们极大地影响着科学观的发展（孙思，2005）。下面我们简要介绍这五种模式。

2.2.1 归纳主义的科学观：累积式增长模式

归纳主义的科学观主要包括以下几个方面：

（1）科学始于观察。科学理论是从基于观察和实验而得的经验事实中严格地推导出来的，以完全中立、客观的观察句组成的单称陈述为基础，可以推导出科学知识的定律和理论。这类陈述都是涉及任何地点、时间的特定类的所有事物或事态的全称陈述，它们构成了科学知识的一般性断言。

（2）使用归纳推理。从作为观察结果的单称陈述概括出作为普遍定律的全称陈述的过程，使用的是归纳推理。其合理性得到归纳原理的辩护，可表述为："如果在很多不同的条件下已经观察到大量的 A，而且如果所有这些被观察到的 A 无一例外都具有属性 B，那么所有 A 都具有属性 B"（查尔默斯，2007：64）。

（3）归纳推理必须满足的条件：观察陈述的数量必须足够大，且在各种条件下具有可重复性，没有任何公认的观察陈述与推导出的定律不一致。

（4）科学定律的作用：应用演绎推理解释更多经验事实的因果关系，预测一些意想不到的未知事件，科学理论随着解释力和预测力的提高而进步。

查尔默斯将归纳主义的科学知识增加模式概括为如下图式（ibid.: 72）：

图 2.1　归纳主义科学观的累积式增长模式

该模式认为科学知识是建立在观察基础上，通过归纳法推得的，科学的进步是真知识的渐进累积。**国内许多关于语言学研究和二语习得的实证研究正是遵循此模式**。然而，归纳主义所信奉的归纳法、观察的中立性和知识无误论的观点受到波普尔证伪主义的激烈抨击。

2.2.2　证伪主义的科学观：猜想–反驳模式

波普尔质疑归纳法的逻辑合理性，反对将归纳法当作科学实践的主要方法，进而提出以证伪法取而代之，即"猜想–反驳法"。波普尔认为，在科学实践中，猜想–反驳法应成为科学研究的主要方法，科学的发展是不断证伪的过程。其科学观的核心思想是：猜测 + 反驳。主要论点包括：

（1）科学始于问题，而非观察。因为任何观察都不可能是纯粹客观、中立的，都基于特定的思维或理论框架。只有产生了问题，我们才会有意识地坚持一种理论，去学习、实验和观察、发展我们的知识。他把科学发展的这个过程理性重建为如下图式：

$$P_1 \rightarrow TT \rightarrow EE \rightarrow P_2$$

意即，科学从问题（P_1）开始，为了解决问题提出尝试性理论（tentative theories），因为在他看来，所有理论都是尝试性、猜测性的；通过批判性讨论排除错误（eliminate errors）；又会产生新的问题（P_2）。

（2）科学研究的方法是试错法。所有的理论都是假说，任何理论都具有可错性，都可以被推翻。反驳就是检验的过程，反复的观察和实验的作用在于检验猜测或假说。观察事实只能证伪假说，不能证实理论。

（3）评价科学理论进步的标准是提出问题的深刻性，假说或理论的大胆性、新奇性、有趣性，信息的丰富性。他提出证伪度的概念，认为证伪度越高的理论，即越容易被证伪却经受住了经验检验还未被证伪的理论的价值越高。他指出，"我们宁取一种有趣、大胆、信息丰富的理论，而不取一种平庸的理论"（波普尔，2005：313）。

（4）排除错误是对理论进行系统的理性批判。他认为知识的增长类似于达尔文自然选择的过程：我们的知识都是假说，通过竞争和理性批判，适者生存。

（5）突破了逻辑实证主义静态的科学知识增长模式，认为科学知识的增长是动态的，通过理性批判不断逼近真理的过程。

波普尔提出的证伪主义和归纳主义的不同在于他们的确认观（查尔莫斯，2007）。归纳主义认为，"确认某一理论的一些实例意义，取决于得到确认的观察陈述和这些陈述所支持的理论之间的逻辑关系"（查尔莫斯，2007：129）。诸如探讨苹果会掉地上、行星的位置等问题，以及所作出的无数观察活动，只要能够增加万有引力定律是真理的概率，就会成为值得进行的科学活动；但是在证伪主义看来，确认的意义以历史情境为转移。如果确认是为了检验一项新成果，那么此次确认就有极高的价值；如果确认是为了检验既有定论，比如以抛掷石头到地上来确认牛顿的理论，那此次确认就没有意义。因此，与其说证伪主义者看重真理，不如说他们更看重批判和创新。

科学革命也同样体现在西方语言理论界。前面讲过的 Saussure 对历史语言学的颠覆、Chomsky 对 Bloomfield 的反驳、Lakoff & Johnson 对 Chomsky 的革命等等都无不体现出这种对前人思想的彻底颠覆、先破后立的理论革命。

然而，库恩（2006）发现逻辑实证主义和证伪主义的科学观都存在问题。在他看来，归纳主义和证伪主义的科学观都过于零碎，逻辑实证主义只看到科学的累积式发展，没有看到科学革命，而证伪主义只看到科学革命，忽视了常规科学。因此他把科学的发展过程分为常规科学和科学革命两个阶段，提出范式论的科学观，即常规科学-科学革命模式。

2.2.3　范式论的科学观：常规科学-科学革命模式

在对逻辑实证主义、逻辑经验主义和批判理性主义的批判基础之上，库恩开创了历史主义的科学哲学这一潮流。"历史主义的科学哲学以强调科学哲学'回到历史中去'，强调实际中的科学发展不是随着时间而不断累积的线性发展模式,而是一个以'范式'(或'科学研究纲领''科学研究传统''信息域')为核心的连续性不断中断的结构性发展"(刘大椿,2016:197)。

库恩认为"多数科学家在多数时候都是在一定的理论框架内从事解决具体疑难问题的活动。这样的理论框架叫作'范式',它是一个时期科学共同体的科学实践的前提,是该共同体一致信从的基本理论、信念、方法、标准等构成的集合。范式指导下的科学实践叫作常规科学。在常规科学时期,范式是不受检验、不受反驳的。科学的进步特性是由常规科学来体现的,从一个范式到另一个范式的转变是科学革命"(周超,朱志方,2003:74)。范式论的科学知识增长模式如下:

前科学→常规科学→危机→科学革命→新的常规科学→新的危机……

在前科学时期,理论家们的基本理论假定便层出不穷,他们主要依靠观察和坐而论道式的思辨来做出断言。当一个理论逐渐得到证实和公认,这一科学共同体成员所采纳的一般性理论和定律构成一种范式。在一种范式下工作的人们,不论这种范式是牛顿力学、波动光学,抑或分析化学,都是在从事库恩所说的常规科学。在这一阶段,科学的发展是在一定范围内向着更加精确和深奥的方向发展。科学研究就成了"解题"活动,常规科学阶段成了一个不断回答问题的过程。但常规科学并不是一经形成就永恒不变的,伴随"解题"活动的进行,反常现象会逐渐增多。当反常现象对常规科学的核心论题构成挑战时,科学知识增长就进入到一个危机阶段。此后当各种常规理论的操作都无法解决反常现象,就会引发科学革命。库恩认为,科学知识增长在科学革命时期与在常规科学时期有所不同。**常规科学时期的科学知识是线性积累的,而科学革命时期是间断的,甚至是跳跃的。** 正如库恩在《科学革命的结构》中所说,"它[科学革命时期]是一个在新的基础上重建该研究领域的过程,这种重建改变了研究领域中某些最基本的理论概括,也改变了该研究领域中许多范式的方法和应用"(库恩,2004:78)。这种跳跃性的科学知识表明新旧两种范式之间是不可通约的,比如托勒密提出的地心说和哥白尼提出的日心说,这两种理论是不可通约的。科学家在科学革命中,"由解谜者变成了范式的检验者"(刘大椿,2016:203)。最终,在科学革命后,新的范式取代了旧的范式,新的常规科学时期形成,科学家重新树立起对新范式的信心,也再次由范式检验者转变成解谜者,因此科学知识增长进入又一个新的循环。

范式论与证伪论的区别在于：

（1）科学不是始于问题，而是始于反常。库恩说，"发现始于意识到反常，即始于认识到自然界总是以某种方法违反支配常规科学的范式所做的预测。于是，人们继续对反常领域进行或多或少是扩展性的探索。这种探索直到调整范式理论使异常变成与预测相符为止"（2006：49）。

（2）科学的本质特征不是革命，而是范式指导下的常规科学。

（3）库恩认为检验的目的是为了发展常规科学，而不是为了标新立异。而波普尔认为检验是为了追求理论的证伪，即科学革命。

（4）在科学与非科学的划界问题上，库恩认为解决疑难活动最能把科学与其他事业区分开，而波普尔把理论的可证伪性看成是区分科学与非科学的标准，而且一个理论的高度的可证伪性是评价科学进步的标准。

显然，从库恩的理论可见，在我国的语言学界往往比较习惯于在西方语言学理论的框架或范式下做常规科学的"解题"活动。我们擅长于在他们建立的理论框架内"做填空"，却不擅长自己建构理论框架。

2.2.4　精致证伪主义：科学研究纲领方法论模式

拉卡托斯（2005）视波普尔的理论为朴素证伪主义，他提出了精致证伪主义，具有以下两方面的特点：

（1）把科学理论作为具有复杂内在结构的整体来考虑；

（2）否认波普尔认为的一个或一些反例可以证伪一个理论，而提出证伪是相互竞争的理论之间的关系，而不是经验陈述与理论之间的冲突。

科学研究纲领的内在结构必须具备三个特征：

（1）有一个纲领的硬核；

（2）有一个硬核的保护带；

（3）作为方法论指导纲领未来研究工作的启发法。

硬核是构成纲领的公理或公设，是纲领发展的基础。纲领的硬核由于是创立者决定的，是纲领中的约定因素，而成为不可证伪的。保护带是由补充硬核的辅助性假设、初始条件和观察陈述组成。启发法是研究纲领中的方法论规则，它由反面启发法和正面启发法两种规则构成。反面启发法告诉我们要避免哪些研究道路。正面启发法就是告诉我们要寻找哪些道路，它包括一组明确表示的建议或暗示，以说明如何更改、完善保护带，发展研究纲领。

他还提出，一个进步的纲领需要有一个成熟的过程，因而对于年轻的纲领要强调方法论的宽容性（孙思，2005：249）。

2.2.5 科学进步的解题模型

劳丹（1991）在批判地吸收以上科学知识增长观的基础上，发展出了科学进步的解题模型。他把解题作为科学的目的和该模式的主线，其特点为：

（1）认为科学的本质是一种解题活动；

（2）评价科学理论的进步性在于其解题的有效性。而一个理论的解题有效性不仅仅取决于它已解决问题的数量和重要性，而是取决于它已解决问题和未解决问题的差额；

（3）提出研究传统的概念，比范式的概念更加复杂、合理。强调科学发展的连续性和研究传统之间的继承性，否认科学的发展有革命阶段和常规阶段的区分。不仅前后相继的研究传统之间在经验内容和理论内容上具有继承性，而且相互竞争的研究传统也常常会以不同的方式整合为一种研究传统。

2.3 科学哲学大视野下看语言理论创新之路

以上五种科学观和科学知识增长模式的发展演变对我们当前外语理论研究、外语学术刊物的导向以及外语专业研究生的培养有何启示呢？我们认为可以概括为以下六个方面：

（1）只有打开大视野才能做出大理论。西方的大语言学家，像Chomsky、Lakoff & Johnson、Halliday等，只要读读他们的书，就知道他们的知识结构丰富、学术视野开阔、思维方式独特。而大视野的产生需要突破学科框架，打破专业界限，要求整合不同学科的知识。建议各高校鼓励研究生选修跨学科课程。

（2）针对不同的课题，采用或创造不同的研究方法。目前国内许多高校的研究生课程中都开设了实证研究方法的课程，如实验设计、统计学等。但是有许多科学理论和语言学理论并不是通过实证研究构造出来的。例如，乔姆斯的理论语言学理论就是基于儿童习得语言的特点，通过假说演绎法建立的；又如爱因斯坦的相对论，甚至被称为"实验科学之父"的伽利略提出惯性定律都不是靠实验，而是用"思想实验"，基于数学方法演绎出来的（柯瓦雷，2008）。所以，仅仅把实证研究当作科学研究的唯一方法是片面、狭隘的。

（3）外语研究生培养应增设科学哲学、语言研究方法论等课程。研究者需要将科学哲学思想和科学研究方法的素养内化到他们科研工作中，以避免走弯路、避免低层次重复和缺乏发现问题、解决问题、建构创新理论的能力。从 Chomsky、Lakoff & Johnson、Halliday 等人的著述中就能发现他们都受过科学哲学方法论训练。

（4）期刊应鼓励和扶持创新的理论。一些新生的理论和思想在尚未成熟时，应予以宽容和扶持。我想以数学集合论的创立过程为例来说明此问题。集合论现在被数学界公认为数学的基础，著名数学家希尔伯特赞誉它为"数学思想的最惊人的产物，在纯粹理性的范畴中人类活动的最美的表现之一"（赵树智，2008：16），而 Russell 称之为"可能是这个时代所能夸耀的最巨大的工作"（ibid.）。可是，其创立者康托尔在提出该理论时，受到他的老师克隆尼克的猛烈攻击，因此患上严重的抑郁症。也是由于他老师的阻挠，他终身都未能如愿获得柏林大学的教授席位。一些大名鼎鼎的数学家像 F. 克莱因、彭加勒、外尔等对集合论也都持否定态度。数学史学家 M. 克莱因在总结其原因时说，"康托尔的集合论是这样一个领域中一个大胆的步伐……集合论需要严格地运用纯理性的论证，需要肯定势愈来愈高的无限集合的存在，这都不是人的直观所能掌握的。这些思想远比前人曾经引进过的想法更革命化，要它不遭到反对那倒是一个奇迹"（2007：70-71）。然而，康托尔又是幸运的，在集合论的创立过程中，《克利尔杂志》的编辑独具慧眼，"他们坚持科学无禁区、科学无偶像的原则，对康托尔的工作给予了最大的支持。不仅最先发表了康托尔第一篇关于无穷集合论的首创性文章，从而成为无穷集合论的'接生婆'和'哺育者'，而且不顾克隆尼克等人的阻挠，始终为康托尔传播和发展这一数学创新思想提供了发表论文的机会"（赵树智，2008：15）。

（5）期刊还应当提倡学术争鸣与批判，正确处理常规科学与科学革命的关系。目前，我国外语学界仍然以应用外国的语言学理论进行常规科学研究为主流，缺乏建构理论体系和学术争鸣的风气。很多学者仍然认为，语言学家的任务就是研究语言问题，至于语言学理论是无需质疑的。很多研究生在选题时，在乎的是选用哪家、哪派的语言学理论去解释语言现象，却不首先质疑这些理论本身是否合理，它们的适用范围在哪里。很多学者还声称，所有的理论都不过是"盲人摸象"，没有哪个能解释全部的现象,也不是终极真理。对此观点正确与否暂且不论,但我认为,不能以此作为我们盲目接受或迷信一个理论的借口。波普尔指出,"科学的精神是批判"。一个理论只有在批判中不断完善和发展,而新理论的创立往往来自对旧理论的反思和扬弃。在批判库恩的常规科学和范式论时,他说:"库恩所谓的'常规科学'就是没有革命,更确切地说,就是不要批判:理科学生只用接受当今时兴的教条,不用去挑战它,他们之所以接受一个革命性的理论不过是因为别人都愿意接受,不跟风就落伍了。而要抵制住一个时尚潮流恐怕与提出一个新理论需要同样大的勇气"(Popper, 1970: 51)。他还说:"我为库恩所谓的'常规科学家'感到可悲,…… 我认为'常规科学家'是被教坏了的学生,我和很多人都认为,在大学层次的教育(如果可能的话,甚至在更低层次)应该训练和鼓励批判性思维。而库恩所描述的'常规科学家'则是被教坏了的学生。他被教得循规蹈矩,是灌输式教育的牺牲品。他只是学会了如何使用一项技能,而不去问为什么(尤其是在量子力学中)。结果,他只能成为一个所谓的'应用科学家'(applied scientist),与我所说的'纯科学家'(pure scientist)相去甚远。他只会满足于解决库恩所谓的'疑难问题'"(ibid.: 53)。他还举例说他的一个朋友曾经向他抱怨,现在的大多数工科生缺乏批判的方法。他们只想"知道事实",而不喜欢那些尚有疑问、还没有被"普遍承认的"理论或假说。这些学生只想知道那些事情和事实,认为只要能得心应手地应用就行,而无需煞费苦心(heart-searching)地去弄懂它们(ibid.)。当然,不否认常规科学研究的重要性。但是我认为,不同研究者可根据自己的个性气质选择不同的研究方法,有的擅长在特定范式指导下从事解决疑难问题的,就要尊重他们的兴趣和特点;而有的学者具有反思和批判精神,喜欢标新立异的,也要鼓励他们的创造和批判精神。

(6)不应满足于应用或修补他人的理论,而要建构更具解题能力的理论体系。按照拉卡托斯和劳丹的观点,要建立一个学派或形成自己的研究传统,其理论必须比前人的理论有更强的解题能力,这就需要在批判前人理论不足的基础上,建构新的、更有解释力的理论。例如,Chomsky 对 Bloomfield 的反动,Lakoff & Johnson 对 Chomsky 的挑战,都用自己的一套理论去反驳和挑战前人的理论,而不是靠一些反例。人们接受一个新理论也不是盲目的,而是看到它有更大的合理性和更强的解释力。各个理论并非各自为政,而是在批判的基础上有继承和发展,所以"瞎子摸象"的说法不能成立。

纵观国内目前的语言学研究成果，大多数恐怕还属于第（1）阶段，理论修正性研究还不多见，而中国学者提出的具有独创性的理论路径更可谓凤毛麟角。如前所述，要实现语言理论体系的原创，需要正确的认识论和科学的方法论指导。一言以蔽之，语言理论创新需要了解科学理论的结构、科学知识增长的模式，即需要增加科学哲学素养。

第三章

理论批判是发现研究问题的起点

3.1 对学术权威的态度：膜拜还是批判？

西方的语言学理论体系是理论家们建构的一套关于语言本质的系统的、逻辑融贯的知识体系或学说。正如我们前面介绍过的，西方的理论都是从一定的哲学假定（philosophical assumptions）演绎出来的。现代语言学理论，除了需要有哲学基础外，还需要结合科学的理论或证据，才能称作是科学的语言学理论。或许是因为对理论的建构方式不甚了解，或许是对他们理论的哲学基础认识不足，抑或是对理论所依据的科学理论或证据缺乏了解和批判性审查，导致国内有些学者盲目接受和迷信这些理论，把他们的话当成"金科玉律"，不加怀疑和反思。有些学者虽然想批驳，但由于批判方法上不得要领，常常未能触及根本，只能"隔靴搔痒"，难以引发颠覆性科学革命。因而，难免出现"蹭热点、做填空"的现象（徐旭东，2019）。为什么我们很多学者只能做到"吾爱吾师"，却不能做到"吾更爱真理"呢？这部分或许可以从中西方的教育传统中寻找答案。

袁征（1999）曾经写过一篇文章，专门讨论以苏格拉底为代表的西方教育传统与以孔子为代表的中国教育传统的区别。他认为，**孔子奉行的是权威式的教育方式，而苏格拉底倡导的是质疑式的教育理念**。孔子的教导最终凝结成语录式的《论语》，而苏格拉底通过对话和质疑总结成了《对话录》。可见，前者认为教育是单向地、布道式地宣告某种规则，教师以终审法官的口吻来公布某个结论，这样的教育没有呈现思辨的过程，也没有给学生留下思考的空间，更没有留给后人可以继续探索的问题，只是留下了可供后人反复背诵的格言警句。而且，为了维护严格的宗法制等级原则，孔子反复向学生灌输敬畏权威的思想。孔子曾说"君子有三畏：畏天命，畏大人，畏圣人之言"。所以对于权威的言行，学生不能有任何疑问，对于权威的观点和要求，学生也必须战战兢兢地全部接受。袁征（1999）指出，这样的教育传统之下，我们更容易培养出"立地书橱"，只会为前人留下的文字作注疏，既不注重发现问题、提出问题，也不注重在追索问题中获得超越。我们的传统教育似乎没有为个体蓬勃的好奇心、想象力、创造力和理性建构能力留下太大的发展空间。

而在苏格拉底那里，教育就是对话和探索，在此过程中培养学生的探究意识，激发他们对未知领域的浓厚兴趣。即使强调阅读经典，目的也是为了提出或者解决问题，而不是像农民的仓库里的粮食那样仅仅用于储备。苏格拉底和他的学生及朋友向一切可疑的观点提出质问。他只考虑观点是否合理，而不看提出观点的人是什么身份。苏格拉底也从来不把自己当成是权威，而把自己看成是知识的热爱者和追求者（袁征，1999）。这种对话方式也激发后人对前人思索的问题跃跃欲试，对前人未尽的思索不断深入、推进或超越。在这个过程中，每个人的经验和智慧都得到创造性的激发，每个人也都获得思考和言说的权利。

苏格拉底和孔子的教育理念经过两千多年的延续和发展，对当代中西方的教育和知识生产形态产生了截然不同的影响。前者成就了西方哲学史从自然哲学向精神哲学的大转折，激发后来柏拉图、亚里士多德等人超越苏格拉底而建立起庞大的哲学体系；后者则树立了无人能够超越的"大成至圣先师"，只能为后人"仰止"和不断地体会、学习（袁征，1999）。

袁征（1999）指出孔子关于伦理的讲授不强调论证的方法，而是提出结论式的道德要求。这种简单训诫的方式使一些不合理的观点得不到挑战和批评。而苏格拉底却认为没有经过认真论证的伦理观点都是靠不住的。他的思想影响了后来西方的批判精神和自由思想。他认为没有现成的结论可以教给别人，而只有指导学生运用正确的研究方法，让他们亲自去探索。

因此，对知识的探究要向前推进，就需要改变对学术权威的膜拜的心态，要敢于批判和质疑。事实上，每一个理论都会受理论家自身和时代的局限，不可能是终极真理。波普尔（2001）认为，可证伪性是科学区别于非科学的本质特征。也因如此，我们有理由不必对他们建构的知识体系顶礼膜拜、不加怀疑。因为随着科技的发展，他们的理论都不可避免被新的认识所取代。因此，我们有可能基于更可靠、更先进、更广阔的知识结构去质疑、挑战他们的理论，找到他们理论中的漏洞或矛盾，推动科学的发展。

3.2 什么是批判？

"大海之所以伟大，除了它美丽、壮阔、坦荡外，还有一种自我净化的功能"。

——伊曼努尔·康德

谈到批判，不能不提到德国古典哲学的创始人康德。他的学说深刻影响了近代西方哲学，并开启了德国古典哲学和康德主义等诸多流派。他调和了勒内·笛卡儿的理性主义与弗朗西斯·培根的经验主义，他把自己的哲学称为"批判哲学"。

吴晓明指出，批判不等于发牢骚，不等于一味地否认和拒绝，**批判在哲学上是一种澄清前提和划清界限的工作。**[1] 他说，"黑格尔曾这样说过："什么叫自由的思想？**自由的思想就是批判的思想，就是不接受未经审查其前提的思想，无论它看起来多么理所当然。**"[2] 吴晓明强调，批判就是要追问一件事情或一个原理的前提是什么，它的界限在哪里。他（2012）还说，康德的"纯粹理性批判"意味着澄清人类知识的先验前提，并通过对这种知识的划界来为信仰留出地盘。[3] "界限"观念是德国古典哲学从康德到黑格尔的一个核心的概念，是指要弄清楚一个理论的适用范围。"界限"的确立是"理性""启蒙""成熟"的标志。在康德看来，过去的传统哲学的形而上学的弊病就在于"界限"不清，因而是不够"成熟"的（张卉，2018）。

3.3 发现权威理论的漏洞

批判是理论创新必不可少的环节，为什么呢？因为任何理论都有其适用的范围或解释的限度。比如，我们都知道，牛顿的经典力学只适用于低速、宏观、弱引力，而不适用于高速、微观与强引力。然而，在相对论提出之前，人们都以为牛顿的力学理论适用于宇宙中一切物理现象。同样，一些语言学理论也有它们适用的范围或解释的限度。然而，有些语言理论家会不自觉地夸大他们理论的解释力。我们后面会分别对 Whorf 的语言相对论的科学实在观、Halliday 的语法隐喻理论的科学实在观，以及 Lakoff 和 Johnson 的具身的科学实证观进行批评，指出这三个理论关于科学实在

---

[1] https://news.sina.com.cn/o/2018-05-06/doc-ihacuuvt9890374.shtml
[2] http://theory.rmlt.com.cn/2014/1105/340224_2.shtml
[3] https://www.douban.com/group/topic/28528449/

论的论述的漏洞或错误。我们还会对 Lakoff 和 Johnson 的具身的理性观，以及 Lakoff 和 Núñez 的数学观进行反思和批驳。**通过对这些理论的反思和批判，划定这些理论的适用范围。**

如何才能挑出别人理论的漏洞呢？这也许需要基于更广大、更坚实的科学知识结构，去反思和批判既有的理论。首先，你要敢于以一种怀疑的态度去对待现有的理论体系，而不是盲目相信，甚至崇拜。纵观人类认识的发展史，从文艺复兴到欧洲的启蒙运动，再到工业革命，直到今天的信息化时代，科学的每一次进步和发展都离不开质疑、批判、推翻、重建的过程。我们对世界图景的认识，既要肯定权威们奠定的里程碑式贡献，也要敢于批判和超越他们的局限性，从而推动科学探索不断向前。

事实上，如果没有哥白尼对托勒密的"地心说"的颠覆，就不可能有我们今天的宇宙观，尽管他的"日心说"在当时极其不符合人们的直观感觉和日常经验。同样，今天我们会很自然地用"氧化"来解释燃烧时所发生的化学反应。然而，在"氧化学说"被广泛接受之前，人们普遍相信由德国医生斯塔尔提出的"燃素说"，即认为物质在空气中燃烧是物质失去燃素、空气得到燃素的过程。燃素说可以解释一些现象，因此很多化学家包括普利斯特里和舍勒等人都拥护这一说法。18 世纪的法国科学家拉瓦希通过定量分析和逻辑推理发现了"燃素说"的逻辑破绽：如果燃烧是由物质中的燃素造成的，那么燃烧之后，灰烬的质量应该减少，然而事实上，燃烧的生成物质质量是增加的，这说明一定有新的东西加入了燃烧的产物中。依靠严格测量反应物前后的质量，拉瓦希确认了在燃烧过程中，氧气加入了进来，而不是所谓的燃素分解掉了。

安托万-洛朗·德·拉瓦锡是法国贵族，著名化学家和生物学家。由于他促使 18 世纪的化学更加物理及数学化，使化学从定性转为定量，被后世尊称为"现代化学之父"。并且他给出了氧与氢的命名，发表了第一个现代化学元素列表（列出 33 种元素，其中包括光与热和一些当时被认为是元素的化合物），预测了硅的存在，还创立了"氧化说"以解释燃烧等实验现象等。1789 年，拉瓦锡于不幸在法国大革命中被送上断头台而死。

达尔文的生物进化的思想是通过对流行于欧洲18纪初的生物学家拉马克提出的"用进废退"和"获得性遗传"假说的颠覆而确立的。相对论和量子力学也是对牛顿经典力学的颠覆。牛顿的经典力学以空间和时间的独立性、绝对性为前提，当物体运动处于低速运动时，牛顿运动公式是成立的。但在电磁传播速度接近光速电磁场中，问题出现了：麦克斯韦电磁方程组在不同的参照系下会发生改变，这和经典物理学产生了矛盾。爱因斯坦的新的相对论时空观（即狭义相对论）解决了这个矛盾。在新的时空观下，牛顿定律则成了相对论的一个低速运动的特例。而爱因斯坦的一系列理论创新也将人类的认知范围从看得见、摸得着的世界扩展提升到了看不见、摸不着的却客观存在的世界，比如分子内部结构。总之，伟大的科学发现都离不开科学家独立的思考，他们敢于挑战权威，发现前人理论中的漏洞。

　　西方语言学理论的发展也无不充满着挑战权威的批判精神。下面，我们将以主流语言学理论，特别是语义学理论为研讨对象，探讨如何进行科学、有效的理论批判。

　　虽然 Whorf、Halliday 和 Lakoff & Johnson 都是语言学家，但让人感到奇怪的是，他们居然都关心科学的实在性问题。这是为什么呢？语言学与科学实在论有什么关系呢？如果你懂得一些科学哲学的思想，你就能更好地明白其中的原委，并且可以带着挑剔的（critical 的意思有"批判的"和"挑剔的"）眼光来审视这三位语言学"大咖"对科学实在论的看法。如果他们的观点不能让你心服口服，那么，你或许就能发现他们理论的漏洞！

　　在本章，我们打算通过三个案例来阐明如何挑出这些著名的语言学理论中存在的漏洞。如果你问我，能做到这一点是怎样的一种感受？说实话，这是一种非常棒的感觉！因为这带给了我巨大的信心和成就感，让我不再需要仰视权威，把他们看成是相隔十万八千里的天神一般的存在了！当然，我的质疑和批判能发表在三篇权威期刊[4]上，也给我增添了底气。

3.4　案例一：为什么语言学家关注科学实在性问题

　　传统语义观认为，语义学研究的是语言符号与实在之间的关系。而对语言符号的认知加工和对实在的认识都离不开心智。因此，语义学家们都

---

[4] 一篇发表在科学哲学界的权威期刊《自然辩证法通讯》（2009年第3期）上，另外两篇都发表在外语界的权威期刊《外国语》（2008年第5期和2010年第6期）上。

尝试给出关于语言、思维（或心智）、实在三者间关系的基本假定（以下简称"三元关系假定"）。Whorf 的语言相对论和 Halliday 的系统功能语言学都假定**语言先于思想，语言结构影响、决定或建构思维或概念结构和知识样式**，而 Lakoff & Johnson 的认知语义学则恰恰相反。他们认为**概念结构决定语言表达和知识的结构**。

这三大语言理论都深入讨论过科学的实在性问题：在 Whorf（1956）的《语言、思维和实在》(*Language, Thought and Reality*) 一书中，有三篇文章探讨**语言与科学知识的关系**（Whorf, 1956: 207-219, 233-245, 246-270）。Halliday 的《科学语言》(*The Language of Science*)（2004）中共有八篇讨论科技语篇的论文。他用语法隐喻理论分析科技语篇中的名词化与语义的体现关系。Lakoff & Johnson（1999）反对形而上学或外部的实在论，提出了具身的科学实在论。为什么这些语言学家都会关注科学的实在性问题呢？

我们认为，这是因为人类的大多数知识的获得都离不开语言和心智的参与。经过语言和心智加工得到的知识能否与实在符合？科学知识是不是真理？人类能否认识客观实在？这些问题不仅困扰着哲学家，语义学家们也不可回避。因为无论是明确的或是隐含的，任何语义理论都必须基于对三元关系的哲学假定。下面我们先比较这三大理论对三元关系的基本假定，再分别对其科学实在观进行总结和评价。

3.4.1 三大语言理论对三元关系的基本假定之比较

Whorf 对多种印第安语言进行了长期实地考察和研究，指出："我们往往认为语言不过是一种表达手段，而没有认识到语言首先是对感觉经验流的分类和整理，语言的符号表达产生某种世界秩序，某种世界划分"（Whorf, 1956: 55）。他认为，语言已成为人类的背景现象或背景知识，即人们视为当然的、意识不到的东西。他说"每种语言的背景语言系统（即语法），不仅只是一种再造思想的工具，它本身就是思想的塑造者……思想的形成并不是一个独立的过程，也不是传统意义上所谓严格符合理性的，而是某种语法的一部分。语法不同（差别有大有小），思想的形成过程也不同。我们都沿着自己母语所规定的路线切分大自然"（ibid.: 212-213）。语言相对论的基本论点可概括如下：

（1）语言对思想的控制往往超出人们的意识，人们不自觉地以母语的结构组织感觉经验流；

（2）不同语言对经验加工处理会产生不同的思维方式，因此操不同母语的人对世界的认识或产生的知识会不同；

（3）知识因语言而异，因此没有哪一种知识能与实在符合。科学知识不是真理，而是西方语言的产物。

Whorf 关于语言、思维、实在三者关系的假设如图 3.1 所示。

图 3.1　语言相对论关于三元关系的假定

Halliday 系统功能语言学的语义观隶属于社会建构论。社会建构论认为语言是先在的、规定思维的方式。叶浩生总结道"建构是社会的建构，而建构的过程是通过语言完成的……语言并不是一个中性的工具和媒介，相反，它为我们认识世界和自己提供了范畴和方式，它不是表达思维，而是规定思维"（叶浩生，2003）。可见社会建构论预设了语言相对论。事实上，Halliday 的观点与 Whorf 的如出一辙，他说每种自然语言都是"人类经验的理论。通过互相定义关系和范畴的方式对流动不拘和模糊无界的感知世界赋予秩序。每种语言都在有限范围内以其独特的方式对人类的感知世界规定秩序"（Halliday，2004：109）。他还说"实在就是我们的语言说出来的样子"（ibid.：183）。

Halliday 认为经验经过语言的释解才能转化为意义，进而被理解，转化为知识。而语言的释解方式分为一致式和语法隐喻式。一致式是语法层与语义层一致，比如用名词表达事物、用动词表达过程等；语法隐喻式则是语法层与语义层不一致，比如用名词体现过程或性质等，从而产生新的意义和知识。Halliday（ibid.：58）从"进化"和"历时"的角度研究语言，认为语法隐喻现象说明词汇语法对经验重新建构。**我们经一致式释解获得常识知识，经隐喻式建构获得受教育的知识和科学知识等**（过程如图 3.2 所示）：

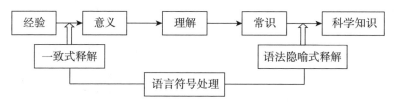

图 3.2　系统功能语言学关于三元关系的假定和知识观

可见，系统功能语言学虽继承了语言相对论的许多思想，但也有区别：Whorf 强调不同语言对经验的不同塑造，而 Halliday 认为，从个体发生、种群发生和语篇发生的进化的角度看，语法隐喻表明了语言对人类经验的**重塑**，强调在同一语言的历时发展中对经验的不同建构。科学知识从常识进化而来，是语言对经验的重构。但无论怎样，他们都认为语言结构决定思想结构和知识形态，不同语言以及同一语言的不同表达形式建构的知识不同。

Lakoff（1987：310-311）将概念结构区分为"概念化能力"和"概念系统"。他认为人类都生活在同一个星球并具有相似的身体构造，因此人具有相同的概念化能力，但由于环境和文化等差异导致概念系统不同，并体现为不同的语言表达方式。认知语义学的基本假定如图 3.3 所示。

图 3.3　认知语义学关于三元关系的假定和知识观

基于对概念结构中"系统"和"能力"的区分，Lakoff 驳斥了语言相对论。他认为语言不同并不会造成思维方式的迥异。由于人类有相同的概念化能力，不同语言之间仍可互相理解和学习（ibid.：304-337）。

通过上述讨论，我们可以看到这三大理论关于语言、心智、实在的关系有不同的基本假定，因而，对于**知识的来源和结构**以及**科学知识的实在性**也持有不同的观点。那么，这三大语言理论的科学实在观孰是孰非呢？它们有没有漏洞呢？下面我们一起来看一看。

3.4.2　语言相对论的科学实在观神话

Whorf 关于语言与科学的关系的论述可总结为如下三点：

（1）**科学知识并非关于自然的客观规律的认识，而是西方印欧语言的产物**。例如在印第安有些部落语言中不存在时间和速度的概念，因而科学中的"时间""速度"和"物质"等概念并不是普遍的、实在的，而是西方语言的产物（Whorf，1956：216）。从句法结构上看，有些印第安语像化合物，它们并不把世界切分为个体性的事物，它们的概念中许多经验是连续的、流动的；而西方语言像混合物，把世界切分成分立的个体，西方的经典物理和天文学正是受其影响才把世界看成由分立的个体组成的（ibid.：236）。

（2）逻辑推理并非普遍的理性思维，而是西方印欧语言的产物。印欧语言的语句必须由实体词和动词构成，因此导致了西方的二分逻辑思维模式，在其逻辑中包含主词与谓词、行为者与行为、事物和事物之间的关系、实体和属性、数量和运算等二分的逻辑关系（ibid.: 241）。同样地，这种二分的语法也导致数学中的二分结构，如数 1、2、3 或变量 x、y、z 与运算关系 ＋、－、×、÷ 等的二分（ibid.: 242-243）。

（3）Whorf 的结论是：科学理论以及逻辑和数学都不是客观的、普遍的，它们本质上反映了西方语言结构在思想上的映射。他认为其他国家的人，如"中国和土耳其的科学家之所以能用西方科学家的方式描述世界，不是因为他们透过自己的母语观察世界，而是因为他们完全使用了西方的理性化系统"（ibid.: 214）。

针对上述观点，我们反驳如下：

首先，Whorf 过分夸大了语言之间的差异，忽视了它们在句法和概念层面的共性。Chomsky 认为语言之间的差异主要体现在参数上，而人类语言都遵守共同的句法原则（Chomsky, 2002）。他的"原则与参数方法"不仅能解释为何不同种族或国家的儿童在真实语言环境里能习得任何一种语言，也能解释成年人为何可以学会外语。而 Whorf 的假说无法解释西方语言与印第安语之间差距如此之大，为何西方人仍然可以学习印第安语并能理解他们的思想。Lakoff（1987）认为，语言之间虽然概念系统不同，但人类有相同的概念化能力，这是语言之间可以互相学习和理解的基础。这些事实都表明不同语言在深层次上享有巨大的共性。

其次，Whorf 错误地把西方科学看成静止不变，一劳永逸的。事实上，科学探究实在的过程永无止境。他把科学的概念、理论以及逻辑和数学的产生都归因于西方语言，试图论证西方语言是产生西方科学的必要条件，非西方语言的结构根本无法产生西式科学。事实上，西方科学并非一成不变，许多旧的概念和理论因被证明是错误的而被摒弃，或发现其应用范围有限而需用新理论补充或替代，比如古代西方科学中"女巫""燃素"，血液中的"气质"等概念，后来发现并无指称而被摒弃（Devitt & Sterelny, 1999）。如果说印第安的部落语言中因不存在"时间"概念就不会产生西方经典物理的话，西方科学中"时间"概念也不是固定不变的。爱因斯坦相对论中的"时间"就是对牛顿经典力学绝对"时间"的颠覆。在牛顿力学中，时间或同时性的绝对性被当成一条公理。但爱因斯坦认为，当物体运动速度接近光速时，"'时间'在不同的惯性系中不必彼此一致"（易洪波

& 李智谋，2006a）。同样地，"空间""速度""质量""能量"等概念的意义从牛顿力学到相对论都发生了彻底的改变。此外，Whorf 认为，西方经典物理和天文学的产生是由于西方语言把自然划分为分立的个体，而印第安的部落语言只能把经验看成连续的、流动的。然而牛顿光学的"粒子说"（这也许符合 Whorf 所谓的把世界看成由分立的个体组成的世界观的学说）由于无法解释光的散射和衍射，而受到惠更斯的"波动说"的挑战，最后新的科学事实证明光其实具有"波粒二向性"（易洪波 & 李智谋，2006b）。**这都说明，科学理论并非一劳永逸的，也并非因受制于西方语言的结构而无法发展。**正如易洪波和李智谋所编译的《相对论》中所说的"广义相对论要求从根本上更新时间和空间的概念，这个要求不是出于人为的意图，而是出于实际需要"（易洪波 & 李智谋，2006a）。Whorf（1956）为西方科学开出处方，认为科学要想不僵化，取得发展和突破，就必须从其他语言中吸收新的、多元的思维方式，丰富人类的逻辑系统和理性思维。然而，事实证明，科学理论的创新和发展并非源于从其他语言中吸收了所谓新的思维模式，而科学巨匠并不因他们懂得更多的语言才提出了伟大的理论。

第三，Whorf 对于知识来源的解释只能局限于对来自感官直观经验的知识或常识的解释，而无法解释科学知识的来源。事实上，科学知识往往来自心智对经验的超越和对感官认识的反思和批判。科学理论不能仅靠观察和经验产生，正如爱因斯坦说的"我从引力论中还学到了其他东西：经验事实不论收集得多么全面，都不可以帮助人们提出如此复杂的方程。一个理论可以用经验来检验，但是经验中没有通往理论的道路"（ibid.）。相反，如果没有对经验的超越，对直观认识的反思和怀疑，人类的知识将永远停留在常识水平，根本不会产生哥白尼革命、牛顿力学和相对论等等。

第四，Whorf 由于假定语言先于思想，语言则成为一成不变的、禁锢思想的枷锁。事实上，所有语言在各个层次上发生演变。例如近代物理产生后，在伽利略等科学家的文献中，语法隐喻结构的句式出现的频率剧增。（Halliday, 2004: 18, 59）科学术语也日新月异。语言的变化折射出思想的变化和知识的更新。**没有哪种语言一成不变，永远控制着人们只能拥有如此这般的思想。思想的能动性、反思性和想象能力都使人类不会永远成为语言的奴隶。**

最后，Whorf 关于科学的错误论断还来源于他的两个错误认识。一是混淆了"指称"与"意义"。例如他说英语中的"sky, hill, swamp"等概念，使我们把广阔无垠的客体看成像桌椅板凳似的具体事物（Whorf, 1956: 240）。他指出，由于英语中把天空看成"板块"（board）似的事物，才有"the sky, a sky, skies, some skies, piece of sky"等表达（ibid.: 253）。他认为，这是因为西方人受语言影响把宇宙看成由分立的实体和事件组成的，并不自觉地将这种思维方式投射到经典物理和天文学中。然而，我们认为，人们看到的无边无际的天空和用语言表达出来的一块块的天空不是一回事，**即语言不等于思维，指称不同于意义**。说不同语言的人可以指称同一天空，尽管他们的语言文化赋予天空以不同的意义和表达形式。科学理论同样是对指称赋予意义，但不同于非科学，其有效性需要得到经验的验证，而验证与语言表达方式和结构没有必然联系。另外，Whorf 仅按字面意义解释语言与思维的关系，没能看到思维的隐喻性。例如他说，在英语中"I pull the branch aside"和"I have an extra toe on my foot"（ibid.: 234-235），以及"I push his head back"和"I drop it in water and it floats"（ibid.: 236）毫无共同之处，但在印第安的 Shawnee 语中，它们的表达方式一样，借此说明不同语言对世界的概念化方式不同。然而，按照 Lakoff & Johnson 的概念隐喻理论，这些看似不相干的句子其实存在隐喻投射。正如在汉语中说，"拿他开刀"既指"要先杀某人"，也可以表示"要先对某人实施对其不利的举措"。这两层含义之所以可分享同一表达式，是因为它们之间有隐喻投射。

总之，Whorf 的反科学实在论的观点不能成立。根本原因在于他忽视了心智或思想具有对感觉经验的超越性和对思想本身以及既有知识框架的反思和怀疑的能力。

3.4.3 祛魅 Halliday 的语法隐喻的科学观

Halliday 用语法隐喻理论分析科技语篇，提出了三个论题。

论题一：名词化导致事物化。他说：

> 科学语法释解的世界观与日常话语的世界观迥异……语法隐喻总是导向事物；而事物的原型是具体的实体。不仅那些被一致式地释解为性质和过程的现象，甚至像时间和因果那些过程之间逻辑关系的表达式，经名词化后都被释解为虚拟事物。在经典物理的世界里，这种符号的转换很能支撑人们的意识形态：使我们把世界看成静止的，赋予世界以稳定性和持久性，使我们可对之观察、测量和试验。日常语法能容忍甚至乐于表达不确定、变化和流动的经验，而精练的、名词化的科学语法将确定性、持久性和稳定性强加于人们的经验。因此它

释解的是一个完全由事物组成的世界（Halliday，2004：128-129）。

论题二：小句或命题名词化后，人际意义发生改变，变得不可争辩、不可协商了。Halliday & Matthiessen 举例说：

> 一个言辞"atomic nucleus + absorb + energy"当在人际上体现为一个命题时，它是可协商的：The atomic nucleus absorbs energy——Does it?——Yes, it does.——No, it can't. 然而，当这个言辞被重新释解为参与者"absorption (+of energy)(+ by atomic nucleus)"时，它不再具有命题的人际潜势了；而是被当成语篇中当然的内容。你不会去与 the absorption of energy by the nucleus 争辩，因为它不再是一个可以争辩的命题。这种人际差异在论说文中具有很强的修辞效果（Halliday，1999：241-242）。

论题三：科学语言导致等级语言。

由于论题三与科学实在论无关，在此我们不予讨论。Halliday 试图通过论题一和论题二来论证科学知识并非实在的，而是语言建构的产物的观点。下面我们一一反驳。

论题一其实蕴含了语言相对论，即认为语言结构决定思维结构，小句被名词化后，就具有了实体名词的性质。而我们认为，小句名词化为名词词组后，并无实体名词的指称功能。它们不过是对语篇中的小句的提炼、浓缩或压缩，其意义与小句等值，这种浓缩只是语言趋于经济化的表现。让我们看 Halliday 举的三个例子（Halliday，2004：59）（注：下划线为笔者所加）：

（1）<u>Rapid changes in the rate of evolution are</u> caused by external events.

（2）<u>The thermal losses</u> typical of an insulating system are measured in terms of a quantity called the thermal loss coefficient.

（3）<u>The absolute indistinguishability of the electrons in the two atoms</u> gives rise to an "extra" attractive force between them....

以句（3）为例，其一致式其实为两个言辞构成的言辞列"Since the electrons in the two atoms are absolutely indistinguishable, there is an 'extra' attractive force between them."。当然如果没有特定语境，其一致式还可能是其他的形式如："If the electrons in the two atoms are absolutely indistinguishable, there will be an 'extra' attractive force between them."等等。Halliday 认为,"一个言辞其一致式释解为小句,当重新措词为名词词组后,很多语义信息就被隐藏了"(ibid.: 93)。并且他认为名词化使过程或性质等似乎成为抽象的实体或事物,由此"扩大了我们整个意义潜势:通过创造新的符号范畴(这些符号范畴既是事件同时又是实体),丰富了我们的经验模型"(ibid.: 14)。他举例说"animal protection"这个名词词组可能对应几种不同小句:"how animals are (or should be) protected (by humans)""how animals protect themselves";或者是"how we protect (or should protect) ourselves from animals";甚至是"how animals protect other things (such as humans, or the environment in general)"(ibid.: 93)。然而,我们认为他这种说法是脱离具体语篇和语境孤立地看待名词化现象。其实,语篇中的名词化往往是对前文中的小句信息的提炼、浓缩或压缩,保留了小句的真值,因而不会造成阅读中的歧义,也不会产生新的意义。也就是说,在特定语篇中,名词短语"animal protection"的真值只能是这四个小句意义的析取,而不是合取,其逻辑形式表达为:

$T(NG)=T1 \vee T2 \vee T3 \vee T4$

(T 表示真值,NG=nominal group,T1、T2、T3、T4 分别代表四种小句的真值。)

所以,Halliday 所谓的"语法隐喻会产生新的意义"的说法其实是脱离具体语境和语篇,孤立地看待名词化现象得出的错误结论。

另外,Halliday 与 Matthiessen 认为"当现象在概念基础上以隐喻方式被重新释解时,也会造成人际后果"(Halliday, 1999: 241)。他们举例说明如下:

一个言辞"atomic nucleus + absorb + energy"当在人际上体现为一个命题时,它是可协商的(open to negotiation): The atomic nucleus absorbs energy—Does it?—Yes, it does.—No, it can't. 然而,当这个言辞被重新释解为参与者(participant)"absorption (+of energy)(+ by atomic nucleus)"时,它不再具有作为命题时的人际潜势了;而是被当成是语篇中当然的内容。你不会去与 the absorption of energy by the nucleus 争辩了,因为它不再是一个可以争辩的命题。这种人际差异在论说文中具有很强的修辞效果(ibid.: 241-242)。

又如 Eggins & Slade 论述道：

一个命题，all electrons are indistinguishable 是可以协商或争论的（— Are they? — Yes, they are. — No, they aren't.）。但当这个命题被重新建构成一个名词词组 the indistinguishability of the electrons 时，它就成了一个"事物"，是不可争辩的。从评价的角度来讲，如果描述语被名物化为名词词组，一方面可以隐藏评价的来源，达到"客观"的效果，另一方面又有可能对这个名词词组进一步做出评价，如：he is lovely → his loveliness → his indescribable/ arresting/ stunning loveliness 等（Eggins & Slade，1997：127）（常晨光，2004）。

然而，我们认为一方面语义的不同的体现方式，如上面命题的一致式体现方式与名词词组的隐喻式体现方式在特定语篇中具有相同的真值，即 T(NG) = T(CLAUSE)；另一方面，命题被重构成为名词词组后，并不必然就成为不可争辩的事实。因为，首先人们并不会把"the absorption"和"indistinguishability"这类名词当成像苹果、桌子、质子、电子那样的实体名词。因为对于实体名词，人们相信它们是有具体指称的（既可以是现实世界的指称，也可以是可能世界的指称，如孙悟空、独角兽等等），而抽象名词并没有指称，它们不过是一种语言经济化、浓缩化的表现手段而已，在特定语篇中，抽象名词可以还原为表示状态或性质的形容词形式。其次，这类抽象名词也不像有些抽象名词，比如"血压""心率""电压""信噪比"等那样在特定的科学语篇中已经公认为了专门术语，它们的指称就是科学共同体的约定或定义，事实上，这些术语本质上还是指称事件（event）、过程（process）或性质（nature），而非实体（entities）。当它们既不是有具体指称的实体，又不是科学语篇中经过定义和约定的抽象实体时，它们存在的合理性就不是不可协商、不可争辩的。就像一个人如果长得很丑，别人并不会因为你称她是"a dazzling/ raving/ striking…beauty"，就都承认她是美女了（甚至会怀疑你在故意说反话）。别人照样可以问，"Is she beautiful?"或"Is she really a dazzling beauty?"，其他人照样可以回答"yes"或"no"。至于 Eggins & Slade 所认为的描述语被名词化后，评价的来源被隐藏，所谓制造了"客观"的假象的论断，我们认为，这种语法隐喻的效果在某种程度上可以在广告和政论语篇中被巧妙地利用，从而达到掩饰商家和政客真实意图的目的。但不能由此引申到科学语篇的分析中，也不能用于证明科学真理的相对性，因为这种引申其实混淆了科学与非科学的界限。

究竟科学与非科学有什么本质区别呢？关于科学与非科学的划界（demarcation）标准，无论是逻辑经验主义（logical empiricism）、波普尔的证伪主义（falsificationism），还是库恩的范式理论（paradigm theory）的解决疑难（puzzle solving）的划界标准，都强调经验事实或趋同性证据（convergent evidence）对理论的证实或证伪。具体来说，"逻辑经验主义者把经验上和逻辑上的可检验性作为科学与非科学的划界标准"（孙思，2005a：47）。波普尔的证伪主义认为"一个理论是科学的，当且仅当，它具有被某些观察证据反驳的潜在性。他非常强调理论应该做出冒险性的预测"（ibid.：67）。即波普尔认为一个经受了严峻的检验（rigorous test）暂时还未被证伪但今后有可能被证伪的理论才是科学的理论。而"库恩把解决疑难的活动看作常规科学（normal science）的本质，看作是科学与非科学的划界标准"（孙思，2005b）。孙思认为库恩这一的标准具有三个特点："第一，取得了公认的范式（这一点能使科学与不成熟的学科或前科学相区别）；第二，可以通过设计精确的实验和特殊的实验仪器解决理论预测中的问题（这一点则使经验科学区别于非经验科学、形而上学和伪科学）；第三，科学共同体成员对疑难解决的方法和结果有一致的看法（这一点试图排除社会科学、形而上学和伪科学）"（ibid.）。可见对科学理论的验证不是由具体个人决定，而是在一定的范式或研究传统下科学共同体达成的共识，因而具有公共性。在常规科学研究中，科学家的主要任务是解决疑难，其中需要设计精确的实验和专门的仪器。科学家所设计的实验往往需要满足可重复性的要求，即不管是哪位科学家，只要满足相同的实验条件，重复相同的实验步骤，都应该得到相同的结果的实验才能被称作是科学的实验。孙思指出，"当今科学体制化的结果更加强了规范性科学的标准，强化了科学发展中的客观性、专业性，削弱了社会因素、个人因素对科学评价和科学发展的介入，这使得'科学性'成为客观性、普遍性、非主观性、非个人性、甚至公正性的统称"（孙思，2005c）。正因为如此，科学家在写科学实验报告时，并不需要强调是哪个科学家做的实验，即不必强调研究活动的主体，只要写清楚实验的条件和步骤，因为科学实验可重复性要求本身就预设了一个前提：其他科学家只要遵循同样的条件和步骤都会得出相同的结果。所以，正是科学研究的特点决定了科学语篇不必要把从事实验的主体写进研究报告。因此，科技语篇不是为了显示其"客观性""权威性"和"科学性"才故意掩饰从事科学活动的主体，而是科学研究本身的性质和特点决定了科技语篇无需彰显科学家的身份。所以用语篇隐喻理论批判科技语篇掩饰人际关系是不成立的。

科学研究中的人为因素和社会因素是科学研究努力要克服和排除的。Halliday声称"语法隐喻对经验的重新释解是对知识的新的建构,因此也是一种新的意识形态……我们丝毫不惊讶语法隐喻带有意识形态的意味"(Halliday,2004:95)。因此,他认为"科学研究首先是科学家作为一个社会的人的行为,故而科技语篇必然会夹杂着科学家的意识形态"(严世清,2002:54)。对此,我们并不否认科学研究是一种社会的人的行为,但科学研究中个人的因素是科学研究努力要排除的。不管一个科学家的政见、宗教信仰、人生观、价值观如何,在一定范式下从事研究的科学家必须要符合该范式的方法论和科学共同体公认的合理性标准,而且他的理论必须经受实验的检验,他所设计的实验应该具有可重复性,才能得到科学共同体的认可。事实上,同一范式下的科学家可以说不同的语言,有不同的文化背景、宗教信仰和政见等。不同语言、种族和文化背景的科学家对相同的科学经验和现象可以有相同的理解,根本原因在于人类具有共同的概念化能力,使他们可以彼此理解和沟通,最终达成一致。

由于Halliday理论假设中存在强语言相对论这一不合理因素,它必然招致反例和内部无法消化的矛盾。

按照Halliday的观点,只要是重新措词就会产生新的意义(rewording→remeaning),设想当我们把外国的科学理论著作翻译成中文的时候,这个中文译本是否就是一个与原著意义不同的理论了呢?如果是这样,我们根本就无法真正学习和理解国外的科学理论,我们中国人也永远不会从事西方的科学研究活动了。显然,这种推论是荒谬的。事实上,科学著作可以被翻译成不同的文字并被科学家理解。因为在翻译过程中,译者也常常通过他对意义的理解采用一些翻译技巧进行翻译,其中包括词类转换的翻译技巧,而不是逐字逐句地死译。例如下面三个句子取自Halliday的例子,对它们进行翻译如下:

(1) Rapid changes (*n.*) in the rate of evolution are caused by external events.

(A) 进化速度的快速变化 (*n.*) 是由外部事件引起的。

(B) 外部事件会迅速加快 (*v.*) 进化速度。

(2) The thermal losses (*n.*) typical of an insulating system are measured in terms of a quantity called the thermal loss coefficient.

（A）一个绝缘系统典型的热损耗 (n.) 可以用热损耗系数进行量化测量。

（3）The absolute indistinguishability (n.) of the electrons in the two atoms gives rise to an "extra" attractive force between them....(Halliday，2004：59)

（A）两个原子之间电子的绝对不可分性 (n.) 导致原子之间出现一种额外的吸引力。

（B）两个原子之间的电子是绝对不可再分的 (adj.)，原子之间由此产生一种额外的吸引力。

这些三个例子中，除了例（2）只有一种译法，且其中的名词词组"thermal losses"翻译成中文时只能保持为名词"热损耗"外，例（1）和（3）中的名词词组翻译为中文时可以有两种译法（A）或（B），（A）译法仍保持为名词词组，而（B）译法发生了变化："rapid changes"被翻译为动词词组"迅速加快"；"the absolute indistinguishability"被翻译为形容词短语"绝对不可再分的"。且（A）（B）两种译法的真值意义（$T_A=T_B$），即不会造成意义理解上的差异。我们认为例（2）之所以只有一种译法是因为"thermal losses"这个名词短语已经成为一个专业术语"热损耗"，即成为不可拆析的（cannot be unpacked）"死喻"，当翻译为中文时，可以直接借用该术语，而不必转换词性。而对于那些未"术语化"的名词短语，有时翻译成动词或形容词短语会更加符合中文的表达习惯。而逐字逐句对译有时不仅会令译文读起来佶屈聱牙，而且使原有语篇的意义变得难以理解。所以，从英汉翻译的角度也佐证了所谓语法隐喻会造成意义的重新建构，导致意义的改变，进而推论出真理的相对论的看法不符合科学语篇的事实。

另外，Halliday 本人的论断也存在矛盾。他一方面声称"假如现代科学首先在中国或印度发展起来，科学语篇的语法或许会走一条非常不同的道路"（ibid.：96）。另一方面他又认为科学语篇的演变并不是任意的，而是需要满足科学方法、科学论证和理论的要求。他说"从这个意义上看，学习科学就是学习科学的语言"（ibid.：178）。这两种论断彼此矛盾，也使人迷惑：不知 Halliday 本人认为现代科学的发展是否可以因语言的不同就可以沿着不同的道路发展呢，还是认为只有一条正确的科学之路？他似乎始终在为前者辩护，但又不想放弃后者，否则他就无法说明究竟什么是科学，什么不是科学。这种矛盾的根源在于把"概念系统"混同于"概念化能力"。Halliday 既想把科学知识和真理说成是语言的建构物，但他又希望只有某种方法、论证和理论才称得上是科学的。否则每种语言按照自己的方式建构的理论都称作科学，那什么是非科学的呢？对此他无法回答，也不能自圆其说了。这一矛盾是他的理论自身无法消化和克服的。

语法隐喻理论引发了关于科技语篇、科学理论以及真理问题的四个论题。论题一：名词化导致事物化；论题二：科学语言导致等级语言；论题三：科学理论是语言的建构物；论题四：语法隐喻为真理相对论提供语言辩护。我们认为，语法隐喻理论除了对论题二显示出深刻洞见外，对其他三个论题的论证都不能成立。根本原因在于这三个论题都建立在强语言相对论的基础之上。我们利用 Lakoff 基于"概念系统"与"概念化能力"的区分对语言相对论的反驳，分析并驳斥了这三个论题成立的基础，指出 Halliday 的理论夸大了语言对意义的建构作用。另外，利用语法隐喻理论论证科技语篇中掩饰了人际关系，并由此错误地推论出科学理论的语言建构性以及真理相对论的论题，我们指出其错误在于忽视了科学与非科学的界限，把科学研究等同于其他的人类社会活动，没有看到科学理论的检验是需要尽量排除个人的主观因素和社会因素的干扰而获得趋同性证据支持的，趋同性证据的根本基础是人类知识的可相互理解性和学习性，归根到底在于人类具有共同的概念化能力。因此，我们的结论是：用语法隐喻理论解构科技语篇并证明真理相对论是不能成立的，也不符合科学研究的事实。

虽然 Halliday 也承认语言之间的差异会保持在一定限度内，他说"由于我们都生活在同一个星球的表面，并且都具有相同的大脑结构，所有的语法都可能具有某些共同的释解方式才能保证我们人类的生存"（ibid.：109）。然而他对不同语言释解经验的差异和共性的关系缺乏深刻的认识和透彻的分析，把"概念系统"混同于"概念化能力"，导致他的语言理论中预设了强语言相对论。

3.4.4 夸大其辞的具身的科学实在论

为了回应后现代主义思潮对科学实在论的批判，Lakoff & Johnson 提出了具身的科学实在论（严世清，2002：88-93）。后现代主义否认科学的可靠性、稳定性和实在性，认为没有哪种科学理论是无假定的，也不能用"科学的结果"批判某个哲学立场，因为那些"科学结果"本身就基于另一个与之竞争的哲学立场。科学也是一种哲学叙述，它不比任何其他的哲学叙述更有特权（ibid.：88）。Lakoff & Johnson 既不同意后现代主义的反科学实在论，也不同意逻辑经验主义幼稚的科学实在论。他们说"我们也意识到任何科学观察都不是纯粹的、中立的、无任何假定的"（ibid.）。他们把传统的、脱离身体的科学实在论归结为如下三条主张（ibid.）：

（1）有一个独立于我们对其认识之外的世界；

（2）我们能够对这个世界获得稳定的知识；

（3）我们的概念和推理的形式并非反映出我们身体和大脑的特征，而是反映出外部世界本身的特征。也就是说科学真理不仅是我们认识的真理，而且是绝对的真理。

他们同意（1）和（2）两条，但否认主张（3）。具身的科学实在论有以下主要特点：

（1）具身哲学是基于神经科学和认知科学的趋同性证据提出的，有经验科学证据的支持。

（2）具身哲学拒斥传统主客二分的哲学观，主张人类通过身体与环境交互达到主客统一。这是人类经过长期进化形成的能与环境相适应的认知能力。

（3）认知的具身性表现为两方面。一是人普遍具有基本层次的概念化能力，这是具身性的基石。对超出基本层次之外的感知，如对微观粒子世界和宇宙太空的感知，需用科学仪器，但仪器只是延伸基本层次的感知和操控能力。二是表现在概念化过程中，概念化具有具身性和想象性。概念的具身性体现为逻辑推理很多是属于运动推理，是感知和机体运动通过神经示例的逻辑。概念化的想象性表现为概念隐喻（严世清，2002：91）。

（4）具身的科学实在论与库恩的范式理论相符。库恩将科学发展分为常规科学和科学革命两个阶段。科学革命带来范式的转变，新旧范式之间不可通约。具身的实在论认为，新范式取代旧范式，其实是科学家用新隐喻取代旧隐喻，它们之间不可通约，因而导致整个学科重新概念化（ibid.：92）。

（5）科学之所以可能在于思维的具身性，而非超验性；在于运用想象力，而非刻意回避想象思维（ibid.：93）。

然而，我们认为具身的科学实在论存在以下问题：

首先，无法将科学理论与伪科学学说划清界限。具身哲学认为科学中的抽象概念、数学和逻辑都是具身的和想象的思维的结果。Lakoff & Núñez

对数学中的概念隐喻进行了研究声称，无论是算术、集合论、函数、解析几何还是笛卡儿函数等都是具身的人类心智的产物，尤其是意象图式和概念隐喻等想象思维的结果（孙思，2005a：237）。Lakoff还对逻辑推理中的意象图式进行了研究（朱志方，2002：456-459）并提出，推理中的命题结构并不是无意象的，他说"似乎看来，大量的推理都有使用认知机制的特点，而非以前认为的是以命题的方式进行推理"（ibid.：458）。然而试问，既然一切知识都是具身性和想象性思维的结果，科学理论与伪科学学说如何区分？数学和逻辑中的具身的和想象的思维与伪科学学说的思维方式有何区别？ Lakoff并未关注此问题。D. Gentner & M. Jeziorski 比较了科学理论与炼金术中使用的类比推理（属于隐喻思维）指出，不同于炼金术中随意的类比，科学理论中的类比推理须遵循的六条原则。

（1）结构的一致性：实体是一一对应的，且通过谓词连接的关系保持不变。

（2）侧重关系：保留关系系统，而忽略对实体的描述。

（3）系统性：在各种关系解释中，要保留具有最大深度，即具有最大程度的共同高阶关系的结构。

（4）无胡乱的联想：在类比中只强调共性。基础（base）与目标（target）之间的其他关系和联想，例如主题联系则与类比无关。

（5）无混杂的类比：关系网络在映射时应完全包含在基础域中（base domain）。当使用两个基础时，它们各自应当是连贯的系统。

（6）不把类比关系当作因果关系：两种现象可类比并不意味着其中一个是另一个的原因（1999：450）。

然而，按照这些原则进行的类比推理产生的思想并不是产生科学思想的充分条件，至多只是必要条件。而究竟什么样的思维方式才能形成科学的思想呢？科学理论与非科学或伪科学的理论的区别究竟是什么呢？**我们认为，具身的科学实在论仅仅强调了科学思维与非科学思维的共性，或者说指出了一切思维的共同点，即具有具身性和想象性，却不能区分科学思维方式与非科学思维方式。我们认为具身性并不是科学的本质属性，所谓的具身的科学实在论仍然没有为科学的实在性作出根本性的辩护。**

其次，误把隐喻当作范式转换的原因。Lakoff & Johnson 认为具身的实在论为范式理论提供了支持，所谓新旧范式的转换，其实是科学共同体用新隐喻取代旧隐喻。然而试问，科学家为何要用新隐喻取代旧隐喻？他们选择隐喻是任意的吗？我们认为隐喻的转换变换只是表象，不是范式转换的根本原因。以光学的发展史为例：牛顿根据光直线传播的性质提出"光是微粒流"的理论，而惠更斯提出了光的"波动说"，认为光是由发光体的微粒振动在"以太"中的传播。这两种学说都可以从理论中导出光的反射和折射定律，但说法不一。随着光学研究的深入，人们逐渐发现许多不能用直进性解释的现象，如干涉、衍射等，用光的波动说却很容易解释。因而普遍接受波动说，粒子说几乎被全盘否定。后来爱因斯坦又否定了惠更斯假设的光需要以太为媒质传播的理论，提出了光子说。现代的观念认为，光具有微粒与波动双重性格（易洪波 & 李智谋，2006b：47-53）。可见，范式的转换并不是随意用一种隐喻替代另一种的过程，新理论的提出往往是因为旧理论无法对异常现象做出合理解释，或因为相互竞争的理论中，一个得到了实验证据的支持而被科学共同体接受，另一个因被证据推翻而遭到抛弃。**尽管新旧范式可以用隐喻的方式表达，比如把光比作"粒子"或"波"，但对光的性质的认识不是科学家任意的发明和隐喻变换的结果。**

最后，低估或忽视了心智对感觉经验的超越以及对既有知识的怀疑和反思的能力。具身哲学强调科学、逻辑和数学思维都毫不例外是具身的和想象的。Lakoff & Núñez 宣称"数学的内容是不可能没有数学的观念，包括隐喻性的数学观念而存在。这意味着数学的基础存在于数学本体之外，存在于认知科学和认知语义学之中，在此之中才能对实际的和可能的人类概念加以研究"（Lakoff & Núñez，1998：237）。**而事实上，科学和数学知识越发展就越远离感觉经验和形象**。例如我们可以想象三维空间，却无法想象相对论中的四维时空和更高维的几何空间的图像。因为，高维几何真实地存在于数学概念中，只能用数学语言表述，而无法用形象描述。因此，科学和数学知识并非都是来自具身的和想象的思维。正如克莱因（M. Kline）说的"任何现在坚持研究与科学、数学有关的概念必须是看得见、想象得出的人，那么他的智力发展依然还处于蒙昧阶段。几乎从与数字打交道时开始，数学家们进行的代数推理就与感觉经验无关。今天，数学家们自觉地构造和加以应用的几何，仅仅只存在于人类的大脑中，这就意味着绝对不可能想象出其图像"（克莱因，2007：447）。

可见，具身性并不是科学的本质属性，具身的科学实在论不仅没能替科学实在论辩护，反而试图消解科学思维最重要的特质——**心智能超越感**

觉经验并对思想本身进行反思。这说明，Lakoff 等人的强具身认知观遇到了不可调和的矛盾。Meteyard 等人（2012）对 Gallese & Lakoff（2005）的强具身语义理论提出质疑。他们指出，具身性不是一个可有可无（all-or-nothing）的概念，而是一个从符号/非模态到类比/多模态的连续统。他们认为，一方面，传统的逻辑语义学错误地把意义看作对抽象符号的非模态的加工；另一方面，以 Gallese & Lakoff（2005）等为代表提出的强认知具身性假说（指所有的认知过程都根植于感知和运动）是有问题的。Meteyard（2012）等人只承认弱具身理论。

综上，Whorf 和 Halliday 的科学知识观都强调知识因不可避免受到语言的"污染"而根本无法与实在符合，从而否认科学实在论。不过，不同于康德的不可知论，他们的理论中有一条预设：世界是可知的，除非能集一切语言之长。然而，语言的消亡和演变的事实使他们预设的这一前提化为泡影，因此，从他们的理论出发终将导致不可知论。

L&J 反对后现代哲学的反科学实在论的立场，试图通过把科学的实在性建立在人类身体的属性上以拯救科学实在论。我们承认科学思维离不开人神经系统和大脑等身体器官的物质载体，即需要大脑和身体实现思维或认知的功能，但非科学的思维活动同样离不开这些身体器官。即便科学思维与非科学的认知思维活动存在共性，都具有具身性和想象性，他们也无法说明科学区别于非科学的本质属性，由此也无法说明科学知识为何比非科学知识更具有经验上的可靠性和正确性，即无法划清科学与非科学或伪科学的界限。事实上，具身性并非科学的本质属性，他们仍然没能为科学实在论辩护。

具身的科学实在论不得不面临这样的挑战或质疑：是什么使得科学作为一种特殊的知识，比非科学或伪科学更加可靠和稳定，并且具有更成功和有效的解释力和预测力呢？换句话说，科学知识和科学思维方式区别于非科学知识和思维方式的本质特征是什么呢？总之，具身的科学实在观都会面临如下不可克服的困难：

（1）无法划清科学理论与非科学或伪科学学说的界限；

（2）无法区分科学思维方式与非科学思维方式；

（3）无法对科学知识的增长以及科学的成功的解释能力和预测能力的事实做出合理的说明。

事实上，这三大语言理论，无论是强调科学知识受语言的"污染"还是强调科学知识来自具身的认知，**都低估或忽视了人思想的超越性、反思性和批判性，而这些正是产生科学知识的源泉和动力。**也就是说，这三大理论的基本假定（见图 3.1、3.2、3.3、的最后一环——"知识"并不是认识的终点，在它们之后还应加上"怀疑、反思（溯因推理）、提出假说和经验验证"等环节才能走向科学探究之路，而此过程永无止境（见图 3.4）。

图 3.4　从知识走向无尽的科学探究

因此，无论是语言还是具身的认知对思想的影响都将受到思想本身的校正，人既不会永远是自己语言的奴隶，也不会永远是自己身体的囚徒。

您也许会问，为何具身的科学实在论都会面临如此困境呢？这与具身哲学的心智观，包括其理性观、数学观、心身观有何联系呢？显然，这些问题或困境提示我们：**心智并非如强具身哲学所声称的，心智本质上是具身的抽象思维，包括逻辑、数学、科学、哲学的理论化思维都是具身的心智的产物。**

接下来我们将对具身哲学的理性观和数学观进行反思。

3.5　案例二：对具身哲学的理性观的批判

L＆J 分别作为语言学家和哲学家，他们的合作研究从语言入手，旨在探索和揭示人类心智的本质，并由此建立具身主义的哲学理论体系，以挑战和颠覆西方传统的客观主义哲学。至目前为止，具身哲学的发展经历了如下四个阶段：

（1）从观察语言入手，发现思维的隐喻性。L＆J 于 1980 年联袂推出《我们赖以生存的隐喻》，书中基于对日常语言的观察发现，自然语言中普遍存在着**系统的、连贯的**隐喻现象。由此，他们认为语言中的隐喻折射出的是心智或思维的隐喻性本质。

（2）通过语言，发现思维中的概念化、范畴化和逻辑推理的具身性和想象性特征。他们分别出版了专著——《女人、火和危险的事物——范畴中揭示出的心智》和《心智中的身体》，探讨心智在概念化、范畴化以及推理中的具身性和想象性特征。据此，他们得出结论：**心智的本质是具身的和想象的。**

（3）形成系统的具身哲学理论，挑战西方传统哲学。1999 年，他们再度合作出版了《肉身中的哲学——具身的心智及其对西方思想的挑战》，建立了具身主义哲学理论体系，对西方传统哲学的心智观其中包括理性观、心身观、科学实在观及其真理观进行挑战。他们声称西方传统认识论是客观主义的，把心智和理性都看成是脱离身体的（disembodied），能够不受身体的影响和局限，客观地认识实在。具身哲学认为人类心智的本质决定了我们不可能获得客观的知识和真理，所有的知识，包括逻辑、数学和科学知识都来自具身性和想象性的心智。

（4）进一步论证数学知识来自具身的和想象的心智。2000 年，Lakoff 与 Núñez 合作出版了专著《数学从何而来：具身的心智如何产生了数学》，试图证明数学知识并非超验的理性思维的产物，而是来自具身性和想象性心智的构造。

从这些著作的标题或副标题可见，**他们研究的对象或焦点并不是语言，而是心智**。即通过研究语言，揭示心智的本质。具身哲学的主要思想可概括为三个论题：

（1）心智本质上是具身的；

（2）思维大部分是无意识的；

（3）抽象概念大多是隐喻的。

而我们发现，具身哲学虽然对日常思维的研究有重大发现，**却存在以偏概全和夸大其辞的问题**。这主要表现在两个方面：

（1）具身哲学声称抽象思维，包括逻辑、数学和科学知识都是具身的和想象的心智的产物，这其实是**以偏概全的错误论断**。

（2）具身哲学并未驳倒客观主义哲学，其所声称的挑战了两千多年西方传统哲学其实是**夸大其辞的错误论断**。

我们认为，造成这两个错误论断的根本原因在于：

（1）具身哲学的心智观对思维的层次性缺乏清晰的认识。

（2）L&J 没有看到，从种系发生学的角度看，人类思维的集体表象是一个不断发展完善、趋向客观化的过程。

（3）从个体认识发生学的角度看，他们也没有看到，人从童年到成年的认识水平也是不断发展进步，逐步具有抽象化、客观化的思维能力的过程。

本章将通过分辨日常认知与理性思维的不同层次来反思具身哲学的理性观。

3.5.1 具身哲学的理性观

L&J认为传统的理性观基于五个假定：

（1）理性思维是本义的（literal）。

（2）理性思维是逻辑的（在形式逻辑的技术意义上）。

（3）理性思维是有意识的。

（4）理性思维是超验的（transcendent），即脱离身体的。

（5）理性思维是脱离情感的（dispassionate）（Lakoff, G. & Johnson, M. 1999：513）。

而他们挑战西方传统哲学的理性观，认为理性是具身的、进化的、无意识的、想象的和包含情感的。

3.5.2 对具身哲学的理性观的反思

由于L&J并未论证理性的情感性，下面我们仅对具身哲学关于理性的**具身性、进化性、无意识性和想象性**的论断逐一进行审查和反思。

（一）对具身性的反思：基于人类的感知错觉和局限的事实

关于理性的具身性，L&J声称，"理性并非如大多数传统哲学所认为的是脱离身体的，而是取决于我们的大脑和身体经验的性质。我们需要用身体进行推理，这并不是一个无关紧要和显而易见的论断，相反，推理结构其实来自我们的具身性。相同的神经和认知机制既能让我们感知和运动，又产生了我们的概念系统和推理方式"（ibid.：4）。他们还说，"理性不是超验意义上'普遍的'，即理性并不是宇宙的结构。理性的普遍性在于人类具有的相同的能力，即在于我们心智的具身性上"（ibid.）。基于具身的理性观，他们提出具身的科学实在论认为，我们对实在的认识无法与实在本身符合，心智所认识的只能是具身的实在。

这种实在论预设了一个前提：我们对实在的认识都只能依赖于感官或借助科学仪器，而科学仪器只是对感官的认识能力的扩展和延伸。然而，这样会轻易地把科学知识排除在外。因为通过身体经验只能获得一些常识，通过想象性投射更容易产生求助于神灵、魔鬼、天使等诗性的、神话的、超自然的宇宙观，而不可能获得可靠的、系统化的科学理论知识。克莱因举了大量关于感觉的欺骗性和有限性的例子,下面仅引用几例加以说明。

- **视觉错觉**

人类都通过五种感觉——视觉、听觉、嗅觉、味觉和触觉来感知外部世界,获得关于世界的经验知识。在这五种感觉中,视觉是最有价值的,但是视觉常常欺骗我们。例如图 3.5 所示为著名生理心理学家冯(Wilhelm Wundt)设计的。尽管竖直线和水平线等长,却会产生前者比后者长的错觉。这种错觉可颠倒过来,在图 3.6 中,高度和宽度看起来相等,实际上宽度更大。

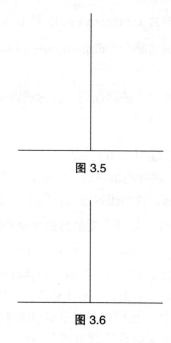

图 3.5

图 3.6

图 3.7 是由 Franz Müller-Lyer 于 1899 年设计的,人们称之为 Ernst Mach 错觉。两端水平线实际上等长。这个错觉是由不同的角度造成的。

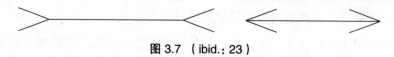

图 3.7 (ibid.: 23)

在图 3.8 中,下面图形的上水平线看起来比上面图形的上水平线要短。实际上很难相信下面图形的水平最大宽度和其最大高度相等。

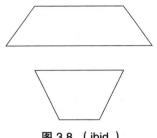

图 3.8 (ibid.)

图 3.9 显示了受角影响的一个显著的错觉。两个平行四边形的对角线 AB 和 AC 长度相等，但右边的对角线看起来短得多。

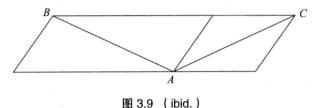

图 3.9 (ibid.)

又如，在图 3.10 中，三条水平线长度相等，不过看起来不相等。这种错觉主要是由两端的角度造成的，在一定限度内，角度越大，中间的水平线看起来越长。

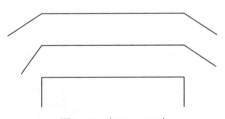

图 3.10 (ibid.: 24)

图 3.11 显示了一种显著的对比错觉。两个图形中中间的圆大小相等，然而被大圆所包围的圆看起来比被小圆所包围的小。

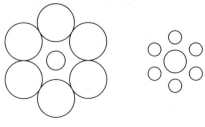

图 3.11 (ibid.)

图 3.12 和图 3.13 中的错觉首先由 Johann Z. Zöllner 描述。图 3.12 中的长平行线看起来逐渐远离，而图 3.13 中的长平行线看起来逐渐趋近。

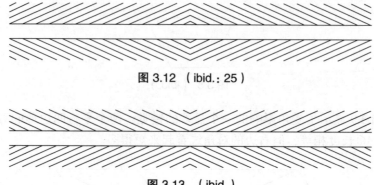

图 3.12（ibid.: 25）

图 3.13（ibid.）

又如，透视原理就是利用人们的视觉错觉。克莱因（2007）指出，一些简单的线性透视错觉的例子在我们的日常生活中也随处可见。包含在这些例子和线性透视理论中的原理是，实际场景中直接远离观察者的线必然看起来在远处的某一点相交，这一点叫消失点。一个简单的例子是两条平行的铁路线看起来在远处某一点相交（图 3.14）。

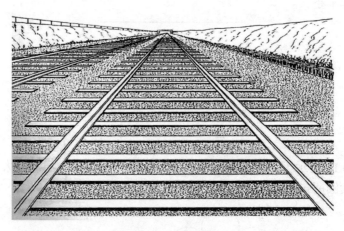

图 3.14（ibid.: 27）

透视的影响在图 3.15 中尤其明显，这里通常的透视线已划出以显示一个场景。那些高的盒形物长宽高完全相等，但远处的一个显得更大一些。因为经验期待着随着距离的增加，物体大小会减小，这就使得图 3.15 中右边的盒形物看起来比实际上要大。

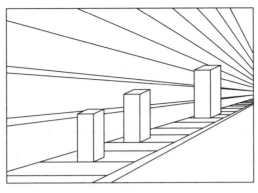

图 3.15 （ibid.: 28）

克莱因（2007）还举了一个因空气折射造成视觉错觉的例子。他说，当一个人在炎热的夏日行走在一条又长又直又平的路上时，一种简单的海市蜃楼就产生了。路的前方看起来为水所覆盖，然而继续前行就会发现路很干。这是因为，当路面被太阳照射的非常热时，与路面接触的空气变热，密度变小，因而不断地上升。结果底部的光折射比上层要小。如图 3.16 所示，一系列的密度不同的空气层，光线经过这些空气层，从接近地面的底部达到我们的眼睛。结果，观察者看见了从空气中 A 点所来的光，但它看起来像是来自 B。如果地面上有一汪水的话，这正是所发生的情况，因为在有水的地面上我们会看到天空中光线的反射。道路变热的效果导致了一种貌似反射的现象，而这种反射我们总与路上的水联系起来。我们被愚弄了，误以为路实际上是湿的。

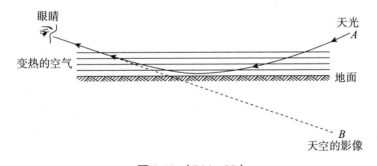

图 3.16 （ibid.: 30）

日常经验中还有其他视觉错觉，当太阳和月亮在地平线上时会显得比在头顶正上时大，因为我们无意识地考虑到自己的信念——当太阳和月亮在地平线上是离我们更近些。精确的测量当然显示它们的大小保持不变。同样，在《列子》的《两小儿辩日》中其实也讲述的是感官造成错觉的故事：

> 孔子东游，见两小儿辩斗，问其故。一儿曰："我以日始出时去人近，而日中时远也。"一儿以日初出远，而日中时近也。一儿曰："日初出大如车盖，及日中，则如盘盂，此不为远者小而近者大乎？"一儿曰："日初出沧沧凉凉，及其日中如探汤，此不为近者热而远者凉乎？"孔子不能决也。两小儿笑曰："孰为汝多知乎！"（《列子·汤问》）

这个故事中讲述的是两小孩为太阳到底是早上离我们近些还是中午离我们近些而争执不下，各自都能说出他们根据感觉经验的道理。一个基于视觉，认为早上的太阳比中午的大。因为离我们近的东西比远的东西看起来大。而另一个小孩基于触觉，认为中午的太阳离我们更近。因为，中午的太阳感觉比早上热，只有它离我们更近才会感觉更热。而科学事实是早上和中午的太阳到我们的距离是相同的。究竟哪种感觉是对的呢？孔子对此也无法判断。由此可见，感觉经验常常是不可靠的。

还有，大地看起来是平的，而太阳看起来在围绕貌似静止并不转动的大地在转动也是我身体感知的错觉。而星星看起来像小光粒，其实是因为它们离我们非常遥远。

颜色也是一个典型的视觉错觉的例子。因为科学事实证明，世界上并不存在颜色的实体，颜色只不过是我们的视神经对不同频率的可见光的感知。

- **其他感觉失真的例子**

克莱因（2007）还举了温度、味觉、音响或音高以及速度感等失真的例子。将一只手浸在一盆热水中，另一只浸在冷水中。几分钟后，将双手浸在同一盆温水里，在热水中浸过的手会感到冷，冷水中浸过的手则感到热。味觉也容易受错觉的影响。甜饮料尝起来会慢慢变得不那么甜了。将浓度很高的糖溶液放在口中几秒钟，然后尝尝淡水，将会明显感到咸味。对于速度的判断失误也很常见。在高速公路上持续疾驰半小时后，一辆车以 30 英里的时速运行会显得很慢。有些失真是由于感觉接收器疲劳或适应了长时间或强烈的刺激所致，<u>重量错觉</u>就是一例。负载一重物几分钟后，任何比它轻得多的东西都会显得比实际重量轻得多。

需要强调的是，很多感知错误是不可避免的，即便我们意识到是错觉，感官一如既往地受到欺骗。正所谓 "The eyes sees what it sees, even when we know what we know."（Piattelli-Palmarini，1994：17）。

- **感知的有限性**

我们能感知的范围也是有限的，比如正常人能听得见的声音频率约为20~20,000Hz，眼睛能接受的光的波长从一英寸的1600万分之一到3200万分之一。

尽管科学仪器能够延伸我们的感知、成像和介入的能力，但科学理论主要不是靠观察或实验产生的。克莱因指出，"尽管通过我们的感官得到的信息已经过实验细致的观察、度量、检验，尽管我们现在能够借助望远镜、显微镜、勘探仪和非常准确的度量设备，然而这样得到的知识仍然是有限的，并且只是近似准确的。虽然关于行星的数量、行星上卫星的存在、太阳黑子和利用罗盘导航，我们已经知道得很多了。然而，与那些我们需要、想要研究的现象的多样性和重要性比起来，所有这些知识上的增益是微不足道的"（克莱因，2007a：39）。

（二）反例：数学理论知识不是具身的

如果说所有知识，包括逻辑、数学和科学知识都是具身的，那么通过有限的和不可靠的感官经验获得的知识怎么可能是正确的、科学的呢？比如，我们如何知道地球并非静止不动，而是以1000英里的时速自转，64,800英里的时速公转？我们如何知道不同颜色的光其实是不同波长的电磁波？这些知识是靠具身的心智获得的吗？如果人类都通过具身的心智认识世界，为何有五千多年文明的中国却没能创造出西方那样的科学和数学理论体系呢？以数学为例，如果仅依靠具身的认知，今天的数学知识也未见得比古巴比伦、埃及和中国古代的数学知识先进到哪里去。**事实上，除了希腊文明，其他古代文明产生的数学知识都有两个特点：一是经验主义的，二是没能形成具有普遍意义的理论体系。**我们将在案例三中，对具身的数学观进行更详尽的批驳。总之，我们认为，仅凭具身的认识能力并不能获得系统化的数学和科学理论知识。西方的数学和科学理论体系不是靠经验和观察建立的，而主要是通过理性的演绎法产生的。

此外，**具身哲学并没有坚实的经验科学证据的支持，而是仅仅基于日常语言的表达就贸然得出关于心智的具身性的论断。**L&J也承认说，"我们并没有强有力的神经生理学的证据，即并没有来自PET扫描或MRI功能的结果证明，感知和运动所使用的神经机制也同样用于抽象推理。我们所具有的证据是：这是可能的，并且有很好的理由相信它们共享相同的神经机制是合情合理的"（1999：38）。然而，日常语言中折射出来的思维未必能涵盖数学、科学等理性思维。总之，L＆J关于心智的具身性的结论存在过度概括的问题。

3.5.3 对无意识性的反思：基于认知错觉的发现

具身哲学认为理性大部分是无意识的。然而，人类很多无意识的、直觉的思维是错误的（克莱因，2007a：32-38）。Palmarini 称这种直觉错觉为认知错觉，它们是人在无意识的、自然的、自发的思维中不可避免的错觉。他认为认知错觉来自人先天的心智模块，并称之为"心智黑洞"（mental tunnel）。例如，在概念化、范畴化中使用的原型认知就是一种认知错觉。心理实验发现，人们凭直觉会认为金丝雀比企鹅更是"鸟"，苹果比椰子更是"水果"，生菜比萝卜更是"蔬菜"。宾夕法尼亚大学的 Lila 和 Gleitman 与他们的研究小组发现，人们甚至会认为"7"比"51"更是奇数，"4"比"196"更是偶数。法国的认知科学家 Mehler 和 Dehaene 等还发现，人的"心理数字"中存在强烈的典型性效应，会感觉某些数比其他的数更典型（Piattelli-Palmarini，1994：150）。

Palmarini 认为，不应当用"人类的愚蠢"这种陈腐的说法来解释认知错觉，事实上它们体现了人性中某些深层次的东西。它们"时时刻刻与我们相伴，即便是处于放松、专注、心情好、没有得失计较的情况下，我们也难免会犯这种错误。意识形态、种族、社会或沙文主义的偏见以及攻击性或退缩性的性格等只会增加和利用这些错觉。但即使撇开这些变异的因素，错觉依然会呈现和活跃起来。正如我们所看到的，这些错觉几乎总是在我们不知不觉的情况下起作用"（ibid.：122-123）。

幸好人类可借助理性纠正认知错觉。Palmarini 认为，"当我们注意到有些东西与客观可测量的实在或已知的精密科学规律相左时，不应下结论说逻辑、数学或科学是错误的，而应认识到自己正在经历一种错觉"（ibid.：142）。他强调，"当今的认知革命是建设性的，而不是破坏性的。它引导我们加深理性，而不是改造理性，甚至贬低它"（ibid.：143）。

Palmarini 指出，需要分辨认知错觉与理性的一般界限，二者是截然不同的。尽管人类天生戴着心智的眼罩而经常产生认知错觉，不能因此变成悲观主义者声称"人类必然是非理性的"。他说，"事实上，认知错觉的魔鬼总是受到理性天使的调和"（ibid.：40）。他还说：

我们不应因为认知科学的发现而得出结论说人本质上是非理性的。相反，我们应当认识到，理性是一个相当复杂的理想状态，是我们天生的倾向，却又是一种边界的状况。选择、判断的规范和理性行为并不是简单地从我们自发心理的常规延伸出来的，尽管这种常规经常支配我们实际的选择。自发的心理既不是一种"较少的"或较弱的理性，也不是一种理性的近似形式。也不应为了对称，把理想的理性说成是一种"纯化的"自发心理。对于具体的受试者，在具体的情况下，理性的方式与心智黑洞的途径是南辕北辙的（ibid.: 159）。

可见，理性不同于日常认知，它**不是**不费力的、无意识的、自发产生的，而是需要我们**有意识地**付出心力才能到达的状态。Palmarini说，"成熟、自省的理性不是基本的、天生的所与（given），它不会自发地、不费力地出现。理性判断是许多力量的博弈，其中有些力量彼此冲突。因此，理性甚至不是一刹那的心理所与，它是一种复杂的过程，需要付出一定的心理代价去赢得，然后去维护"（ibid.: 160）。

3.5.4　对想象性的反思——基于对"逻辑"和"对逻辑的理解"两个不同概念的澄清

关于逻辑，具身哲学认为并不存在超出人可理解的、超验的[5]合理性。意象图式才是基本的逻辑，因为这些图式赋予人类的前概念经验以结构，并具有我们理性所需的所有的逻辑结构。比如三段论的逻辑表达是：

所有的 A 是 B。

X 是 A。

所以，X 是 B。

具身哲学认为，这种逻辑其实可用隐喻的容器加以理解。即我们可以想象 X 在容器 A 中，而 A 又在容器 B 中，所以 X 在 B 中（如图 3.17 所示）。这种逻辑并不是客观主义哲学所声称的独立于我们的理解并客观存在的经典范畴。相反，可以把三段论推理看成身体的经验和隐喻投射能力的体现，并不存在超验的或超越于身体的推理能力。

5　所谓理性的超验性（transcendental）是指逻辑和数学可以超越（transcend）人的自然属性（humanness），并能发现宇宙的超验的理性和终极真理（Lakoff, 1987: 355-356）。

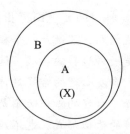

图 3.17 用容器图式理解的逻辑推理

Lakoff 提出，应基于认知语义学来解释人类的理性，即理性是以意象图式、隐喻和转喻等想象的认知方式为基础的。推理中往往使用两种基本的隐喻：类是容器和特定的子类关系是部分–整体关系。可以把量词逻辑的语义学看成是包括（1）基于意象图式的隐喻映射和（2）转喻。这些图式都可以通过直接经验得以理解，而每一个图式都有一个内部结构，即每个图式都有一个"逻辑"。他认为认知语义学研究隐喻、转喻和意象图式的推理不再是理性或推理思维中"禁止入内的"（off-limits）对象，这些推理方式本身就是人类的理性思维方式，并不存在超验的理性（Lakoff, 1987：353-354）。

然而，我们认为具身哲学混淆了"逻辑"和"对逻辑的理解"这两个不同的概念。逻辑是人正确思维的规律，是人通过概念、判断、推理、论证来理解和区分客观世界的思维过程，是在形象思维和直觉顿悟思维基础上对客观世界的进一步抽象。而抽象是认识客观世界时舍弃个别的、非本质的属性，抽出共同的、本质的属性的过程，是形成概念的必要手段。逻辑抽象思维和数学抽象思维一样，可以脱离实体或意象，在纯粹抽象的概念层次思考（参见 1.3 卡西尔的论述）。同样，**对初学逻辑的人来说，借助容器图式来说明三段论或许有助于理解，但不能把逻辑思维本身还原为借助容器图式的形象思维。**

反过来看，我们需要质问，到底是先有了容器图式才产生了逻辑，还是先有了逻辑，L&J 才想到用容器图式去理解逻辑？如果承认前者，为何逻辑非得是容器图式而不是别的图式呢？**显然，他们是"事后诸葛亮"，即事先知道了逻辑推理的规律，再用容器图式去附会逻辑规律。这显然是本末倒置，颠倒因果顺序。**

具身哲学声称思维都是具身的和想象的。事实上，科学和数学知识越是高度发展，就越远离感觉经验和形象或意象思维。例如我们可以想象三维空间，却无法想象相对论中的四维时空和更高维的几何空间的图像。高维几何真实地存在于数学概念中，只能用数学语言表达，却无法用形象描述。因此，科学和数学知识并不都是来自具身的和想象的思维。

3.5.5 对进化性的反思——基于人与动物的思维的截然界线和心智黑洞的证据

具身哲学关于理性的进化论包括两层含义：

（1）人的思维与动物的思维处于一个连续统上，理性并不是人类区别于动物的本质属性。抽象的理性基于并利用"低等"动物的感知和运动推理，即使是最抽象的理性也要利用我们的动物本性，而不是超越的性质。

（2）人类的感知和认知能力是身体构造和神经机能经过长期进化形成的适应环境的结果。

然而，我们认为这两方面的进化观都无法成立。原因在于：

（1）人与动物的思维存在本质的区别。

（2）人类存在的感知错觉和心智黑洞的事实表明，人类与生俱来的感知和认知不是完美的，而是有缺陷的。

首先，人类的思维与动物的思维存在截然的分界线。美国数学家和语言学家德夫林指出，动物只能"实时"（real-time）或"在线思考"（on-line thinking），人类才能"离线思考"（off-line thinking），即思维的对象不在眼前、当下，可以思考在远处、过去、未来的、甚至虚构的对象，而且还可以纯粹用抽象概念符号进行思考和推理。他把抽象思维分为四个层次：**第一层次**就是根本没有作过抽象的场合。思考的对象都是在当前现实环境下易于见到的真实事物；**第二层次**涉及思考者熟悉的真实事物，但在当前环境下并不能轻易见到。**第三层次**是用语言符号进行思考。思考的对象可能是听说过但从未真正遇见过的真实事物，也可能是真实事物的虚拟化身或虚幻变种，甚至是许多真实事物的虚幻组合，例如，我们可以把独角兽描述为额头上长出一只角的马。数学的抽象思维属于**第四层次**（德夫林，2009：116-117）。可见，动物的思维停留在前两个层次，不能达到第三和第四层次。即便是黑猩猩与类人猿也只能达到第二层次的抽象思维。只有人类能用语言符号和数学符号进行思考。因此，具身哲学模糊人类与动物思维的界线的观点是错误的。

另外，L&J认为人类的身体构造和大脑机能是经过自然选择、长期进化、适应地球生存环境的产物，由此决定了我们只能如此这般地感知和思考。他们以"颜色概念"为例论证此观点指出，"人类进化而来的颜色系统能让我们可以很好地生活于世。植物对我们的进化至关重要，所以拥有把绿色的东西归入同一范畴的能力对人类的生存和发展意义重大。同样，血是红的，水和天是蓝的、太阳和月亮是黄的都对我们的生存极其重要。我们拥有颜色的概念是因为在有限的物理范围内的进化，能让我们享有这般颜色系统的优势，从而能很好地生活于这个世界"（Lakoff & Johnson, 1999: 25）。

他们认为颜色概念既非主观的也非客观的，而是交互的。"它来自我们的身体、大脑、物体的反射的性质和电磁波辐射的交互作用。颜色并不是客观的，并没有独立于我们的视网膜、色锥、神经循环和大脑的青草的绿色和天空的蓝色"（ibid.: 24）。因此，他们认为，真理的符合论是错误的，"认知科学和神经科学的研究表明，我们所认识的世界并不包含洛克所谓的'第一性质'，因为我们所能经验和理解的事物的性质很大程度上取决于我们的神经构造（neural makeup），我们的身体与那些事物的交互以及我们的目的和兴趣。对于真实的人类来说，唯一的实在论就是具身的实在论"（ibid.: 26）。

然而，我们认为，**颜色概念的例子恰恰说明，通过具身性的感知只能获得常识，而不是科学知识。**我们只有通过科学知识才知道，颜色其实是不同波长的电磁波，也才知道颜色不是客观存在的，而是视觉错觉。所以科学知识并不是进化而来的具身心智的产物。

Palmarini 也批评了关于认知错觉的进化论的观点。他指出，"几乎可以肯定，我们这些错觉是遗传而来的。它们有点像神经交叉网上的节点，又有点像随人种进化带来的视觉黑洞。在远古时代，它们可能很有用，也可能曾帮助我们的祖先躲避野兽和饥荒。然而，即便承认如此简单化的进化论的观点，而认为这些错觉在产生伊始是有用的，但长久以来它们只不过是一种负担了。进化论也好，非进化论也罢，我们无论是作为个人还是集体都应该学会保护自己不受认知无意识的影响"（1994: 2）。

通过以上讨论，本文认为具身哲学的理性观无法成立，且其心智观存在以偏概全的问题。理性思维不同于日常认知，它不是具身的、想象的、无意识的思维，而是有意识的心智劳动。人类的理性与动物的思维存在截然的分界线。

另外，基于以上讨论，我们对心智中的理性与非理性成分之间的关系有了更清晰的认识：人类的心智既非全然是理性的，也不必然是非理性的。人类思维中既有逻辑的，又有原逻辑的（prelogical）（列维–布留尔，2007）。日常的、无意识的自发思维中难免存在非理性的心智黑洞，这是人性使然。理性思维能校正它们，但需要付出心理代价。人类以与生俱来的认知方式构建了日常的生活世界和语言世界。科学理论知识则来自理性思维对日常的和僵化的思维模式的突破。认知的普遍性是人类稳定生活状态的基础，而谋求创新、发展则需要理性的反思。这种理性与非理性思维的张力既是人类生存的基础，又是人类进步的原动力。

Lakoff 与数学家 Núñez（如 1996；1998；2000 等）通过合作对传统的数学观也发起了挑战。基于对数学中的概念隐喻的研究，他们提出，数学的认知基础也是具身的和想象的。我们认为，他们的数学观来自于强具身理论，不符合高等数学的事实。下面，我们对此进行反驳。

3.6 案例三：对具身哲学的数学观的反驳

具身哲学反对传统的数学观，试图重新回答如下问题：数学中的形式究竟是什么？数学是否是唯一的、超验的真理？什么才是数学的基础？数学思想是如何发生和发展的？数学知识何以对现实世界有效？

具身论认为，人类的心智本质上是具身的和想象的。因此，理性思维，包括逻辑、数学和科学知识等都是具身和想象的心智的产物。数学的具身性指数学不是超验为真的和唯一的，而是基于人类的理性，数学中的形式本质上基于人类的行为，都对应具身的认知结构。下面我们先介绍具身的数学观，再对其进行反思。

3.6.1 具身的数学观

Lakoff 反对把数学看成是超验的真理。他说，"我认为没有必要把数学识解为超验为真的，而应看成是来自人类理性的本质"（Lakoff，1987：354）。传统认为数学是研究纯形式的，而他认为，基于空间化假说，所谓的形式不过是以隐喻的方式投射的意象图式以及用空间的方式理解抽象的认知域。例如，可以把容器形式称为"纯形式"。按照空间化假说，容器图式通过隐喻投射到其他认知域。

（一）数学不是唯一的超验的真理

Lakoff 认为数学即便是超验的真理，也不是唯一的真理，不存在柏拉图的所谓的超越于时间、历史和任何人类经验的抽象的数学实体。他引用普特南在《理性、真理和历史》中对唯一集合论的批判，指出，"如果我们把对数学的理解基于什么是集合的理解的话，并且如果有不止一种方法理解什么是集合，那么可以有不止一种数学形式也就不足为奇了"（ibid.: 360）。他说，客观主义认为数学是唯一的、超验的理性的观点是错误的，这仅仅是一种可能的选择。

数学家们曾一度对数学的基础争论不休，主要分为四大相互对峙的派别：逻辑派、直觉派、形式主义派和集合论公理化派。按现代数学的观点，数学的各分支的研究对象或者本身是带有某种特定结构的几何，如群、环、拓扑空间，或者是可以通过集合来定义的（如自然数、实数、函数）。从这个意义上说，集合论可以说是整个现代数学的基础。

然而，具身论者试图从人类心智的认知结构中寻找数学的基础。Lakoff 引用数学家 Mac Lane 的观点认为，集合论和逻辑并不能构成数学的基础，而应从数学在人类行为的功能中去寻找。比如，Mac Lane 认为，人类行为与数学的对应关系包括："计数"对应"算术和数论"，"测量"对应"实数、微积分、分析"，"形状"对应"几何学、拓扑学"，"形式（在结构中的意义）"对应"对称、群论"，"估算"对应于"概率论、测量论、统计学"……（ibid.: 362）数学的各分支其实都来自人类的行为，每一分支都有其一般的图式结构，由各种不同的子结构或"基本概念"组成。数学以绝对严格的方式描述它们之间的相互关系。

Lakoff 认为，这些对应关系表明，应当在数学之外，即在研究人类的基本行为和对这些行为的理解方式中去寻求数学的基础。**受 Mac Lane 观点的启发，他认为，这些基本的人类行为就是数学的认知基础**。这些"基本概念"相当于"意象图式"，反复出现在数学的各分支中。最显著的例子是集合和函数。集合类似于容器，而函数类似于不分叉的带方向的连线，是连线和方向的复合体。除此之外，他还给出了其他关于数学的基本概念与动觉意象图式之间的对应关系，如：

  实体——实体

  对应——连线

  连续性——（运动的）路径

  序列——方向

有界——容器的边界

分解——部分-整体，分离

素数——（不包含其他部分的）部分

……（ibid.: 363）

他认为，找到了这些对应关系后，就能回答如下两个问题：

（1）如何理解数学？

（2）为何数学对于现实世界有效？

而 Mac Lane 认为，如果把集合论看成是数学的基础，而集合论把数学看成是柏拉图的理想王国，就无法回答如下三个问题：

（1）通过牛顿力学对物体运动进行的形式计算为何与实际的运动相符合？

（2）为何可能的对称群的形式演绎正好与世界中的那些群相匹配？

（3）为何微积分既能解决物理中的问题，又能解决经济学中的问题？（ibid.）

Lakoff 指出，这并不是问数学为何是有效的，而是问为何它对特定的现象有效。他说，我们不能简单回答，真实世界恰好符合柏拉图的理想。因为那样回答并不能解释，为何同一个数学分支可用于经济学和物理学，却不能用于描述可感知的对称性。柏拉图主义声称理想在个别或殊相中实现，但柏拉图的纯数学的特征却无法说明哪一个理想可以在哪一个殊相中实现，即它不能说明哪些现象应当运用哪种数学。

Lakoff 说，对此 Mac Lane 也没给出答案。但具身哲学认为，这是因为：数学基于人类概念系统中的结构，人们用这种结构来理解日常经验。**科学家则通过长期仔细观察现实世界中的现象，用他们日常的概念，就可以达到对那些现象的一致的理解。那些概念同样也是数学的基础**。他还说，"假如数学是研究容器和连线等的认知结构的，数学仍然是研究形式的。但这种形式并不是与内容对立的形式，而是包含思想内容的形式，即来自身体经验的形式。我们以这些形式通过认知的方式来理解经验。因此，这种形式并不是纯粹的脱离身体的柏拉图的形式，而是来自身体与环境交互产生的形式"（ibid.: 365）。总之，Lakoff 认为，日常的、身体的经验构成数学的基础。

（二）数学思想的发生和发展都来自身体的经验和概念隐喻

具身论者认为数学起源于高等动物的顿识能力以及人类基本的认知能力，数学的各个分支的进一步发展有赖于概念隐喻和概念融合（conceptual blends）。

- **数学思想的发生**

Lakoff 与 Núñez（1996：3）探讨了数学的认知基础，指出，"数学是具身的人类心智的产物——尤其是诸如意象图式和概念隐喻等想象能力的产物"（ibid.：220）。他们认为，人类的数学知识起源于高等动物都具有"顿识"（subtizing）能力，即立刻感知物体数量的能力。人类一般一眼可辨认 6 个物体。顿识能力与形成心像、记忆、分组和赋予图像等其他基本的认知能力组合在一起，就可产生直接的（literal）、原始的认知算术。再通过隐喻，数学知识就能超越原始的水平，发展成高等的数学。

- **数学思想的发展**

Lakoff 和 Núñez 认为数学思想是靠基础隐喻（grounding metaphors）和连接隐喻（linking metaphors）形成和发展的。基础隐喻形成基本的算术、几何，连接隐喻发展出各数学分支。

（三）基础隐喻形成算术思想

具身哲学认为，数学来自日常身体经验。例如，基础隐喻把收集行为、建造物体或在空间中运动等日常身体的经验用于算术运算的概念化。由于隐喻可保留推理的结构，基础隐喻把日常经验的推理结构投射到算术的抽象认知域中。这些认知图式包括容器（在空间中有边界的区域）、路径、实体、连线等。从语言中可以找到这些隐喻投射的例子。

物体建造隐喻：

If you put 2 and 2 together, it makes 4.

What is the product of 5 and 7?

2 is a small fraction of 248.（ibid.：224）

物体收集隐喻：

How many more than 5 is 8?

8 is 3 more than 5.（ibid.）

算术是运动的隐喻：

How close are these two numbers?

37 is far away from 189,712.

4.9 is almost 5.

　　……（ibid.：225）

他们认为，这些句子表明：（1）语言中的物体操控和运动可以系统地用于谈论算术。这种语言使用的系统性是概念映射的结果或表现。（2）存在着概念映射，证据不仅来自词汇，也来自词汇的意义。（3）这些隐喻也体现了推理模式，即从物体收集、物体建造和运动的始源域投射到推理和算术的目标域。

由于收集和建造物体隐喻比运动隐喻更基本，这可以解释为何人们花更长的时间才接受零是一个数。基础隐喻只能产生自然数和基本的运算，即算术的基本概念。而数学的发展还需借助连接隐喻才能扩展到更大的领域，比如，负数是通过运动隐喻扩展而来的。

数学的集合是通过容器图式得以概念化的，其中包括：

- 一个集合就是一个容器图式
- 集合中的成员是容器图式中的物体
- 集合的子集是一个容器图式中的容器图式（ibid.：227）

而函数的概念化是基于"函数是机器"的隐喻，其中包括：

- 函数的定义域就是可接受的输入物体的集合
- 函数的值域是输出物体的集合
- 函数运算是从每个输入物的集合中获得唯一一个输出物（ibid.：231）

体现在语言表达中的例子，如：Nonprime numbers *are made up of* primes....（ibid.：232）

函数还可以理解为带有方向的连线的物体集合，如：

- 函数的定义域是物体的集合

- 函数的值域是物体的集合
- 函数是从定义域内的物体到值域内物体的唯一路径的集合
- 函数运算就是由施事者将定义域中的物体转化为值域中的物体（ibid.）

转喻：函数代表进行函数运算的施事者，如：$F(x)=x^2$ *takes/carries 3 into 9*…(ibid.)。

（四）连接隐喻扩展数学知识

Lakoff & Núñez（1998）认为连接隐喻将一个数学分支与另一个联系起来。这种隐喻把一个领域里的数学知识投射于另一个。比如，笛卡尔平面是算术与几何的融合。算术通过几何得以概念化，即把数值理解为线上的点。而笛卡尔函数是由两种映射同时产生的结果，即将点映射到点和将数值映射到数值上。点对点的映射受集合约束，数对数的映射受算术约束。

总之，他们认为，身体的经验和概念隐喻对数学思想的形成至关重要，对数学思想的研究应属于认知语义学研究的范畴。他们说，"数学是关于数学思想的（ideas），而不是关于与心智无关的形式主义和集合论模型的。目前还没有哪个数学分支研究人类的思想。认知科学，尤其是认知语义学对在人类概念系统中的思想的性质进行实证研究。因此，对数学思想的研究自然就属于认知语义学研究的范畴"（ibid.: 237）。而数学本质上来自身体的经验，数学思想中若没有身体就没有数学。他们说：

> 没有数学的思想，包括隐喻的数学思想，数学的内容就不可能存在。这意味着，数学的基础在数学本体之外，即存在于对人类实际的和可能的思想进行研究的认知科学和认知语义学中。柏拉图认为数学存在于一些客观的、却是理想的柏拉图王国中的观点必定是错误的。思想，包括数学的思想都是具身的。但在柏拉图的数学王国中，没有身体。而没有了身体，就没有数学思想，也就没有数学（ibid.）。

（五）具身论的数学观小结

基于上述讨论，可将具身论的数学观可归纳如下：

（1）数学的基础来自人类具身的认知机制。数学思想起源于高等动物具有的顿识能力和人类基本的认知能力，由此形成原始的算术能力。数学思想的发展依赖于概念隐喻：通过基础隐喻，人类形成了基本的算术和几何。再借助连接隐喻，产生高等的数学分支。

（2）数学之所以对现实世界有效，是因为科学家们基于日常的身体概念，通过长期仔细观察现实世界中的现象，达到对现象的一致的理解。如果那些现象可以不断地用日常基本概念加以理解，那么对应于那些概念的数学概念就是实用和有效的。

（3）数学中的语言表述表明，数学思维是靠意象图式、概念隐喻、概念融合等认知方式概念化的。数学知识并非超验的、唯一的真理，而是人类认知机制的产物。

然而，我们认为这三个论题都站不住脚，下面进行反驳。

3.6.2 对具身论的数学观的反思

具身论的数学观其实是一种经验论的心智观，即认为数学知识本质上来自人类的身体经验。然而，这种数学观存在以下问题：

（1）通过身体经验获得的数学知识只能停留在原始的或经验主义的水平，不可能达到普遍的、理论化的程度。

（2）数学知识的有效性，不是靠科学家对现实世界中的现象进行**长期仔细地观察**，并用日常的概念达到对那些现象**一致的理解**。事实上，科学理论不是主要靠经验和观察产生的，也不是大多数人一致同意的意见就是科学事实。

（3）高等的数学知识并不是具身的心智的产物。

（4）大部分数学思想往往无法用日常语言表述，数学的符号语言有其自身的特点。

（一）具身和想象的认知无法产生普遍性的数学理论体系

Lakoff 和 Núñez 把数学思想的发生、发展和演变归结为具身的和想象的认知机制，完全抹杀和低估了两千多年来，人类的理性思维活动在对数学知识的不懈探索和追求中，所付出的艰苦努力和取得的辉煌成就。事实上，**仅靠具身的和想象的认知机制，人类的数学知识只能停留在原始的、非理论化的水平**。

- **原始文明中的数学**

在原始社会，人们为了生存和生产，以及对生活必需品进行交换，就需要计算。起初，计算与身体密切相关，原始人会像小孩一样利用自己全部的手指和脚趾去核算所数的东西。古代这种计数法的痕迹已融会在今天的语言中。比如,"digit"一词,不仅有数字的含意,也代表手指和脚趾。而今天计数系统中采用十(位)、百(位)(十个十)、千(位)(百个十)等也是人类早期采用手指计数的结果·(克莱因,2007b:12-13)。

在原始文明中,几何概念最初也与人的身体的经验相关,如中国古代称直角三角形的两边为"勾、股",表明与腿有关,而在英语中,称为"两臂"。角的概念最初来自对肘和膝所形成的角的观察。在德语中,表示角和边的词和表示腿的词一样。

原始文明发明了数字,这使得原始人的数学思想从具体的身体经验迈向了抽象思维。原始文明还发明了四则运算。

尽管有这些基本的算术和几何知识或技巧,原始文明中的数学并没能形成具有普遍意义的数学理论体系。古埃及和巴比伦文明孕育了现代文化和数学,他们都有高度发达的计数系统(数系)、代数学和非常简单的几何学。还将数学大量地应用于实际生活中,比如绘画、建筑、宗教、对自然界的探究以及应用于商业、农业、天文历法和航海等等领域,但这些古代文明产生的数学都是基于经验的总结。克莱因指出,"从现代观点来看,埃及和巴比伦数学有一个重要的缺陷:结论都由经验来确定"(ibid.:21)。然而,古希腊文明却是个例外,希腊人创造了真正意义上理论化的数学知识体系,并奠定了数学思想方法。

● **希腊文明中的数学**

不同于其他的古代文明,希腊人创造的文明是独特的,他们以一种理性的态度去面对自然。一方面,他们把世界看作相当复杂的机械,按照永恒、固有的法则运行,由此他们摆脱了迷信、并拒绝一切迷信的东西;另一方面,他们抱着极大的好奇心,并运用推理的方法去发现那些法则。

其他文明中的数学本质上都是经验主义的,**只有希腊人创造了独立的数学理论体系,并建立了数学思想方法论**。克莱因说:

> 除了希腊文明外,在其他文明中数学并不是一个独立体系,它没有形成一套方法,仅为了直接而实用的目的被研究。它是一种工具,是一系列相互无关的、简单的、帮助人们解决日常问题的规则,如推算日历、农业和商业往来。这些规则是由试探、错误、经验和简单的观察得到的,许多都只是近似的正确。这些文明中的数学最优之处在

于，它显示了思维的某些活力和坚韧，尽管不严格，成就也远非辉煌。这类数学的特点可用经验主义一言蔽之（克莱因，2007c：19-20）。

希腊人坚持所有的数学结论只有通过演绎推理才能确定。演绎法，作为一种获得结论的方法，与反复试验法、归纳法和类比推理相比，有许多优点，最突出的是如果前提确定无疑则结论也确定无疑。数学作为一种逻辑发展和认识自然的工具，是希腊人的创新之处。例如，欧几里得几何学就是用公理演绎法建立的一套精美的数学理论体系。

人们常把西欧数学的源头追溯到巴比伦文明和古埃及文明，事实上他们的数学知识缺乏普遍性的理论价值。克莱因说，"我们通常将西欧数学的源头追溯到巴比伦文明和古埃及文明。甚至这些文明也从公元前3000年起积累了一些有用而不相互关联的规则和公式，以解决人们在日常生活中碰到的实际问题。这些民族并没有认识到利用数学的力量可以扩展感官所揭示以外的关于自然的知识。他们的数学可看成是化学之前的炼金术"（克莱因，2007a：40）。

因此，数学并非如仅靠顿识能力，再加上概念隐喻就能轻易地产生。倘若如此，为何只有希腊人建立了像欧氏几何学那样的、具有普遍性的数学理论体系呢？克莱因说，"对宇宙现象的真正的数学推理和理解起始于希腊人"（ibid.：54）。

（二）数学为何对真实世界有效

数学对真实世界有效，并非如 Lakoff 所言，是科学家们靠长期仔细观察真实世界中的现象用他们日常的概念，达到对那些现象的一致性的理解。事实上，科学理论大多数时候不是靠观察就能产生的，并且往往也无法用日常语言去描述或用日常概念去理解。克莱因说，"几个世纪以来古埃及人和巴比伦人观测行星，并为其运动详尽地绘图，**但他们仅仅是观测者。而寻找统一的天体运动理论，能揭示出看来不规则现象背后的图式这与观测和绘图完全是两回事，而且是跃进了巨大的一步**"（ibid.：57）。他还说，"没有建立起一个居主导地位的科学知识体系，或使该体系包含具有广泛综合性的细节，这种状况在埃及和巴比伦天文学中也很明显。经过长达数千年的观察，天文学竟然没有发展出与之相适应的理论，以便对这些观察进行系统的详细阐述"（克莱因，2007b：21）。爱因斯坦也说过，"我从引力论中还学到了其他东西：经验事实不论收集得多么全面，都无法帮助人们提出如此复杂的方程。一个理论可以用经验来检验，但是经验中没有通往理论的道路"（易洪波 & 李智谋，2006c：38）。

另外，真理常常掌握在少数人手中，**科学知识不是因为所有的人都依靠相同的身体经验而取得的一致意见**，地心说就是个典型的例子。

（三）高等的数学知识不是具身心智的产物

具身论认为数学是具身性心智的产物。然而，把初等数学看成是来自身体经验还尚可，高等数学理论则根本无法通过具身的和隐喻的思维发展出来。克莱因针对"数学概念和公理是基于经验提出的，即使是逻辑定律也被承认是基于经验提出"的观点，驳斥道，"这样的解释过于简单，用它来解释为什么 50 只牛加 50 只牛等于 100 只牛大概是足够了，在数和几何领域，经验也许的确提示了正确的公理，所用到的逻辑也只能从经验中学到，但是人类已在代数、微积分、微分方程及其他领域创造了并未由经验提示的数学和技巧"（克莱因，2007c：447）。他还说，"无穷集的种类当然无法由经验提出，但它却可用于数学推理，它对一个令人满意的数学理论的作用就好像物体对感性知觉一样必要。数学还提供了一些像电磁场这样的概念，对这些概念的物理性质我们一无所知"（ibid.）。

因此，不能简单地把数学对现实世界的有效性归结为数学来自身体经验，或者说来自意象图式、隐喻、转喻等认知结构。图形或图式只是一种帮助理解和记忆的手段，但它们不能作为推理的基础。比如我们不能仅凭视觉直观证明三角形的三个中线相交于一点，而只有通过演绎法，从公理和已被证明的定理出发来证明这一定理。

另外，负数、无理数和复数等概念既不是靠经验也不是通过隐喻产生的。正因如此，人们刚开始往往难以接受这些数。例如在欧洲，人们是通过阿拉伯人的著作知道负数这个概念的，但在 16–17 世纪大多数数学家都不承认它们是数，即使承认了，也并不认为它们是方程的根。同样，人们随意使用无理数进行运算，而无理数究竟是不是真正的数，也曾困扰着早期的使用者。甚至过了一个世纪，帕斯卡和巴罗仍然认为无理数仅仅是记号。当欧洲人还没有从无理数与负数的困境中摆脱出来时，他们又糊里糊涂地陷入了复数的泥沼之中。常被人引述的莱布尼兹的一段话反映了对复数缺乏清晰认识的情况："在那个分析的奇观中，上帝的精神找到了一个超凡的宣泄口，这个奇观是理想世界的怪物，是介于存在和不存在之间的两栖物，这就是我们称之为 –1 的虚根的东西"（克莱因，2007c：151）。可见，高等的数学概念或理论不是仅靠连接隐喻发展出来的，它们的抽象性，即使对于大数学家来说，都难以接受。

具身论关于数学知识的论证其实来自数学中的语言表述的证据，数学思维和语言究竟是怎样的关系呢？

（四）数学思想与语言的关系

具身哲学**把语言表达作为研究心智认知机制的证据，**Lakoff 和 Johnson 说，"由于交流基于与思考和行动相同的概念系统，语言则是体现概念系统是什么样子的重要证据来源"（1980：3）。他们从语言中发现，**日常的**概念系统大部分是隐喻的。他们说，"主要是基于语言上的证据，我们发现，我们大多数的日常概念系统具有隐喻的性质"（ibid.：4）。Lakoff 和 Núñez 将这种方法进一步推广到数学中，认为数学中的语言表述体现或证明了数学思维其实是基于意象图式、隐喻、转喻等认知机制产生的，然而，我们能把语言表达等同于心智的认知方式吗？或者说，能把语言表达看成是概念系统的运作机制的证据吗？数学思想都能用日常语言表达出来吗？

事实上，很多数学家和科学家都否认需要语言的帮助进行思考。例如，数学的直觉主义的奠基人布劳维曾讨论过数学与语言的关系，他说：

> 数学是一个完全自主的活动，它独立于语言，措辞和语言表达只是为了阐释真理，数学思想更深地扎根于人脑中而不是语言中。数学直觉的世界与感知的世界相对，语言作为理解一般事物的工具存在于后者中，而不是数学中。语言通过符号和声音唤起人脑中思想的摹本，其区别类似于爬山的行动与语言来描述这一行动之间的区别。但是数学思想不依赖于语言的外衣，并且事实上要更为丰富。即使采用了包括符号语言的数学语言，思想也无法完全地表达出来。此外，语言与真正数学的主旨也是大相径庭的（克莱因，2007c：307）。

德夫林也指出，"虽说我已做了 30 多年的数学家，但仍然不能确切地说清数学思维过程的本质。我能肯定它不是语言性质的。数学家不通过句子来思考，至少大多数时间不是。你在数学书籍与论文中看到的严谨的逻辑文字是旨在交流数学思维成果的一种尝试。它与思维过程本身并不相像"（德夫林，2009：119）。爱因斯坦也说，"无论是在写作的时候，还是在论述的时候，所使用的单词或语言对于我正在进行的思维活动几乎不起丝毫作用。作为思维元素的心理实体只是某些符号，以及时而清楚时而模糊的意象，它们可以'自愿地'再生和复合"（阿达玛，2008：151）。法国大数学家阿达玛也说,"我觉得自己在真正想一个数学问题时,语言是完全不会出现的"(ibid.: 80-81)。他还说,"对我本人来说,如果我心里产生了一个思想的闪光,这时我需要一瞬间的回想。这一瞬间很短,但确实存在这么一段时间;而如果我需要寻找到一个与之对应的词汇,则跟高尔顿一样,这种从思想到语言的翻译,总需要经过或多或少的艰苦努力。这就证明了思维并不总是伴随着语言的"(ibid.: 75)。

事实上,算术中简单的四则运算尚可用日常语言表述,高等数学的公式就无法用日常语言描述,而只能要符号语言表达,比如

$$\rho = \frac{g}{(2\pi)^3}\int E(\vec{p})f(\vec{p})d\vec{p}$$

$$\int f(x,y,z)ds = \lim_{x \to 0}\sum_{i=1}^{n} f[x(\varsigma_i), y(\varsigma_i), z(\varsigma_i)]\Delta s_i$$

$$f(x) = x^2 = \frac{\pi^2}{3} + 4\sum_{1}^{\infty}(-1)^n \frac{\cos nx}{n^2}$$

可见,具身论的数学观充其量只限于对初等数学的解释。既然高等数学无法用日常语言表达出来,那么数学的符号语言有何特点呢?

(五)数学语言的特点

数学的一个重要特征是它采用的是符号语言而非日常语言。克莱因说道:

> 如同音乐利用符号来代表和传播声音一样,数学也用符号表示数量关系和空间形式。与日常讲话用的语言不同,日常语言是习俗的产物,也是社会和政治运动的产物,而数学语言则是慎重地、有意地而且经常是精心设计的。凭借数学语言的严密性和简洁性,数学家们就可以表达和研究数学思想,这些思想如果用普通语言表达出来,就会显得冗长不堪,这种简洁性有助于提高思维的效率(克莱因,2007b: 5-6)。

并且,不同于日常语言,数学语言必须是精确的、无歧义的。克莱恩指出,在日常语言中,英语中"be"这个词有多种含义。在"He is here." "An angel is white." "The man is running." "Two and two are four." "Men are the two-legged thinking mammals."等句子中,各有不同的含义。而一个数学家在用数学语言表达"I did not see one person today"时,必须精确地说明这句话的意思要么是"一个人也没看见",要么是"看见了很多人"。而不像日常理解为"他一个人也没有看见"(ibid.)。

数学的符号语言还具有简洁性、清晰性。例如,当用日常语言表述图 3.18 所示的内容时,很可能说"有一个直角三角形,画两个以该三角形的直角边作为其一边的正方形,然后再画一个以该三角形斜边作为其一边的正方形,那么第三个正方形的面积等于前两个正方形面积之和"(ibid.: 8)。而数学家则会说:直角三角形直角边的平方和等于斜边的平方。事实上,毕达哥拉斯定理的数学表达式"$a^2+b^2=c^2$"更为简洁明了。

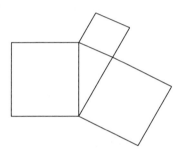

图 3.18　毕达哥拉斯定理

总之,数学主要采用的是符号语言,相对日常语言来说具有严密性、明了性、精确性、简洁性和非歧义性。

(六)关于数学思维的两点推论

基于上述讨论,我们可得出如下两个推论:

(1)大部分数学知识,特别是高等数学并非如具身论所声称,是通过具身的和想象的认知机制产生的,而是由更高层次的心智能力所构造的。因而,心智并不完全是具身的和想象的,高等的数学思维是离身的(disembodied)。

(2)大部分数学思想不能用日常语言表达出来,数学语言也不同于日常语言,具有符号性、清晰性、简洁性、非歧义性和精确性。因此,不能以日常语言为证据证明心智中的数学思维也是具身的和想象的。

基于对具身论的数学观的反驳,我们需要反思具身哲学是否真的如 Lakoff、Johnson 所言,挑战了两千多年来的西方传统哲学。并且,我们认为有必要反思具身哲学所主张的三个论题：心智本质上是具身的，思想大部分是无意识的，抽象概念大多是隐喻的。对此，我们认为，最根本的问题是要弄清楚心身关系问题，即究竟心智是具身的［如 Johnson 所称，是"身体在心智之中"（Johnson，1987）］，还是心智具有超越于身体经验的能力？我们将进一步探讨此问题。

3.7 通过批判发现研究问题

本章以语义理论为例，阐明为什么语言学家 Whorf、Halliday、Lakoff 和 Johnson 都探讨了科学的实在性问题，并对他们的科学实在观，以及 Lakoff & Johnson 具有的理性观，以及 Lakoff & Núñez 的数学观进行了反思和批判，展示了如何通过批判剖析权威的理论，找出它们的漏洞，为建构新的理论奠定哲学基础，强调了批判和怀疑在理论建设中的重要作用。最后，让我们以科学方法论的奠基者——哲学家、数学家笛卡儿的科学研究步骤结束本章的讨论。

笛卡儿说："怀疑是智慧的源头，在科学上要'大胆假设，小心求证'。"他在他著名的《方法论》一书中强调，科学研究方法的核心就是"批判的怀疑"。他说，要"不盲从，不接受任何自己不清楚的真理"（吴军，2019：142）。我们也认为，批判和怀疑是发现研究问题的起点，是科学进步的基石。在下一章中，我们将进一步讨论什么才算是正确的批判方法。

第四章

理论批判的方法：
内部批判与外部批判

关于什么是"批判"，我们在第一章已经有过简要的讨论。"批判"的含义：一是澄清前提，二是划定界限。此外，批判还分为"内部批判"和"外部批判"。赵敦华指出，"所谓外部批判，就是站在一个理论的外部，按照另外的理论对其进行批判。外部批判可以加固批判者自身达到的信念，但却不大可能说服被批判者。因为外部批判者和被批判对象没有共同的前提和共同的语言，不能开展相互理解、相互同情、相互学习的对话。批判要成为真正的对话，就要以内部批判为主。所谓内部对话，就是在一个理论的内部，从它可以接受的原则出发，使用与它相同的语言与之对话，最后引申与这个理论相违背的结论，或它所不能解释的事实，以此揭露该理论的内部的矛盾、困难或缺陷"（赵敦华，2004：6）。简单地说，"外部批判"就是以他人之矛攻彼之盾，就算获胜，对方未必心服；而"内部批判"，是以彼之矛攻彼之盾，如果能推导出自相矛盾的结果，则能让被批判者心服口服地承认其理论不能成立。

依照此定义，我们可以大概得出区分"内部批判"和"外部批判"的标准：

- 在承认对方的理论前提下，在对方的理论系统中进行的批判是"**内部批判**"；
- 用一种理论批判另一种理论，不承认对方的前提，试图通过对对方的批判，确立自己理论的正确性是"**外部批判**"。

下面，我们以王初明与文秋芳关于"写长法"之争，看看他们批判的方法究竟是外部批判还是内部批判。

4.1 王初明与文秋芳关于"写长法"之争

王初明(以下简称"王")提出了"写长法",旨在使我国外语教学界走出多年来"投入大,产出小"的困境(2000)。文秋芳(以下简称"文")对"写长法"给予了极大的关注,在 2005 年第 3 期《现代外语》上发表了《评析外语写长法》(2005:308-311)一文。紧接着王的文章,刊登了王对文的批判的回应,题为《外语教学应以学生为本——答文秋芳》(王初明,2005:312-315)。在我国外语学界,出现这种学术批判与争鸣应该说是一种可喜局面。因为,我们看到长期以来我国学术界"自说自话"的现象远甚于"对话",对国外理论的介绍和理解远多于批判。王、文之争对我国外语教学的发展有积极意义,值得肯定。关于学术批判的重要性,在此不妨引用北京大学哲学教授赵敦华说的一段话:"没有批判精神的哲学是没有生气的,哲学史著作既要有忠实的介绍、同情的理解,也需要批判的超越"(2004:6)。我们非常赞同赵敦华的观点,并认为不仅哲学界需要提倡批判精神,但凡学术界,包括外语学界都需要有理性的批判精神。正如波普尔指出的那样,大胆的猜测和严厉的反驳才是科学的根本精神(波普尔,2001)。

但我们认为王与文之间的批判与反批判并没有达到真正意义上的"内部对话",即不是"内部批判"(关于"外部批判"和"内部批判"的含义,后文将作详细讨论)。一方面,文没有承认王的"写长法"理论预设的前提,并在这个前提下试图通过推导发现其内在的逻辑矛盾,所以她没能从根本上驳倒王的"写长法"的理论基础;另一方面王在答文的文章中也没能从根本上为自己的理论辩护,而是提出"教无定法""以学生为本",陷入费耶阿本德式的相对主义,即"怎么都行"(anything goes)的窠臼(刘大椿,2005)。致使这场争论没能成为真正意义上的"内部批判"或"内部对话",而只是一种"外部批判"。

我们将以王与文关于"写长法"之争为例,说明理论的"内部批判"(internal criticism)与"外部批判"(external criticism)的区别,并说明今后我国外语学界应当如何展开正确的理论批判。

4.1.1 关于王的"写长法"理论

"写长法"由王初明等人提出(王初明,牛瑞英,郑小湘,2000),经过几年的逐步发展和完善,已经形成为一套"以写促学"的理论体系(王初明,2001a;2001b;2004;2005a;2005b;2005c;2006a),可以简单地

概括为如下几个方面:

(1)认为影响外语学习最主要的两个因素(或主要矛盾)是"情感"和"母语"。

(2)就"情感"因素而言,正面、积极的情感因素增强学习动机;负面、消极的情感则阻碍学习的动机和兴趣。所以外语教学应当找到能鼓励和激发学生正面情感、消除负面和消极情感的有效途径。

(3)语言知识与语境知识是如影相随、密不可分的,而外语学习(EFL)由于真实语境的缺失,常用母语语境的知识错误地替代了外语语境,造成语言知识与语境知识的错误匹配,导致母语迁移,而母语迁移是产生"中式英语"的根本原因。

(4)而要克服母语迁移造成的"中式英语",在外语教学中应该设法加大英语语言的输入量,即增加"有意义的"(meaningful)阅读和听力的量。王基于 Swain 提出的"可理解的输出假说"(comprehensible output hypothesis),通过"可理解的输出"(即"有意义的"输出,如语篇的输出,而不是无意义的孤立的单词或短语的输出)拉动输入,提高学生的输入量和对输入的吸收效率。而大量有意义的语言输入使 EFL 学生接触更多正确的语言形式和语境知识,就能潜移默化地培养语感,克服母语迁移的问题。

(5)有些学生因初学外语或因学习条件所限,发音不准,害怕自尊心受伤害,甚至导致焦虑情绪,不愿开口说外语,不易通过口语表达的输出方式拉动输入。而写作同样作为输出性技能,是个人行为,不会让他们当众丢脸,能增强他们的"自我概念"(self-concept)。所以更适合那些刚开始不敢开口、不愿开口的学生。写长作文,学生不受字数限制,可以写他们感兴趣的内容,由此激发他们的学习潜能,带给他们成就感(即鼓励和激发的是正面、积极的情感)。还可以加速他们把接受性知识转化为产出性知识,更快地实现语言产出的自动化。

(6)对于学习过程中的错误,不必有错必纠,而是少改或不改错。应该多给学生输入正确的语言信息,学生接触正面信息多了,错误自然就会消失。

4.1.2 文对"写长法"的批判

文在《评析外语写长法》一文中,对王的"写长法"提出了两点批评:

"(1)现有的试验结果不能够说明外语写长法的有效性;(2)外语写长法促学的意义不够明确,同时缺乏有效的促学程序"(2005:308)。具体来说,文的批判涵盖以下几个方面:

(1)文提出王的试验结果只是将用了"写长法"的试验班与没有用"写长法"的控制班进行比较,得出的试验结果只能说明用了"写长法"比不用好,并不能证明"写长法"比其他的教学法,比如"说长法""听长法""读长法""多篇短作文法"等更好。

(2)文认为王对"以写促学"中"学"的含义定义不明确。文认为,"学"应该包含两个不同的层次,笔者将她的意思概括为"温故"和"知新"两个层次:

(a)"温故",即把已经学过的语言知识、语言技能以及已经具备的思维能力通过运用达到巩固和加深印象的目的。具体来说:在语言知识方面,将接受性知识转化为表达性知识;在语言技能方面,增加自动化程度;在思维能力方面,增加敏捷性、条理性。

(b)"知新",即通过"写长法"激发学生去学习新的语言知识,具体包括:在语言知识方面,增加新语言知识;在语言技能方面,增加新语言技能;在思维能力方面,提高思维的深度与广度。文认为王的"写长法"只有助于"温故"层次的提高,而对"知新"的层次并无多少帮助。

(3)文认为王的"写长法"中教学手段和教学目标不明确。她认为王的"写"有时是手段,有时是目标。她指出"为了充分发挥'以写促学'的作用,写长法的创立者及课题组成员还应设计出以写促说、促听、促读的各种活动,以保证四种交际技能的同步发展。另一方面要建立一套操作性强的鼓励措施来激励学生拓展现有的语言体系,以保证语言水平的不断提高"(ibid.:310)。也就是说,文认为王不应当把"写"当成目的,而应是手段,以写促进听、说、读、写四个技能的同步发展。另外,还建议王更加完善"写长法",使学生外语的学习不仅是为了"温故",而且能鼓励他们去"知新"。

4.1.3 王对"写长法"的辩护和对文批判的反驳

王在《外语教学应以学生为本——答文秋芳》(王初明,2005:312-315)一文中的观点可概括为如下几点:

（1）强调教学方法的针对性，好坏的评价标准在于是否适用于学生。王认为"教无定法"，教学方法应以"学生为本"，根本不存在"普遍适用的最佳教法"（ibid.：312）。

（2）王指出文是误解了他想把"写长法"当成指导教学的最佳的、普适的方法；王申辩他并无此企图，而是希望针对学生某些方面的问题，提出有针对性的解决办法；王具体解释"写长法"的适用群体是有一定词汇和语法基础并具有较好阅读能力、但外语运用机会不多的学习者。

（3）推广应用"写长法"不是要排斥或取代其他教法，文所说的"听长法""说长法""读长法"以及"多篇短文作文法"等等，只要对学生有利，都鼓励使用，不应排斥。

（4）王根据Swain提出的"可理解输出假设"，反驳文说"写有促进学习者语言发展变化的功效，不光是操练已有的知识"（ibid.：313）。也就是说，"写长法"不仅能帮助学生"温故"还能增加"知新"。

（5）针对"写长法"的运用者的误用，把教学手段和目的混淆的现象，王认为"问题主要出在有的运用者难以摆脱传统写作教学的套路，未注意到'学写作文'与'以写促学'的区别"（ibid.：314）。

4.2 从"外部批判"和"内部批判"看王与文之争

综观王从提出"写长法"理论体系，到文对"写长法"的批判，再到王针对文的反批判，我们发现他们的争论没有能形成真正的对话，即王、文之争没能形成"内部批判"。具体体现在以下几个方面：

（1）王的"写长法"并不是一个简单的教学方法或策略，而是一套预设了理论前提且具有内部逻辑结构的理论体系。首先"写长法"假定（assume）影响外语学习的最主要的因素，即王所谓的学习外语的主要矛盾是"情感"和"母语"因素。其次，对"情感"因素的论证来自他基于人格心理学关于"自我概念"（self-concept）的理论而提出的"外语语音学习假设"（王初明，2004：56-63），即认为"学习英语通常由语音开始。在英语初学阶段，面对一种新语言的学习，学习者对自己的英语学习能力往往了解不够，英语自我概念尚未定型，且不稳定。此时，语音学习的好坏成为自己和他人评价英语能力的重要依据之一，影响自我概念的形成。其二，相对于英语其他方面的学习，语音带有生理特征，生理若有缺陷，易生心理障碍，心态对外语学习有决定性影响"（ibid.：62）。"母语"因素则是王基于 Swain 提出的"可理解性输出假设",引申出应当通过"说"和"写"这些产出性技能的输出拉动"听"和"读"那些接受性技能的输入。最后综合"情感"和"母语"两方面的因素,王创立了"写长法"。一方面,由于"写长法"是通过"写"而不是"说"这种输出方式拉动输入,就不会影响初学者或语音不标准的学习者的"自我概念",不会造成对学习者动机不利的消极的、负面的情感影响;另一方面,通过改进传统的作文评估办法,增加"作文长度"的权重,鼓励学生"写长"以促进学生通过大量的输出拉动更大量的输入,从而在多写多练的基础上逐步克服母语干扰,达到防止外语学习中母语迁移的目的。

(2)然而,文的批判没有基于与王相同的前提,即"情感"和"母语"因素去评价王的"写长法"理论;另外她也没有质疑和反驳王的这个理论前提的合理性,或是进一步阐明自己的基本前提。当文用所谓的"听长法""说长法""读长法"和"多篇短作文法"去反驳王时,并没有提出这些方法背后的立论基础是什么。即没有从学理上分析和阐述她所提出的其他方法比"写长法"更加合理的理由。比如,如果文不服气,认为"听长法"可能比"写长法"更好,她要么应当基于与王相同的前提,假定"情感"和"母语"因素是影响外语学习最主要的因素,通过逻辑论证或实证检验发现"听长法"比"写长法"更有利于学生增加学生的正面情感,消除负面情感,而且"听长法"对克服"母语干扰"或"母语迁移"比"写长法"更加有效。要么她应当否定王的理论前提,否认"情感"和"母语"是影响外语教学最主要的因素的这个基本假定,提出她自己的基本假定或预设前提。否则,王完全可以反驳文,说"你凭什么说'听长法'比'写长法'更好,有什么理由?我的理由是基于学习者的'情感'和'母语'因素的考虑,而你的理由是什么?"**所以,文对王的反驳没有相同的前提,也不在同一个理论框架内,她是以己之矛攻王之盾。自然不能让王心服口服。**

(3)文的批判实际上并不能证伪王的理论体系。按照拉卡托斯(1999)提出的精致的证伪主义的理论,科学的基本单元是一系列理论,他把作为科学基本单元的理论称作"科学研究纲领"。"科学研究纲领的结构必须具备三个特征:有一个纲领的硬核;有一个硬核的保护带;以及作为方法论指导纲领未来研究工作的启发法。……硬核是构成纲领的公理或公设,是纲领发展的基础。……保护带是由补充硬核的辅助性假设、初始条件和观察陈述组成。……启发法是研究纲领中的方法论规则,它由反面启发法和正面启发法两种规则构成"(孙思,2005:243-244)。拉卡托斯精致证伪主义的"证伪"最根本的特点是：证伪是对于相互竞争的理论之间的关系，而不是经验陈述于理论之间的冲突；瞬间的（instant）判决性实验似乎不存在的"（ibid.: 248）。即拉卡托斯所指出的"任何实验、实验报告、观察陈述或业经充分证认的低层证伪假说都不能单独地导致证伪。在一个更好的理论出现之前不会有证伪的"（拉卡托斯，1999: 49）。也就是说，文不能光说"听长法"等等其他方法可能比"写长法"更好，**而是应当建立一个"听长法"或"说长法"理论，并证明该理论比"写长法"更能促进外语学习**。我们看到，王提出的"写长法"本身是一个理论系统，其合理性基础在于假定外语学习中的"情感"和"母语"是影响外语学习效果或效率的最主要因素。而文提出王应当拿出实证证据证明"写长法"比"听长法""说长法""读长法"等等更好，才能让人心服口服。但是我们知道外语教学的具体方法是无穷无尽，还会层出不穷的，**要进行这种穷尽性实证检验是不可能，也不必要**。

（4）遗憾的是，我们也看到，王在反驳文的批判时，没能从理论内部为自己辩护。王不是从坚守自己假定的前提出发，即从捍卫自己理论的硬核的合理性出发去反驳文的批判，而是片面强调教学方法的针对性、特殊性、相对性，从而承认文所提出的其他方法的合理性。我们甚至看到，王在反驳文时"乱了方寸"，有些论述陷入了自相矛盾。例如，他一方面说"开发'写长法'的**主要目的在于帮助学习者突破学外语多年而不会运用的困境**。为达此目的，'写长法'采取的路径是满足学习者的情感需要；通过逐步加大写作量去冲破外语学习的极限状态，获取学习成就感；通过成就感去增强信心，**克服怵写心理**"（王初明，2005: 313）；另一方面针对文指出"写长法"的运用者对"写长法"的误用，把教学手段和目的混淆的现象，王认为"问题主要出在有的运用者难以摆脱传统写作教学的套路，未注意到'学写作文'与'以写促学'的区别"（ibid.: 314）。前面那段话表明王承认"运用"和"写"是目的，而不是手段，与自己后面强调的以"写"为手段去促进外语学习的综合技能相矛盾。所以文对他的"手段""目的"不明确提出质疑。因此，王的辩护由于没能坚守立场而显得反驳无力。

（5）王正因为没有坚守自己理论的"硬核"，便在文的"外部批判"的攻势下，陷落到费耶阿本德式的"相对主义"的窠臼，承认"怎么都行"（anything goes）（刘大椿，2006）。王说："如果'听长''说长''读长'比起'不听长''不说长''不读长'的促学效果好，能够增强学习信心，有助于突破长期学而不会用外语的困境，使学习者能够更加精确地表达思想，而且经过训练之后，学生从原本不喜欢'听长''说长''读长'转而喜欢，那么我们也应该鼓励'听长''说长''读长'，并将它们发展成为'听长法''说长法''读长法'。此外，写'多篇短作文'若能开阔思路、能充分释放外语学习潜力、能使学生充分体验运用外语的乐趣并超越外语学习的极限状态，而且能与'写长法'等效，那么，我们也应该采用'多篇短作文'。推广应用'写长法'不是要排斥或取代其他教法，而是激励人们从中获取灵感，自主创新，积极试验各种有效的外语教法，让教师有更多的选择，使教学得心应手"（王初明，2005：313）。**王的这种说法看似非常包容，实质上并没有审查那些所谓"听长法""说长法"等等方法背后的理论前提或基本假定的合理性。而未经审查前提的论断是值得怀疑的。在理论批判中，我们不能做"怎么都行"的"好好先生"。**

（6）王在回应文的批判时，片面强调针对性、特殊性和相对性，导致他对外语教学方法中普遍性、必然性、规律性理论存在的否定，而这将导致否定在教学中利用科学研究，包括语言学、心理学、教育学、认知科学研究中发现的普遍性的规律指导我们外语教学的重要性和必要性。辩证唯物主义告诉我们，客观世界并不是杂乱无章的、毫无规律的一片混沌，而是受到客观规律支配的。语言作为客观实在，也有其系统的结构和必然的因果关系，即客观规律。语言学家、心理学家、认知科学家还有哲学家等都试图对语言进行研究，揭示它的本质和规律。

可见，王与文关于"写长法"的争论，彼此并没能从根本上说服对方，没有实现真正的对话或"内部批判"。

总之，我们以王初明与文秋芳关于"写长法"的争论为例，说明分清"外部批判"和"内部批判"在进行理论批判中的重要意义；指出了文对王的批判只是"外部批判"而不是"内部批判"；而王对文的反驳也没能从理论的内部，即他的立论前提上去为自己的理论辩护并进行反驳。这致使他的反驳有相对主义之嫌。

本章的主要目的不在于评论"写长法"的长短，而是提醒广大学人注意，应当如何展开正确的理论批判，尤其是"内部批判"。固然，没有批判就没有学术，但是批判得不对，学术同样不会有发展。如果批判要成为真正的对话，就要以彼之矛攻彼之盾的"内部批判"，而不是以他人之矛攻彼之盾的"外部批判"。批判的方式直接影响学术的发展。展开正确的理论批判将会推动我国外语教学理论和语言学理论的健康发展。

下面，我们再举一个"内部批判"的例子。这是 Hauser、Chomsky、Fitch（以下简称 HCF）与 Steven Pinker 和 Ray Jackendoff（以下简称 PJ）关于语言机能以及语言进化展开的激烈争论。

4.3 "内部批判"举例——关于"语言机能"的大辩论

在人类漫长的演化史中，语言的出现只有区区几万年的时间。自从有了语言，人类的思想和行为便得到极大的解放和拓展，可以开展更富创造性的社会活动等等。因此，有人认为人类语言的创造性是区别于动物"语言"的重要标志。但许多关于语言本质的问题尚无定论，仍处于百家争鸣的阶段。比如：语言是怎样产生的？语言的进化过程是渐变的，还是突变的？语言学家、人类学家、考古学家、生物学家、神经科学家等等都十分热衷于探讨这些问题，但至今没能给出令人满意的答案。对此，巴黎语言学会甚至曾经发布了一个现在看起来十分荒唐的禁令：禁止讨论与语言起源相关的任何问题。可是，人们对语言起源的好奇心却与日俱增，似乎并未被这道禁令所遏制。

作为一位伟大的科学家，Chomsky 决心勇敢地闯入这一禁区。2002年他拉来了两位得力干将：一位是前哈佛大学 Marc Hauser 教授，他是进化生物学家，灵长类行为、动物认知和人类行为的研究专家。另一位是维也纳大学进化生物学家和认知科学家 William Fitch 教授，他主要研究人类和其他动物的认知和交际的演化，特别是言语、语言和音乐的演化。他们合作在《科学》杂志上发表了一篇论文《语言机能：它是什么，谁拥有它，它是如何进化的？》（"The Faculty of Language: What Is It, Who Has It, and How Did It Evolve?"）。该文是语言机能研究的一座里程碑，对语言学起源问题提出了大胆的假设，不久就成为引用率极高的经典文献。他们革命性地提出将人类的语言机能区分为广义语言机能（FLB: the faculty of language in the broad sense）和狭义语言机能（FLN: the faculty of language in the narrow sense）。

一石激起千层浪，文章发表后，引起了学界广泛的关注，也拉开了"语言机能"大辩论的帷幕。很快就分成了两大阵营，一边支持 Chomsky，另一边则是以 Steven Pinker 和 Ray Jackendoff 为代表的反对派。这两位的来头也不小。Steven Pinker（1954—）是美国认知心理学家、语言学家和科普作家。他曾任麻省理工学院认知与神经科学研究中心主任，目前是哈佛大学心理学系教授，是研究进化论心理学和计算心智理论的大家。他提出了著名的"语言本能"思想。Ray Jackendoff 是美国语言学家，塔夫茨大学认知研究中心的联合主任。他一直跨越生成语言学和认知语言学的界限，既致力于普遍语法的研究，又致力对语言认知过程的解释。他俩于 2005 年在《认知》杂志上联袂发表论文《语言机能，有何特别？》("The Faculty of Language, What Is Special about It")，激烈抨击了"唯递归假设"。此文发表后，得到了 Chomsky 等人（2005）的回应。他们在《认知》杂志上对语言机能的概念进行澄清，指出 Pinker 和 Jackendoff 没有正确区分两种不同的语言机能。而反对者们不示弱，Pinker 和 Jackendoff（2005）马上又在《认知》上发表了《语言机能的本质及其对语言进化的启示》("The Nature of Language Faculty and Its Implications for Evolution of Language")，进一步批评狭义语言机能的缺陷。毋庸置疑，这场争论是一场势均力敌的高端对决。为了方便，人们一般采用首字母缩写，将争论的一方称为 HCF/FHC（Hauser, Fitch & Chomsky），另一方称为 PJ/JP（Pinker & Jackendoff）。

4.3.1 争论的前提——要有基本的共识

从辩论双方的阵营我们可以发现，虽然涉及的是语言问题，但参与者却都是来自跨界的"大咖"。比如有计算机科学、神经科学、生物学、认知科学、心理学和语言学等等各路豪杰。他们之间的"华山论剑"，让这场大辩论异彩纷呈。但是争论不是吵架、不是"自说自话""鸡同鸭讲"，而是需要基于一些基本的共识。这些大咖们承认的基本共识有两个：一个是"内在主义语言观"，另一个是"语言模块性"。下面先简要介绍这两个概念。

4.3.1.1 内在主义语言观

Chomsky 认为，语言能力是心智/大脑与生俱来的，如同心脏或肝脏一样是人体的一个不可或缺的"器官"。Chomsky 称之为语言器官（language organ）或心智器官（mental organ），Pinker 则称之为语言本能（language instinct）。这是语言的初始状态（initial state），即普遍语法（universal grammar），在所有个体中呈现的形式是相同的。儿童学习语言时通过特定的外部语言输入（input）进行参数设置，最终达到稳定状态（steady state），即获得内在语言（I-language）。比如，出生在北京的儿童学会了汉语，出生在纽约的儿童学会了英语。Chomsky 的研究对象就是 I-language，英文字母 I 代表 Internal（内在的）、Individual（个体的）、Intensional（内涵的）等概念，它是人类心智/大脑的内部结构，内化于个体的大脑。这种语言以内涵的方式表达，即标明生成句法结构的程序或理论。生成语法的研究对象从外化语言到内化语言的转变，是一次重大概念转移（conceptual shift）或研究范式的转换，使得研究对象更加客观，标志着语言学向自然科学发展迈出了重要的一步。

4.3.1.2 语言模块性

Chomsky（1986）认为，普遍语法是人类认知系统中专司语言知识及其运用的子系统，是相对独立的模块。因此，语言模块论是指把人类语言看成是由众多的子模块组成的独立的认知模块的一种理论假说。该假说认为，语言器官以基因为载体，内嵌在大脑皮层上，具有人类特有的生物禀赋，通过基因遗传，不分人种、肤色、文化背景和社会形态，为全人类所共享。语言作为认知系统的一部分与其他认知系统既相互独立，又相互影响。近年来，Chomsky 又强化了语言机制具有独立性的观念，将与意义有关的概念–意向系统和与语音有关的感觉–运动系统排除在语言的认知系统之外。

Pinker（2005）也承认语言机能的先天存在性。但他进一步假设，语言拥有专门而独立的神经基础，且这种固定的语言加工神经网络是经过漫长的进化逐渐形成的，通过遗传基因代代相传。每个人出生时都具备相同的、完整的大脑结构，人与人之间的差异体现在他们获得的知识和经验的差别上。

4.3.2 争论双方的分歧：围绕着递归的实现方式–合并展开

HCF 和 JP 两大阵营的争论实际上是围绕一个核心概念——递归性展开。什么是"递归"（recursion）呢？递归原本是一个数学术语，指函数/过程/子程序在运行过程序中，直接或间接调用自身而产生的重入现象。在计算机编程里，递归指的是函数不断引用自身，直到引用的对象已知。Chomsky（1965）将递归概念引入到语言研究，认为语法系统中存在递归改写规则（recursive rewrite rules），负责将一个短语内嵌于另一个短语之中。按照这种方式便可以实现语言的离散无限性（discrete infinity）。在最简方案（Chomsky, 1995）时期，Chomsky 认为离散无限性通过无界合并（unbounded merge）来体现。由于在句法推导的每一步都要使用合并操作，因此最简单的句子也是通过递归生成的。合并手段的反复使用，可动态生成各种可供使用的句子。合并又可以进一步区分为外部合并（external merge）和内部合并（internal merge）。外部合并指两个独立的句法体之间的合并，而内部合并指合并的一个成分是另一成分的组成部分。

例如，Which city has the student visited？这句话中，运算系统从词库中选择的词汇项目是 {{C, has}, {ν., the, student, visited, which, city}}，然后通过合并，按照语段逐步推导，生成如下的结构（图4.1）：

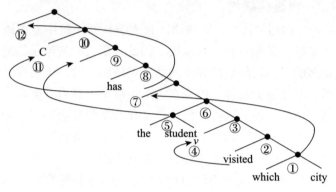

图 4.1

如果用集合表示，该句的生成过程可以表示如下：

① {which, city}

② {visited, {which, city}}

③ {ν., {visited, {which, city}}}

④ {ν.+visited, {visited, {which, city}}}

⑤ {the, student}

⑥ {{the, student}, {ν.+visited, {visited, {which, city}}}}

⑦ {{which, city}, {{the, student}, {ν.+visited, {visited, {which, city}}}}}

⑧ {has, {{which, city}, {{the, student}, {ν.+visited, {visited, {which, city}}}}}}

⑨ {{the, student},{has, {{which, city}, {{the, student}, {ν.+visited, {visited, {which, city}}}}}}}

⑩ {C, {{the, student},{has, {{which, city}, {{the, student}, {ν.+visited, {visited, {which, city}}}}}}}}

⑪ {has+C, {{the, student},{has, {{which, city}, {{the, student}, {v.+visited, {visited, {which, city}}}}}}}}

⑫ {{which, city}, {has+C, {{the, student},{has, {{which, city}, {{the, student}, {v.+visited, {visited, {which, city}}}}}}}}}

4.3.2.1 分歧之一："递归"是否语言独有？

HFC（2002）将语言机能分为广义语言机能（FLB）和狭义语言机能（FLN）。FLB包含感觉–运动系统（sensory-motor system）、概念–意向系统（conceptual-intentional system）和递归运算机制（computational mechanisms for recursion）；有些内在系统对语言来说是必要的但不是充分的，则排除在广义语言机能之外，如记忆系统、呼吸系统、消化系统、循环系统等（Hauser, et al., 2002: 1571）。

而FLN包含于FLB，只包含递归。他们的理论假说认为，绝大部分FLB的特征为人类与脊椎动物所共有，只有FLN的"核心递归运算机制"为人类语言所独有。他们强调语言具有离散的无限性，其实质体现为递归性。因此他们提出"唯递归假说"（recursion-only hypothesis）。当然，这只是一个暂定的、有待验证的假说。此外，他们还猜测FLN的进化可能来源于语言之外的其他原因，比如数字、导航和社会关系等其他领域的认知能力。按照这个说法，FLN是语言学理论内部的术语，其界定标准不具有跨学科性，而完全属于语言学范畴。

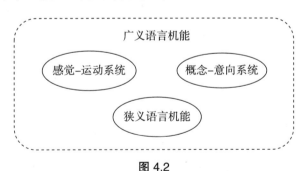

图 4.2

实际上，语言机能的分化可以细化语言进化研究的空间。因此，Chomsky等提出了三个关于语言机能进化的假设（ibid.: 1573-1574）。

假设1：FLB和动物交际系统完全同源；

假设2：FLB为人类和语言特有，语言是进化中适应性产物；

假设3：只有FLN为人类语言所特有。

上述三个假设究竟哪一个是正确的呢？这显然不能仅通过思辨决定，而是取决于实证研究。

HCF（ibid.：1574）等通过动物言语感知、产出等方面的证据试图证明，FLB是人类与动物共享的。例如，鸟类和非人灵长类动物在区分人类言语声音方面将共振峰（formant）作为关键性的提示，能够借助自身的发声感知共振峰。动物也具有丰富的概念表征能力。Hauser通过实验发现，恒河猴能够区分单数和复数概念。**但是就语言的离散特征而言，除了人类，没有任何动物能够将较小的结构单位组合成更大的结构单位；动物不能像人类可以习得复杂程度更高的远距离依存短语结构语法。**

HCF特别强调，唯递归假设只是一个大胆的假设，该假设是否成立还要有待于实证研究的检验（ibid.：1576）。但他们的文章发表之后，就受到来自理论内部和外部研究者的攻击。最突出的当属"PJ"的学者们的批评。他们批评的焦点主要集中在"唯递归假设"这一论断上。唯递归假设包含几个部分：

（1）递归只存在于语言中，不存在于其他认知系统；

（2）递归是FLN的唯一组成部分；

（3）递归只存在于人类的交际系统，不存在于动物的交际系统。

PJ同意HCF有关FLB和FLN的概念区分，以及他们关于共享能力和独享能力的区分，渐变式进化和突变式进化的区分对于语言研究的重要意义。PJ还承认HCF开展同源同功（homology）和异源同功（analogy）的研究对于认识语言的进化具有重要的作用。

不过，对于概念结构、言语感知和产出、词汇和句法等方面，PJ却持怀疑态度，对其观点进行了批判（Pinker & Jackendoff，2005：201-236）。例如，他们认为许多概念系统（如所有权、道德概念等）在人类语言互动中特别明显，而在动物行为中却难以识别。但他们指出"唯递归假设"忽略了语言的其他独有特征，包括语音、形态、格和一致等语法方面的特征。

PJ认为，唯递归假设的理论动因和根据是最简方案（Chomsky，1995），该方案认为影响个体语言成长的三个要素是：（1）普遍语法；（2）经验；（3）并非语言机能特有的原则（Chomsky，2005：1-22）。最简方案将研究重心转向第三要素，将普遍语法的原则归结为自然界的一般法则。这样，普遍语法的内容就被降到了最低限度，也就是只有"合并"是其不可或缺的要素。有了合并就有了递归的语言系统。PJ 认为，最简方案只是一种研究方案，并非一套成熟的理论，以此为前提得出的结论是不可靠的。

关于递归性是否为人类语言所特有，HCF 与 PJ 也存在分歧。HCF 认为递归特征是语言特有的；而 PJ 认为，递归除了出现在语言系统中，同样也出现在其他认知系统中，例如视觉和音乐处理中。他们指出语言之所以需要递归，是为了表达递归的思想。Jackendoff（2011：12）曾以歌曲《挪威的森林》为例来说明音乐的递归（如图 4.3）：

图 4.3

音符下面构成了音乐组合结构（grouping structure）。构成音乐的最小的文本单位是：I; once had a girl; or should I say; she once had me. 它们再组成一对：I once had a girl 和 or should I say she once had me. 它们组成一个片段，与第二个片段（She showed me her room）配对。这样一直组合下去，直到整个歌曲构成一个组合。音符被组合成短语，这些短语可以被嵌入到无限的深度来创建较大的音乐结构，如歌曲或交响乐。因此从结构上来说，音乐也是递归的。

FHC（Fitch, et al., 2005：197-210）对 PJ 的批评做出了回应，认为 PJ 虽然认同 FHC 关于语言机能的划分，但是并未真正理解分类的实质，混淆了二者之间的区别。PJ 的许多观察实际上属于 FLB 的范畴。

FHC 认为 PJ 误解了他们关于递归的思想，将他们所谓的递归是 FLN 的核心部分理解成了唯递归论。同时他们重申递归是 FLN 的一部分，主要基于如下考虑：

（1）递归是句法底层必不可少的核心运算机制；

（2）目前尚未有足够证据表明动物交际系统具有递归性；

（3）人类其他认知域没有明确的递归特征。

PJ 对于最简方案的批评，FHC 认为是站不住脚的。他们没有谈论最简方案，而且语言进化研究的框架并不受制于最简方案。他们对语言机能进行了重新区分（ibid.：180-181）。FHC 认为狭义的语言机能不再被视为广义语言机能的特定组成部分；广义语言机能包括所有涉及语言和言语的机制，尽管可能与其他领域或其他物种存在重合。换言之，只要是与语言相关的能力都被归属于广义语言机能，不管该语言机能是否为语言或人类所特有的。但不可否认，语言作为一个整体是人类所独有的，可能的情况就是：广义语言机能机制的一些子集既是人类所独有的，也是语言所独有的。这个子集在 FHC 看来就是狭义的语言机能。FHC 指出，这种区分为跨学科的讨论和合作提供术语支持，本身不含可验证假说（testable hypothesis）。不难发现，FHC 经过重新措辞的定义与原来的定义存在本质的差异。虽然 FHC 仍将递归视为狭义语言的组成部分，但是如果有确凿证据表明递归确实存在于其他系统中，或者没有任何成分是语言和人类所特有的，那么狭义语言机能就是空集，如图 4.4 所示：

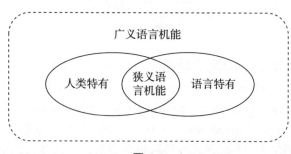

图 4.4

JP 团队再次撰文（Jackendoff & Pinker，2005：211-225）表示对语言机能划分的认同，并对广义语言机能和狭义语言机能划分存在的歧义进行了说明。他们进一步阐述和重申了对递归的看法，认为递归虽然不存在于动物的交际系统，然而人类的视觉认知却具有递归性和离散无限性。同时，他们还指出，FLB/FLN 的两分法过于绝对，忽视了人类进化过程中充分改进的能力。虽然 FHC 否认递归与最简方案的关系，但递归与最简方案中的合并有关，其语言进化观仍与其语言观紧密相关。

4.3.2.2 分歧之二：研究方法

PJ/JP 对 HCF/FHC 的论文检验假设的来源持有不同的看法。HCF/FHC 强调比较研究法的科学性。比较法主要是基于现存物种比较的实验数据，推测远祖物种的类似特征，该方法在现代生物学的研究中一直发挥着重要的作用。

HCF/FHC 主要研究语言成分中哪些为人类所独有或语言所独有。他们认为人类和非人类之间可能存在相似性，即非同源相似性。进化研究一般关注同源相似的例子，但异源相似同等重要。不过，同一个特征，可能在不同的物种中有不同的进化原因。例如，通过比较婴儿和幼鸟的语言习得过程发现非同源也有相似性。和人类婴儿相似，由于身体上和发育上的限制，幼鸟习得鸟语也存在关键期，也需要经历咿呀学语的阶段，而且也需要一个高度封闭的神经基础和发育基础。

PJ/JP 却不赞同 HCF/FHC 有关非同源相似性的说法，他们认为人类和鸟的语言习得过程无法比较，因为人类与鸟类属于不同物种，没有共同的祖先无法进行比较。可以将人类与大猩猩的语言习得过程进行比较，同源相似性更能证明语言的进化过程。鸟的语言习得过程表明人和鸟在进化过程中受到某些共同因素的限制；而大猩猩的语言习得则可以说明人的语言习得不是一个全新的能力。

4.3.2.3 分歧之三：语言演化——渐变还是突变？

人类在漫长的进化过程中，语言的出现不过短短几万年的时间（几乎没有任何证据表明五万年前地球上有语言的存在）。但人类的语言机能是怎样产生的呢，是逐渐进化而来的，还是突然产生的？事实上，科学界一直都有渐变论与突变论之争。HCF/FHC 和 PJ/JP 两大阵营的观点也截然相反。Chomsky（1995）承袭了伽利略–牛顿的研究传统，他首先假定大自然是完美的。其次，他假定语言作为自然界的有机体组成部分，其设计也必定是完美的，它的出现和演变必定遵循自然界的一般法则，比如对称、经济、守恒等。（这些都是形而上学的假定或理论公理/公设，体现了西方理论建构中所采用的假说–演绎法的基本特点。）在此基础上，Chomsky 进一步推测和研究语言机能的进化性问题（evolvability）。他开始思考，假定语言是进化而来的，为什么语言经过五万多年的进化，其本质特征至今没有太大改变？如果是进化而来的，为什么语言在这么短的进化史中，就会出现出如此多的原则？这几乎是不可思议的。前面讨论过，波普尔认为，科学研始于问题或疑问。笛卡尔强调，我们需要在科学探索和哲学思考中保持怀疑的精神和探究的精神。我们看到，Chomsky 的这些疑问促使他对语言渐变论的质疑和反思。他开始意识到，渐变论无法对上述疑问给出合理的解释。

相反，他**猜想**语言的产生来自于基因的突变，导致大脑功能变异产生的结果（Chomsky，2010）。比如，在某个时刻，大脑的神经网络发生轻微的重新布线/重新连接（rewiring），便出现了语言的核心属性——合并。而语言的离散特征（discreteness）和错位特征（dislocation）都是通过合并实现的。他**猜想**，这种基因突变首先是在个体身上发生的。个体因基因突变出现了合并的心理特征，便会出现思想语（the language of thought），进而产生理解、反思、计划等认知能力。人类由此获得了形成复杂结构和结构性语言表达式的能力。他继续假设，语言的出现不是来自于外部的压力，因为以突变的方式出现的系统是最优的，仅取决于第三要素的属性。因此语言机能遵循强势最简论题（strong minimalist thesis）。他认为，渐变说无法解释语言何以会产生"合并"这一属性的，只有用突变说才能得以解释。

他进一步**猜想**，这种基因突变会遗传给后代。倘若它恰好具有选择性优势，便可以在小范围的渔猎社会中扩散。一旦该能力得到共享，在某个时刻就会外化。感觉–运动系统在语言出现之前早已存在，完全独立于语言系统且和动物共享（Hauser, et al., 2002：1571）。通过合并生成的表达式与感觉–运动系统相连则是语言外化的问题。语言的外化过程是一个非常复杂的认知任务，不同的语言有不同的外化方式。简言之，Chomsky 的语言进化观认为，"合并"最初来自于生物个体的基因变异，这是人类语言产生的最初源头，也是造成语言递归的最基本的操作（如图 4.5 所示）：

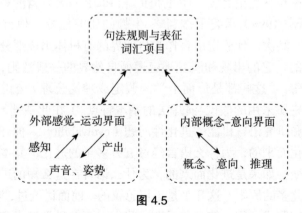

图 4.5

相反，PJ/JP 用达尔文自然选择的观点来研究语言的进化问题。他们认为自然选择是语言进化的一个因素。达尔文（Charles Darwin，1809—1882）曾对人类语言的独特性发生过浓厚的兴趣，试图将语言的独特性纳入进化论的体系。他的选择–适应的进化观对语言学研究产生了重大的影响。

Jackendoff & Pinker（2005）接受了达尔文的思想，他们**假定**语言机能和其他任何复杂的适应性生物系统一样，是一个通过自然选择进化而来的适应系统。在自然选择的随机性方式中，语言机能是从原交际系统连续演化而来的，后一阶段特征建立在前一阶段基础之上，逐渐演化为更加完善的体系。因此，他们的理论是建立在语言渐变论的假定基础之上的。可见，他们的理论同样采用的是假说–演绎法，只是与 Chomsky 基于不同的假定，他们是基于自然选择的适应性假定，Chomsky 基于的是基因突变的假定。

为了给自己的假设找到证据，Pinker 从语言符号的通用设计、语言本体论的发展、儿童语言的形成、以及因 FOXP2 基因缺陷导致的遗传性失语症的研究等等，论证语言是适应的结果。他指出，有研究表明 FOXP2 基因并不是突变产生的，而是渐变的结果。PJ/JP 还指出了 Chomsky 关于语言进化不一致的地方。因为他们注意到 Chomsky 在 2000 年认为"探讨语言的适应性机制没有任何意义"，而 2005 年他又认为"广义语言机能是通过自然选择塑造的"（Jackendoff & Pinker，2005：213）。然而，这种不一致实际上并不成立，因为如果认同语言机能的广义和狭义之分，那么 Chomsky 所认为的"通过选择适应讨论语言机能进化没有意义"，实质上指的仅仅是狭义的语言机能。

4.3.2.4 分歧之四：语言功能

语言既可以用来思考，也可以用来交际。但究竟哪一种功能是首要的？HCF/FHC 和 PJ/JP 对此也持截然相反的观点：HCF/FHC 认为语言是为了思考产生的，而 PJ/JP 则认为语言是为了交际而产生的。

自亚里士多德以来，人们一直认为，语言是有意义的声音（sound with meaning）。Chomsky 对语言的这一"音–义"观提出了尖锐的批评，认为语言是有声音的意义（meaning with sound），即语言是意义的表达式，声音只是其中一个附属品。语言外化的形式（externalization）不仅包括声音，还有手势语等。他指出，有研究表明手势语和口语在结构、习得、大脑神经表征等方面具有惊人的相似性，只是它们的外化形式不同而已（Chomsky，2011）。

由于受亚里士多德的影响，语言的交际功能说已近乎成了教条（Chomsky，2013）。并且，由于在同一言语社区中，词语使用的意义相同，更容易强化语言的交际说。而 Chomsky 认为，语言的产生不是出于交际的目的，甚至语言本身是否有目的也是有疑问的。他认为，语言不是专门为人类而设计的工具，而是像视觉系统、免疫系统和消化系统等不是为了某种目的而产生的。功能和目的是两个不同的概念，却经常被人们混淆。比如，脊椎的功能是什么呢？你可以说是支撑身体，或是保护神经、制造血细胞、储存钙质抑或所有这些功能兼而有之。同样地，语言的功能究竟是出于什么目的而设计的呢？人们往往会从进化的角度进行推测，把语言类比为动物界的交际系统。Chomsky 认为，这又是一个现代的教条。如果把语言想当然地视为交际系统，只会将我们引向死胡同。不可否认，语言可以用于交际，但这只是语言的次要功能，只是语言的副产品（by-product）。语言的本质属性是进行思想。他还指出，从交际的角度来看，语言这个工具并不完美，因为自然语言中会有句法歧义、形态变化、移位等现象。

PJ/JP 对 Chomsky 等人关于"语言是音义最优表达"和"语言的结构并非为了交际"等说法予以批驳。他们指出，Chomsky 从未对语言的完美说给予清晰解释（Pinker & Jackendoff，2005）。Chomsky（2000）自己也认为语言表面上充斥着众多的不完美和冗余。此外，如果语言不是为了交际而设计的，就难以解释这些问题：为什么语言会将结构表达式映射到语音界面？儿童习得语言过程中，为什么必须通过外部语言环境的刺激才能获得语言？他们认为，语言天赋观不是为了让人发明语言，而是让人从环境中学习语言。

综上，HCF/FHC 和 PJ/JP 的主要争论的简要概况如下（表 4.1）：

表 4.1　HCF/FHC 和 PJ/JP 的主要争论的简要概况

	HCF/FHC	PJ/JP
递归	只存在于语言之中	存在于一般认知（包括音乐等）
语言的进化	基因突变；大脑功能变异	渐变；连续进化
语言的功能	思想本身	人际交流
研究方法	同源同功；异源同功	同源同功

4.3.3　后续影响

虽然 HCF/FHC 的文章本身有许多值得商榷的地方，而且，直到目前，这场辩论也尚未决出雌雄。但辩论的意义远超过了辩论内容本身。因为辩论的过程实质上是人类出于对认识自身本质过程的好奇和渴望,而不断突破传统思想桎梏、挑战智力极限的革命性的反思和探究。这一过程也彰显了理论批判对推动理论进步和发展的至关重要的意义。

4.3.3.1 学术批判推动语言进化的研究

这场高端辩论也把语言进化的问题推向了风口浪尖。吸引了更多的学者投入到这个问题的探索之中。世界范围内举办了许多相关的学术会议,涌现了进化语言学和生物语言学等方面的诸多成果。例如,牛津大学出版社出版了 *Studies in the Evolution of Language* 和 *Studies in Biolinguistics* 等关于语言进化和生物语言学的系列专著。牛津大学出版社和剑桥大学出版社还分别出版了《进化语言学手册》和《生物语言学手册》,介绍相关前沿研究成果。此前,生成语法学家很少关注语言进化问题。辩论之后,生成语法学家也加入了语言进化研究的队伍,如 Berwick & Chomsky(2011,2016)、Piattelli-Palmarini(2010)、Piattelli-Palmarini & Uriagereka(2004,2011)、Moro(2008)、Hornstein(2009)、Miyagawa(2017)、Nóbrega & Miyagawa(2015)、Di Sciullo(2013)、Progovac(2006,2008,2009,2010,2012,2015)、Progovac & Locke(2009)。

4.3.3.2 对狭义语言机能观和递归论的修正和深化

这场辩论让越来越多的学者意识到,合并操作并非是 FLN 所特有。Di Sciullo 和 Jenkins 认为,递归并非语言所独有,还存在于其他高层次的认知中。Kinsella(2009)通过对人的认知系统、动物认知系统和非人类交际系统的研究,发现递归广泛存在于数字、导航、音乐和游戏等认知和交际领域。Hauser 和 Watunull(2016)的研究也发现,递归操作存在于语言、数学、音乐和道德观念中,并提出了普遍生成机能(UGF: universal generative faculty)的观点,该理论的核心是一组无具体内容的生成程序与不同的知识领域交互,然后产生行动和思想中有内容的表达(如图 4.6 所示):

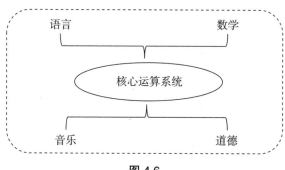

图 4.6

那么，究竟什么才是 FLN 的必要成分呢？目前，一些学者对此提出了各种猜想。Miyagawa（2013）认为，在语言出现之前，有两种系统早已独立存在。一种是词汇系统，即具有特定指称的话语组成单位，例如灵长动物的警告呼叫；另一种是表达系统，如鸟的歌声。他猜想，人类在进化的某个阶段，这两种系统在通过奇妙的方式组合后，就产生了语言。Boeckx（2009）、Hornstein & Pietroski（2009）、Hornstein（2009）对合并进一步分解，认为合并由组合（concatenate）和加标（labelling）组成。前者并非语言特有的，而后者是语言近期进化的产物，是突变的结果，属于 FLN 的范畴。此外，还有通过神经科学的手段研究合并机制的大脑表征。例如，Fukui（2016）和 Frederici（2017）通过神经实验研究，发现在实施句法合并运算时，大脑布洛卡区激化，表明合并运算具有神经生理学基础。

4.3.3.3 学术批判推动学科的发展与融合

Chomsky 曾多次强调语言学属于心理学，归根到底是生物学的一个分支。他称生成语法研究为生物语言学（biolinguistcs）。因而，对语言的本质的认识，仅靠语言学家对语言现象的研究是无法实现，而是需要有不同学科背景的学者开展跨学科、多学科甚至超学科（如人类学、生物学、心理学、神经科学等）研究。Chomsky 早期的研究主要是靠思辨和内省建构理论语言学体系，现在更需要结合不同学科的实证研究，验证、完善、修正语言理论的发展。

事实上，这场辩论的双方都邀请了不同学科背景的专家学者参战。辩论虽然是不同阵营之间的竞争，但在同一阵营内部，需要调集不同学科背景的专家通力合作，竭力为自己的理论搜集更加坚实、可靠的证据，或驳斥对方的观点，找出对方的漏洞。这种较量有助于双方不断完善和修正自己的理论体系。因此，语言研究已不再是语言学家的专属领地，理论批判能够极大地推动语言学驶入跨学科研究的快车道。

4.3.3.4 批判是理论前进的铺路石

从他们的辩论中，我们看到 HCF/FHC 和 PJ/JP 双方并不是自说自话，而是建立在一些基本共识的基础上，再各自找出为自己辩护的证据，以及挑出对方的漏洞的证据。他们的共识是：

（1）都区分了两种不同语言机能。广义语言机能和狭义语言机能。其中前者包括感觉-运动系统、概念-意向系统和狭义语言机能。

（2）都承认语言机能与进化相关。语言是自然客体，是人类心智的重

第四章 理论批判的方法：内部批判与外部批判

要组成部分；语言机能通过进化而来。

（3）都承认跨学科研究的重要性和必要性：语言研究不能闭门造车，要与其他学科相结合，进行跨学科研究。

但双方存在如下分歧：

（1）语言机能。HCF/FHC 认为大部分 FLB 的特征都是人和动物共享的，而只有递归是人类语言所独有的；PJ/JP 否认递归为语言所独有，它同样存在于其他认知域中。

（2）语言进化。HCF/FHC 认为语言的进化不是来自外部选择压力，而是基因突变产生的，不存在任何中间状态；PJ/JP 认为语言是经过复杂的自然适应过程逐渐进化而来的系统。

（3）语言功能。PJ/JP 认为语言的主要功能是用于人际交流；HCF/FHC 则认为语言的主要功能在于思想本身。

这些分歧、矛盾导致的争论正是科学发展过程中一块块珍贵的铺路石。我们认为分歧的产生与他们各自的理论追求相关。Chomsky 是理论语言学家，擅长通过理论思辨进行理论构建，以追求理论的解释充分性。在此过程中，他可以暂时忽视那些与理论相悖的个别事实。而 PJ/JP 则是通过大量实证研究和语言事实揭示 HCF/FHC 论断的不合理之处。

对语言机能的广义和狭义之分已经演变成语言进化研究中的一个极其重要的概念。**在双方的辩论过程中，他们都是在一些基本共识的基础上去争论的，不是空洞的说理，而是通过摆事实讲道理，以理服人。**针对同一个问题从不同角度的阐发，对于科学探索具有极其重要的意义，有助于培养发散性思维。

因此，内部批判的前提是在了解对方理论的前提下，基于一些共同的假设展开，否则批评是无效的。例如，Everett（2005：621-646）发现，有的语言（如 Pirahã）不具备递归性特征，试图以此否认 FLN 的递归性假设，从而从根本上否定普遍语法的存在。但仔细分析就会发现，Everett 采用的递归定义仍然是传统的定义，即相同结构成分的重复或层层嵌套。而 Chomsky 所用的递归概念，是指合并操作手段的多次使用。根据后者，即使简单句也具有递归性。所以，对递归的不同定义必然会导致一些无意义的辩论。

最后需要指出的是，保持术语所指概念的一致性至关重要。HCF/

FHC关于狭义语言机能表述的不一致导致了一些本可避免的争论。HCF（Hauser, et al., 2002:1569）的摘要中提到狭义语言机能只包括递归（FLN only includes recursion）。但在正文中（Hauser, et al., 2002:1571）却说狭义语言机能的一个核心成分是运算系统（A key component of FLN is a computation system）。言外之意就是，狭义语言机能除了核心的递归操作之外，还有可能包含其他成分。因而，缺乏概念定义的一致性。

第五章

语言理论范式之间不可通约

语言学的理论纷呈、学派林立，不同理论或学派之间究竟是什么关系呢？是否可以把不同的理论派别的思想相互整合，用来解释一些语言现象呢？本章，我们将讨论语言理论之间的关系。在此之前，让我们先看一看人类是如何获得知识的，怎样才能获得可靠的、确定的知识。然后，我们将讨论什么是科学的研究方法。最后，我们将讨论科学理论是怎样建构的，起源于西方的科学研究方法又有哪些特点。

5.1　如何获得（确定的）知识？

在人类认识世界、探索自然的早期，原始人的头脑不像现代受过教育的人们的头脑那样，被许许多多的理论知识所武装（或许你可以说，这些理论都是些"条条框框"。但如果没有这些条条框框，没有一代代知识的传承，你眼里的世界恐怕跟原始人眼里的世界差不多）。他们获得知识的方式有哪些呢？首先，他们可以通过直接经验获得一些知识，比如，当河面不太宽时，他们可以直接架两根圆木在河面上当作桥；当河岸太宽，靠一根完整的圆木不足以跨过两岸时，他们会想办法在河的中间搭建一排或几排木桩，然后把圆木分几段铺上去。即便如此，原始人无法想象现代人可以造出跨江、跨海的大桥。因为，这些大型的工程不是仅靠能工巧匠的高超手艺或丰富经验就能做到的，而是需要工程力学、数学、物理等知识才能实现。原始人通过试错和经验的观察获得知识的方法，我们称为**经验法**。经验法往往可以解决一些简单的、实际的问题，但其局限性是不能给人类以推理能力，因而也无法实现现代科技的创造，比如：建造摩天大楼、登上月球、潜入深海、探索宇宙的奥秘和量子世界的奇妙等等。

人类除了通过直接经验获得知识外，还会发挥丰富的想象力，把一种经验类比推广到另一种相似的情形中去。比如，古人在埋葬死者时，会陪葬衣物、器皿、珠宝等等，以供他们在阴间使用。其实现在有些地方的风俗还会给故去的亲人烧纸钱、纸房子、纸轿车等等。他们的论据是，如果他们生活在世上需要这些物品，那么死后也同样需要。类比思维在我们古人的认识方式中十分常见，我们现代人在日常生活中也相当普遍。这恐怕可以用 Lakoff（1980）所谓的"我们赖以生存的隐喻"加以解释。比如《黄帝内经》中说："天圆地方，人头圆足方以应之。天有日月，人有两目；地有九州，人有九窍；天有风雨，人有喜怒；天有雷电，人有声音；……岁有三百六十五日，人有三百六十五节。"西汉董仲舒说"天有阴阳，人有尊卑；天有五行，人有五常；人有四肢，天有四方；人有喜怒哀乐，天有春夏秋冬；故人是一个小的天，天是一个大的人。"一些俗话也反映了这种类比思维的普遍性，比如"金无足赤，人无完人""路遥知马力，日久见人心"等。又如，钱冠连的语言全息论是用生物全息律、宇宙全息律和系统论类比推理，提出语言内全息状态（语言结构层次内全息状态）与语言外全息状态（语言结构与外部世界即宇宙结构的全息状态）。这种类比推理或称类比法是由一类事物所具有的某种属性，推测与其类似的事物也应具有这种属性的推理方法。类比推理是有用的，但也受到一定的限制，并不是所有的情形都能使用类比法。克莱因说，"我们几乎不可能通过类比方法发明飞机、无线电、潜水艇"（2007：24）。并且类比法有时会导致牵强附会、机械类比或神秘主义，并不能带给我们可靠的知识。

　　除了类比推理，人们更常使用的一种推理方法是归纳法。比如，农民看到冬天下了几场大雪后，来年的收成会更好。于是总结出一个结论："瑞雪兆丰年"。再如，中国古代长期是一个以农耕文化为主的社会，人们总结出农历二十四节气的许多谚语像，"打春阳气转，雨水沿河边。惊蛰乌鸦叫，春分地皮干。清明忙种麦，谷雨种大田。立夏鹅毛住，小满雀来全。芒种开了铲，夏至不纳棉……"因此，归纳法的本质在于，在有限的观察或事例的基础上，概括出一些**总是**正确的结论。但通过归纳法推理得到的结论，并非确凿无疑。就算你看过的一千只乌鸦都是黑的，也不能得出结论说，"天下乌鸦一般黑"。其实，在非洲的坦桑尼亚就有三种并非全黑的乌鸦。一种叫作斑驳鸦，它的颈项上有白色的圈，胸部是白色的羽毛；另一种叫白颈大渡鸦，颈部和背部都生长着月牙形的白毛；还有一种叫斗篷白嘴鸦，嘴是白色的。在日本发现了一只全身皆白的真正的白乌鸦！因此，"天下乌鸦一般黑"这样一个全称命题会被一个例外所推翻。

　　可见，以上三种方法：经验法、类比法、归纳法，虽然能帮助我们获得关于世界的一些有用知识，但它们都有一定的适用范围，"即使经验中的事实，或作为类比推理基础的事实是完全确定的，但得到的结论依然可能不确定、不正确"（克莱因，2007：25）。

所幸，还有一种推理方法能保证它所推导出的结论具有确定性。这种方法叫作**演绎法**。先来看下面几个例子：

（1）李大妈小心翼翼地提着一篮鸡蛋，因为她知道所有的鸡蛋都是易碎的，所以她的这篮子鸡蛋也不例外。

（2）如果所有的好人都是诚实的，我是一个好人，所以我不撒谎。

（3）如果所有的音乐家都是聪明人，而没有一个聪明人会讨厌数学，所以没有任何一位音乐家会讨厌数学。

以上三个例子实际上都包含了同一种简单的推理过程：演绎。这种推理的关键在于，如果接受了前提，就必须接受结论。可惜，许多人往往混淆结论的可接受性、真实性与得出这个结论的推理方法的合理性之间的区别。比如例（3）中，我们往往发现很多音乐家并不喜欢数学，甚至讨厌数学。但如果你接受了前提"如果所有的音乐家都是聪明人，而所有的聪明人都不会讨厌数学"，那么你就得接受"所有的音乐家都不会讨厌数学"的结论。

具体来说，可以把这几个事件拆解为如下几个成分。

大前提：所有鸡蛋都是易碎的；所有的好人都是诚实的；所有的音乐家都是聪明人。

小前提：李大妈提着一篮鸡蛋；我是一个好人；聪明人不会讨厌数学。

结论：李大妈篮子里的鸡蛋是易碎的；我是诚实的/不撒谎的；音乐家不会讨厌数学。

再进一步抽象，可以用符号来代替以上三个成分：

$$p \rightarrow q$$
$$\therefore p,$$
$$\therefore q$$

因此，演绎推理包括这样一些方法：从已认可的事实推导出新命题，承认这些事实就必须接受推导出的命题。演绎法作为一种获得结论的方法，与反复试验法、类比法和归纳推理相比，有许多优点。**即如果作为出发点的事实是确定无疑的话，则结论也必定确定无疑，千真万确。**克莱因指出，在计算天文距离时，不可能用直尺去量。并且，试验使我们只能局限在很小的时空范围内，但是，演绎推理却可以对无限的时空进行研究（2007：26）。

当然，获得知识的各种方法都有其利弊。比如中国文化就更偏爱经验法、类比法和归纳法。只有古希腊人偏爱演绎法，坚持认为所有的数学结论只有通过演绎推理才能确定。他们抛弃了通过经验、归纳或其他任何非演绎的方法得到的所有规则、公示和程序步骤（ibid.：26-27）。他们之所以偏爱演绎推理是因为，首先古希腊的哲学家所关注的核心问题，是抽象概念和最普遍性的命题。他们不像科学家那样在实验或观察的基础上进行思考。哲学家最基本的工具就是演绎推理，因此希腊人着手数学研究时也就偏爱这种方法了。此外，在古希腊，哲学家、数学家和艺术家具有较高的社会地位，他们寻求知识，而不是财富。因此鄙视商业活动和手工劳动，认为这种工作只是底层的奴隶或平民干的。这些工作会损害身体，减少智力活动和社会活动的时间，有损于公民的责任感（克莱因，2007）。

这种演绎法使得数学"从木匠的工具盒、农民的小棚和测量员的背包中解放出来了，使得数学成了人们头脑中一个思想体系。在这以后，人们开始靠理性，而不是凭感官去判断什么是正确的。正是依靠这种判断，理性才为西方文明开辟了道路"（ibid.：29）。

尽管演绎法有如此多的优点，克莱因指出，它并不能取代实验法、归纳法或类比推理。因为演绎法需要保证前提是百分之百准确时，推出的结论才会百分之百准确。但是这样确定无疑的前提却不一定有用。而且，没有一个人能够发现这样的前提，从该前提出发能够演绎出治疗癌症的方法。因而，获得知识的各种方法都有其利弊（2007：26）。

5.2 什么是科学的研究方法？

语言学家的工作就是用科学的方法研究语言，寻求对语言客体的科学解释。什么是科学解释（scientific explanation）呢？它与其他的解释有何不同？所谓科学解释，是通过科学理性，用概念、定律和理论来观察、理解世界。即人们把相关事实纳入到一个可以理解的框架，通过这个概念体系，各种各样的观察材料形成一个统一的整体，每一个单独的事实在这个整体中具有了恰当的位置。

第五章　语言理论范式之间不可通约

需要强调的是，对世界的解释并不是科学特有的任务，哲学、宗教等都在不断努力地给出自己的解释。但不同于哲学和宗教试图将现象归结为终极的实体或超验的原理，科学解释在对事物全面分析综合的基础上，形成科学定律和理论表达的概念系统。科学理论系统将不同的现象都归结为同样的基本过程，归结为同样的基本机制，归结为同一组基本规律，从而使人们认识世界成为可能。

该如何科学地对语言进行研究呢？又该如何检验所构造的假说呢？首先需要弄清楚，研究的起点和目标是什么？关于研究的起点，我们过去往往不自觉地走两条研究路线：一是在某个研究范式的指导下，从事常规科学研究，比如遵循生成语言学派、系统功能语言学派或认知语言学派的研究范式，解决具体语言问题；二是遵循逻辑实证主义的方法，即采纳归纳主义的方法，比如基于一定数量的语料统计分析，试图发现某些语言规律或机制或验证假说。然而，第一条路线无法让我们创立自己的学派或研究范式，只能跟着别人走，对别人的理论进行验证或小修小补。第二条路线所主张的归纳主义研究方法受到了证伪主义的创立者波普尔的深刻批评。

在第二章我们已经介绍过，逻辑实证主义的主张是科学始于观察，科学理论是从基于观察和实验而得的经验事实中严格地推导出来的，以完全中立、客观的观察句组成的单称陈述为基础，可以推导出科学知识的定律和理论。而波普尔的证伪主义认为，科学始于问题（疑问），而非观察。任何观察都不可能是纯粹客观、中立的，都基于特定的思维或理论框架。只有产生了问题，我们才会有意识地坚持一种理论，激励我们去学习、实验和观察，发展我们的知识。科学问题是构造科学假说的起点，没有科学问题的求解，就不可能有科学假说的产生和形成。在语言学中亦然，比如，Chomsky 的生成语言学的产生是基于对儿童母语习得过程的观察，发现儿童无需专门学习就能在贫乏的语言刺激下，自然而然地习得母语这一事实，就与 Bloomfield 的经验主义或行为主义的语言观相冲突。由这个疑问或质疑出发，他构造了人的大脑中存在"语言习得机制"或"普遍语法"的假说。而认知语言学的创立者 Lakoff 起初也是因对 Chomsky 将语法视为独立于意义的自洽的规则系统提出质疑，他提出了音素、词素、句法并非是独立于意义的，而是都来自于概念化、受意义的驱动的假说。可见，科学问题产生后，研究者通过构造各种假说来解答问题、消除疑问，使与前面理论或假说相冲突的现象在新的概念框架得以相容。刚提出的假说最初可能仅仅是一个基本假设，且通常极富猜测性。

那么，什么是科学假说呢？科学假说是关于事物现象因果性或规律性的猜测性解释。为了认识自然现象，人们不仅要描述其性质与状态，把各种现象真实地记录下来，而且还要探索这些自然现象产生的原因，对事实做出理解和解释。这些以科学事实和科学知识为根据的、"暗示"自然之谜的猜想，就是科学假说。科学假说具有科学性和猜测性。所谓科学性，是指科学假说的提出和建立是以一定的事实材料和科学知识为根据的。猜测性是指任何假说都是对未知现象或规律性的猜想和推测，尚未达到确切可靠的认识，有待进一步验证的认识。按照波普尔的观点，所有的科学理论都是假说，都只是暂时有效的，有可能被新的假说所取代（2001）。恩格斯说，"只要自然科学在思维着，它的发展形式就是假说。一个新的事实被观察到了，它使得过去用来说明和它同类的事实的方式不中用了。从这一瞬间起，就需要新的说明方式了——它最初仅仅以有限数量的事实和观察为基础。进一步的观察材料会使这些假说纯化，取消一些，修正一些，直到最后纯粹地构成定律。"科学假说的形成可分为以下步骤：

- 研究者为了回答特定的问题
- 根据为数不多的事实材料和已有的理论原理
- 通过各种创造性思维加工活动做出初步的假设
- 然后从已确立的初步假设出发
- 经过事实材料和科学原理的广泛论证，使之充实、扩展
- 最终形成一个稳定的假说体系

前面已经讲过，逻辑实证主义与证伪主义关于科学研究的目标也存在根本分歧。逻辑实证主义认为科学研究的目标是通过归纳推理，把作为观察结果的单称陈述概括出作为普遍定律的全称陈述，即追求对特定领域现象进行科学解释的普遍规律或基本机制。而波普尔把科学研究看成是一个不断逼近真理的过程。他的证伪主义的核心思想是：大胆的猜想和严厉的反驳。他认为，评价科学理论进步的标准是提出的问题的深刻性和假说或理论的大胆性、新奇性、有趣性以及信息的丰富性。排除错误是通过对理论进行系统的理性批判。

具体到语言学研究，有哪些方法可以帮助我们找到有价值的问题？如何构造和检验假说呢？所谓问题意味着，我们的信念与某些我们接受了

的另外一些信念相冲突，问题来自疑问或对前人理论或假说的质疑。为了化解疑问或冲突，研究者试图提出尝试性的假说或理论，并建立一个新的范式。

库恩（2006）的范式理论把科学的发展过程分为常规科学和科学革命两个阶段。他认为多数科学家在多数时候都是在一定的"范式"内，从事解决具体疑难问题的叫作常规科学。科学的进步特性由常规科学来体现。从一个范式到另一个范式的转变是科学革命。事实上，在语言学界也确实如此，当一个语言理论或假说建立被提出后，往往会有一个稳定发展期，即常规科学阶段。在这个阶段，研究者们会在范式指导下，扩大该理论的应用范围，丰富其内涵。各个语言学派都有自己的研究纲领或范式，有自己旗帜鲜明的哲学基础、语言观和方法论，并会聚集一批追随者从事解决疑难问题和扩展该理论的深度和广度的工作。

5.3 建构理论如同建造楼房

西方的理论体系的建构主要是用假说–演绎法，即**从有限的、简单的、公认的概念及命题出发，（如有必要）结合观测结果，利用演绎推理，逐步推导出本理论的基本定理，并相互累积、关联，形成体系**。这就好比建筑楼房，基本概念的定义、公理的设定等构成了一座理论"大厦"的"地基"。在此基础上，以层层递进、相互关联的演绎推理为钢筋骨架，以观测到的实验数据添砖加瓦。而不同理论，就好比是不同建筑师设计出的不同大楼——它们或许拥有不同的地基、各自的设计理念和迥异的风格，但都能自成体系，共同矗立在人类知识的大都会中。时至今日，科学界纷繁林立的理论大厦当中，有的历史悠久，有的初具规模，有的十分宏伟高大，有的仍在生长当中……但如果走近仔细剖析，会发现它们都具有简单的地基，以及大致相同的建造方式。下面我们举出几座科学理论的"地标性建筑"，深入它们的"地基"，一探究竟。

首先是科学史上的第一座丰碑——欧氏几何。我们在第一章已经简单提介绍过它。现在，我们概括一下欧氏几何的基本特征：

（1）欧几里得的《几何原本》共分13卷，由5条公设、5条公理、119条定义和465个命题组成，形成了历史上第一个数学公理体系。

（2）在该书中，欧几里得首先给出了点、线、面、角、垂直、平行等定义，接着给出了关于几何和关于量的10条公理，公理后面是一条条的命题及其证明。

（3）《几何原本》确立的数学的基本方法学：(a) 建立了公理演绎体系，即用公理、公设和定义的推证方法。(b) 将逻辑证明系统地引入数学中，确立了逻辑学的基本方法。(c) 创造了几何证明的方法，如分析法、综合法及归谬法。

（4）从《几何原本》发表开始，几何才真正成为一个有着比较严密的理论系统和科学方法的学科（易洪波 & 李智谋，2008）。

这些基本概念、公设和公理可以看作欧式几何的"地基"。在此基础上，以逻辑演绎的方法，建立起了一座坚实的理论大厦，更为西方科学界开创了一种全新的理论建构方法。两千多年后，12岁的爱因斯坦在他第一次读到欧几里得的《几何原本》时，就立刻被这种利用简洁的工具去揭示事物背后隐含的规律的做法所深深折服。从此，他立志将数学作为探索宇宙的工具。

尽管欧氏几何为我们建造了一座高大宏伟的理论大厦，但这并不意味着几何只能有唯一一种地基或建筑方式。到了19世纪，黎曼和罗巴切夫斯基挑战了欧氏几何的平行公理，分别提出了黎曼几何和罗氏几何。例如，黎曼用如下新的公设和公理去代替欧氏几何的公理和公设：

直线有限而无界；

不存在平行线；

两点可以决定不止一条直线。

从这些公设出发，能够推导出许多完全不同于欧氏几何的定理。今天，在宇宙空间、量子世界、航海、航空等领域，非欧几何成为了得力的工具。

由于演绎推理的广泛运用，自然科学变得更加数学化。牛顿的运动定律和万有引力定律也都是使用数学演绎推理，获得关于物理世界的知识。在爱因斯坦的相对论当中，作为基本公理的是这样一些假设：光速对于全宇宙是相同的；任何物体的速度都不能超过光速。他同时还大胆抛弃了一直被奉为圭臬的牛顿物理学的一些认识前提，例如空间和时间的绝对性。在爱因斯坦这里，所有观察者都是生活在不同的时间和空间当中，从而打破了事件的同时性，以及事件间的因果关系等经典物理学乃至哲学观中的基本认知。

黎曼

罗巴切夫斯基

非欧几何

"非欧几何"是从《几何原本》的第五公设发展起来的。"欧里几得几何""罗巴切夫斯基几何"与"黎曼几何"的区别主要在于"平行公理"的截然不同，三者的区别如下。

① 欧氏几何：在同一平面内，经过直线外一点，"有且只有"一条直线和已知直线平行，三角形的内角和等于180º（见下图右）。

② 罗氏几何：在一个平面上，过已知直线外的一点至少有两条直线与该直线不相交，三角形的内角和小于180º（见下图中）。

③ 黎曼几何：同一平面上的任何两直线一定相交，三角形的内角和大于180º（见下图左）。

因此，罗巴切夫斯基几何又称双曲几何，黎曼几何又称椭圆几何。

Positive Curvature

Negative Curvature

Flat Curvature

非欧几何的创建打破了欧氏几何的一统天下的局面，从根本上革新和拓展了人们对几何学观念的认识，导致人们对几何学基础的深入研究。对20世纪初的物理学的空间和时间的观念变革起了重大的作用。现在人们普遍认为，欧氏几何对我们日常生活的空间是适用的。即空间曲率恒等于零，是欧几里得几何适用的范围。但在宇宙空间中或原子核世界中，由于重力场或原子核力场作用，使空间凹陷，空间几率为负常数，罗氏几何更符合客观实际。而在地球表面研究，包括航海和航空等实际问题中，由于地球是椭圆形，空间曲率为正常数，黎曼几何更准确一些。

可见，打造不同的"地基"，会建造不同的高楼。从不同的公理出发，会建立不同的几何理论体系。

通过这些例子说明，科学理论的建立，仅通过实证研究是不够的，还需要有好奇心驱动、作出大胆假设，提出一些公理或公设，然后用演绎法建构理论假说，再通过实验去验证假说。即科学的理论研究要本着"**坚实**

简洁的基础 + 严谨有效的推理 + 必要真实的实验数据"这一路径向前推进。正如克莱因所说,"富有好奇心的天文学家,会比脚踏实地的'实干家'告诉给我们更多的关于世界的知识。关于与我们最直接相关环境中的那些自然现象行为的最好知识,都来自对天体的沉思,而不是由于实际问题的激发"(2007:212)。

下一节起我们来看看西方的那些语言学理论是如何建构的。

5.3.1 不同语言理论是建在不同地基上的大厦

西方语言理论的创立者们如同一些设计风格各异的建筑设计师,他们有各自独特的逻辑起点和设计理念(philosophical assumption of theories),并在不同的"地基"上建造起自己的大厦。这些"地基"就是一些基本概念、公理和公设。如果仔细审察一些语言理论,就会发现,它们都建立在对语言、思维(心智)和实在三者关系的基本假定这个"地基"之上。

我们还是以语言相对论、系统功能语言学和认知语言学这三座语言学的"地标性建筑"为例:我们知道,"**语言相对论**"的代表人物 Benjamin Whorf 的基本主张是:语言先于思维,语言结构决定或塑造了人类的心智结构,**不同的**语言导致不同的思维或认知实在的方式;"**系统功能语言学**"的创立者 M. A. K. Halliday 也支持语言先于思维的观点,但他更强调在同一语言中,表达方式的选择体现了对社会现实不同的意义释解。心智结构受到不同的社会文化环境、尤其不同的语言表达方式的建构;"**认知语言学**"是以 Lakoff、Johnson 等为代表建构的理论大厦,它的地基支持思维和语言都受到人类身体的限制和规定,我们所能认识的实在都是具身的实在。

下面,就让我们一一走近这三座语言学理论大厦的地基,探索基于不同的三元关系假定之上,会建造出怎样风格各异的高楼大厦。

5.3.1.1 语言相对论的"地基"

语言相对论(linguistic relativity)的大厦始建于 20 世纪上半叶,但其地基的打造早在 19 世纪就开始了。之前,洪堡特(Wilhelm von Humboldt,1767—1835)曾发表过这样的观点:**每种语言当中都有各自的世界观;不同语言用迥异的方式为现实划分范畴,进而限定人类大脑组织知识的方式;思维与现实的关系完全受语言制约**。

Sapir 和他的学生 Whorf,以及其他持类似观点的学者在实证调查的基础上发展了洪堡特的看法,提出了"Sapir–Whorf 假说(Sapir-Whorf hypothesis)",该假说可分为强式和弱式两种版本。

强式的 Sapir–Whorf 假说也称为"语言决定论",它"主张语言制约着思维结构,并主导着感知行为"(姚小平,2002:77)。想象一下,我们司空见惯的"树"这个概念,对于某个生活在亚马孙丛林中的部落来说却难以理解,因为在他们的语言中,并没有一个词语作为所有树的统称。因此,当研究者指着各种不同的树问他们:"这些你们怎么说?"他们会不知所措,这不仅因为他们不具有这样一个词语,而且在他们的思维中,这些植物根本不可能被归为一类。

同样地,Whorf 发现,在霍皮人的语言中,他们不区分过去、现在、将来的概念,也没有"他在这里住了十天"这样的句子。这是由于和主流文明所习惯的"时间是线性的""时间向前不断移动""时间能够用单位来计量"的思维模式不同,霍皮人的时间观是不断重复、不断回归的,既不移动,也不能以形象化的方式去累积或计算。

Sapir 和 Whorf 深入调查了此类与印欧语系语言差别甚大的北美印第安语言后,形成了强语言相对论的思想。Sapir 表示"现实世界在很大程度上是不知不觉地建立在该社会的语言规范的基础之上的,而人在很大程度上受到充当社会表意媒介的特定语言的制约"(1949:1-18)。他认为,"语言不仅谈论那些在没有语言的帮助下所获得的经验,而且实际上它为我们规定了经验的性质,因为它的形式完整,又因为我们不自觉地就把语言的隐含要求投射到经验领域之中,诸如数、性、格、时态等范畴,不是在经验中发现的,而是强加于经验的,因为语言形式对我们在世界中的倾向性有残酷的控制"(刘润清,2003:138)。

Whorf 对多种印第安语言进行了长期的实地考察和研究,阐述了母语对个体思想以及感知的影响。他指出,"我们往往认为语言不过是一种表达的手段,而没有认识到语言首先是对感觉经验流的分类和整理,语言的符号表达产生某种世界秩序,某种对世界的划分"(Whorf,1956:55)。他在《科学与语言学》一文中提出,语言已成为人类的背景现象或背景知识。所谓背景现象就是人们视为理所当然的、意识不到的东西:

> 每种语言的背景语言系统(即语法),不仅只是一种再现思想的工具,它本身就是思想的塑造者,是一个人思想活动的纲领和指南,用于分析印象、综合处理堆栈在思想仓库里的各种信息。思想的形成

并不是一个独立的过程，也不是传统意义上所说的严格符合理性的，而是某种语法的一部分。语法不同（差别有大小），思想的形成过程也不一样。我们都沿着自己的母语所规定思路去切分大自然。我们在现象世界中分离出来的范畴和种类，并不是因为它们用眼睛瞪着每一个观察者，才被发现在那里。恰恰相反，展示给我们的世界是个印象流的万花筒，必须用我们的大脑去组织这些印象，主要是用大脑中的语言系统去组织。我们之所以按照一定的方式切分大自然，把它组织成各种概念，并赋予意义，很大程度上是因为我们达成了一个协议，同意按这种方式来组织大自然。这项协议适用于我们的整个语言团体，并用我们的语言模式规定出来。当然，这项协议是隐形的、未言明的，但协议上的条款绝对是强制性的。除非按协议规定去组织和将材料分类，否则我们根本无法说话（ibid.：212-214）。

Whorf 还指出：

> 上述事实对现代科学非常重要，因为这意味着，任何人都不可能不受任何限制地、绝对无偏见地来描写大自然。每个人都受到某种阐释方式的制约，即使他自认为是非常自由的。在这方面比较自由的人是那些懂得许多差异甚大的语言系统的语言学家，但还没有哪个语言学家能做到这一点。所以我们面临一条新的相对论原则：所有的观察者面对同一宇宙图像并不能得到相同的物理证据，除非他们的语言背景相似或能用某种方法校正（ibid.：214）。

但是，如果因为这样便断言上述人们的大脑与我们完全不同，以至于他们所感知到的客观世界都和我们不一样，似乎太过武断。因此，更多的语言学家接受的是语言相对论的弱式版本，它"主张语言只是在一定程度上影响了思维，并不起制约或主导作用"（姚小平，2002：77）。

试想，虽然大多数读者的母语不会像原始爱斯基摩语（Proto-Eskimo）一样区分"飘在空中的雪""落下的雪"和"地面的雪"三个词根，但相信任何一位读者都能从图片或描述中准确地区分这三类雪的概念。再如，日语中"青い"这个形容词能够囊括汉语中的"蓝色"和"绿色"，因而"蔚蓝的大海"和交通信号灯中的"绿灯"在日语中使用同样的词语。但这并不意味着说日语的人不能区分蓝色和绿色。另外，在江户时代后期也出现了"绿"一词。只是这个名词还没有发展出相应的形容词，而在日常生活中，日本人仍然习惯用"青い"来指称绿色。即使新几内亚的达尼族的语言中只有两个颜色词，分别指亮色和暗色，但经过一定的学习和训练之后，智力正常的达尼人也能够掌握英语中的颜色和颜色词，他们的眼睛、视神经、大脑等器官的功能和我们并无二致。这些都说明，语言虽然影响了我们的思维习惯，却并没有限制我们的思维进一步发展变化的可能性，更没有改变我们的生理结构。

综上，语言相对论的基本论点可归纳如下：

（1）语言对思想的控制往往超出了人们的意识，人们不自觉地以母语的结构组织感觉经验流；

（2）不同语言对经验加工处理会产生不同的思维方式，并获得关于世界不同的知识；

（3）知识因语言而异，因此，没有哪一种知识能与实在符合，科学知识不是真理，而是西方印欧语言的产物。

5.3.1.2 系统功能语言学的"地基"

Halliday 的系统功能语言学的"地基"又是什么呢？表面看来，Halliday 的观点与 Whorf 如出一辙，似乎系统功能语言学继承了语言相对论的思想。他认为，人的经验并不是被直接给予的，而是经过不同语言的释解或符号化的建构而转换为意义。因而，不同语言的语法产生了人对经验不同的理解和知识建构的方式。他说，"每种语言都在有限范围内，以其独特的方式对人类的感知世界规定秩序"（Halliday，2004：109），且"不同的语言有其独特的释解方式"（ibid.：11）。Halliday 把语言的语法比喻为不同的筛网，会对组成人类经验的事件流筛选出不同的意义并形成对经验不同的理解，建构出不同的知识，即他所说的"实在就是我们的语言所说出来的样子"（ibid.）。这些观点都体现出了其理论中强语言相对论的思想。

不过，这两种理论的基础存在明显的差异。Sapir 和 Whorf 使用严谨的结构主义方法，对印第安语言所进行田野调查和符号描写，而 Halliday 的理论思想在形成过程中，受到 Malinowski、Firth 等前辈学者从人类学、社会学角度对语言特别是语境的关注的深刻影响。这使得他的理论与 Sapir-Whorf 假说有两点明显的不同：

其一，系统功能语言学的语言观隶属于社会视角下的建构论（constructivism）（Halliday & Matthiessen，1999：17）。Halliday 认为，从个体发生看，每个生活在特定社会中的人都要经历语言发展（linguistic development）和社会化（socialization）的过程，语言以社会话语（social discourse）的方式，对人的思想和意识形态先在地进行建构和塑造。"建构是社会的建构，而建构的过程是通过语言完成的……语言并不是一个中性的工具和媒介，相反，它为我们认识世界和自己提供了范畴和方式，它不是表达思维，而是规定思维"（叶浩生，2003：103-104）。因此，与Sapir–Whorf假说相比，Halliday的语言观引入了"社会"的观念，将语言塑造思维的过程置于社会文化的背景下。

其二，Halliday对一种特殊的语言类型——"科学语言"的产生十分关注，并由此提出了"语法隐喻"的概念。他把语言对经验的释解方式分为一致式（congruent mode）和语法隐喻式（grammatical metaphorical mode）：

一致式。语法层与语义层一致，如用名词表达事物、用动词表达过程等，经一致式建构的是常识知识（commonsense knowledge）。

语法隐喻式。指语法层与语义层不一致，如用名词体现过程或性质等，从而产生新的意义和知识，即对人类经验的重建（reconstruction）或重塑（reshaping）。

语法隐喻式的表达是对一致式的重新措词和建构，因而也会产生新的意义（rewording → remeaning）。例如，是名词化使得我们把世界看成是静止的、稳定的和持久的事物，因此名词化导致了事物化。

通过历时研究，Halliday发现，从伽利略和牛顿起，科学语篇中开始大量使用语法隐喻式或名词化的表达形式（Halliday，2004：18）。可见，根据语言隐喻理论，科学知识是从常识进化而来，是语言对经验的重新建构，科学理论并不是与实在相符合的真理。

简而言之，Halliday认为经验须经过语言的释解才能转化为意义，进而被理解，转化为知识，而语言的释解方式分为一致式和语法隐喻式，科学知识（scientific knowledge）和受教育的知识（educationally learned knowledge）是隐喻式建构的结果。这与Whorf的想法显然是不同的，这两个理论关于语言、思维和实在三者关系的基本假定不仅在知识来源和研究方式上有所差别，在语言对经验的解释上也各有侧重之处。

5.3.1.3 认知语言学的"地基"

如果说，以上两座大厦的"地基"是"大同小异"，那么认知语言学这座大楼则是风格迥异。它的理论基础是，假定身体在我们获得知识、形成概念和语言表达过程中发挥着至关重要的作用。

认知语言学认为,由于心智本质上是具身的,我们的语言以及心智对实在的认识,即知识都是具身的,与我们身体的生理状态和经验有着密切的联系。这一理论的代表人物 Lakoff 和 Johnson 认为,概念是通过感知和肌肉运动能力而获得的,是通过身体、大脑和对世界的具身体验而形成的,并且只有通过它们才能被理解。人类都生活在同一个星球并具有相似的身体构造,因此,人具有相同的概念化能力。但由于存在环境、地域和文化等的差异,会产生不同的概念系统,语言之间的差异就来自概念系统的差异(Lakoff,1987;Lakoff & Johnson,1999;王寅,2002)。

例如,通过饮食这一行为,人类将自己的身体看作一种容器,产生了"内—外"这一对概念。这一基本认知逐渐向其他概念域投射,并在语言中体现为隐喻的用法。于是,一个人把事实说出来叫作"吐露"真相,而不肯说就是让秘密"烂在肚子里"。优秀的学生感到课程进度太慢叫作"吃不饱",但其他学生可能还要回去再把知识"消化消化"。英语中也有类似的现象,当你对其他人的说法深信不疑,可以叫作"swallow the story"("吞下这个故事"),遇到一本有趣的小说就会"devour the novel"(对那本小说狼吞虎咽)。当然,如果读得太快,你同样需要"digest the information"(消化信息)。

当然,具身性会受到文化的影响,从而对相同或相似的经验产生不同的概念化方式。例如,中国妈妈每天早上会对孩子说"快起来!",而英国母亲会说"Get up!"。究竟是站在"呼叫者"的角度,认为这一动作是向自己而"来"呢?还是应当从被叫者的角度出发,觉得自己是在向"上"运动呢?但无论怎样,这两种语言在这一事件上都选择了**方向性**的表达。

显然,认知语义学认为,具身的认知或概念化先于语言,这与语言相对论的观点是相左的。事实上,Lakoff 认为,语言不同并不会造成思维方式的迥异。他指出,人类相同的身体构造和大脑结构以及居住环境[1]使人类具有相同的"概念化能力"。尽管不同语言、种族和文化的人,具有不

---

[1] 虽然 Halliday 也承认语言之间的差异会保持在一定限度内,他说:"由于我们都生活在同一个星球的表面,并且都具有相同的大脑结构,所有的语法都可能具有某些共同的释解方式才能保证我们人类的生存"(Halliday,2004:109)。然而他对不同语言释解经验的差异和共性的关系缺乏深刻的认识和透彻的分析,把"概念系统"混同于"概念化能力",导致他的语言理论中预设了强语言相对论。

同的"概念系统",但由于人类具有相同的"概念化能力",不同语言之间仍然可以互相理解和沟通。而且人类的语言可以互相学习的事实,也证明了人的概念化能力是相同的(1987:304-337)。

由此可见,认知语言学关于语言、思维、实在三者关系的基本假定与语言相对论和系统功能语言学的基本假定截然不同。后两种理论虽有差异,但都认为语言结构决定或影响着思维方式,而认知语言学对此表示否认,它主要强调人的生物属性,把知识视为由身体构造和生理机能规定的心智的认知机制的产物,认为语言形式体现了我们的认知特点——具身性和想象性。

5.3.2 不同"地基"的语言学理论之间不可通约

综上所述,语言相对论、系统功能语言学和认知语言学三种理论的基本特征可总结如表5.1:

表 5.1 LR、SFL、CL 三者的比较

	LR	SFL	CL
哲学基础	相对主义	社会建构论	体验主义哲学
基本假定	假说分为强式和弱式。强式,即语言决定论,认为语言制约着思维结构,并主导着感知行为;弱式,即语言相对论,认为语言只是在一定程度上影响了思维,并不起制约或主导作用。	一方面,语言作为社会符号,是生成意义的选择系统;另一方面,语言塑造人的思维,规定我们对经验的释解方式。	语言不是一种天赋的、自治的、先验的心智能力,而是认知能力的一部分,心智和语言都具有具身性。
研究视角	基于文化人类学,研究语言的社会文化功能,认为语言反映社会现实,限定人脑组织知识的方式;思维与现实的关系受语言的制约或影响。	从社会学角度研究语言如何在特定社会文化语境中,通过对语言的词汇和语法形式的选择生成意义以及语言对社会意识形态的建构和塑造作用。	基于认知科学对心智研究的发现来研究语言,认为语言各层次的结构和意义,都是具身性的心智的认知机制的外在表现。
研究方法	田野调查法,是指对社会结构相对原始、落后的北美印第安族群的社会文化和语言进行实地调查研究,去解释与语言差异相关的行为差异;论证过程:(Whorf)用翻译法来定性描述和推测。	用功能语法等手段分析语言,揭示特定的语言表达的社会意义。	根据认知基本规律或手段,如概念隐喻、转喻、ICM、突显、辐射范畴、原型理论等对语言现象进行解释。

第五章 语言理论范式之间不可通约

可见，这三大理论关于三元关系的假定各不相同。那么，建筑在不同地基之上的理论大厦之间是怎样的关系呢？语言学界是否也发生着"革命"事件，通过推翻前代、铲除"异己"才能使一种新的理论站稳脚跟、生存下去呢？让我们借用科学哲学家库恩的"范式"观来一窥语言学界的变革是如何发生的。

在第二章中，我们已经介绍过库恩的范式理论。他（1999）在《科学革命的结构》一书中，对于科学理论的结构、科学发展和进步的方式、科学方法论，提出了一套全新的看法。他认为科学研究活动一般都是在一定范式指导下进行的，范式**"是一个时期科学共同体的科学实践的前提，是该共同体一致信从的基本理论、信念、方法、标准等构成的集合"**，范式指导下的科学实践叫作常规科学，从一个范式到另一个范式的转变就是**科学革命**（周超 & 朱志方，2003：74）。

库恩否认一个范式是另一个范式的扩充，或者把旧范式看成是新范式的特例，他认为，两个范式之间不存在超范式的仲裁者或仲裁方式（周 & 朱，2003：90）。两个竞争的范式之间没有共同的评价尺度，范式内起作用的逻辑和经验在范式之间的权衡中失效了，这就是范式的**不可通约论题**（incommensurable thesis）。不可通约论题包括以下内容（ibid.：90-95）：

（1）新旧范式是不兼容的，或者说是逻辑上不可比较的。当然逻辑上不可比较不等于不能以其他方式比较。

（2）不同理论的范式具有不同的解难题的标准，关于什么是科学难题，如何解难题及解难题的标准，前后两个范式均有不同的看法。

（3）范式的变化是世界观的转变。范式的变化使人们所看到的世界的面貌变了，持有不同范式的科学家看到的是不同的世界。

（4）范式的转变是经验的转变。属于不同范式的科学家不拥有的相同的直接经验，没有独立于范式之外的中立的观察事实，因此，相互竞争的范式是不可通约的。

而对于语言学，它的研究对象不同于自然科学，具有以下特点：

多层次性。作为研究对象的语言可以在不同层次上进行研究，如音位、词素、词汇、句法、篇章等。对这些不同层次的对象的研究，有多元的研究方法和视角；

异质性。不同于自然科学研究对象，作为我们日常思维和交流手段的语言，无论从语形还是语义的角度看，本质上都是异质的。

因此，不同于自然科学范式的更迭是通过科学革命或由新范式取代旧范式，语言学研究的范式往往是多种范式并存。欧阳康认为，与自然科学范式相比，人文社会科学的范式具有多元性，其研究迄今并没有统一的范式或模式，各种观察角度、各种研究方式都有其合理性和局限性（2001：457）。

依此标准，语言相对论、系统功能语言学和认知语言学，这三者既然在语言、思维和实在三者关系的问题上具有不同的基本假定（basic assumptions），在哲学基础、研究视角和研究方法等方面也都不相同，那么应当属于不同的语言研究范式，是相互独立的理论"大厦"。它们之间是互不兼容、不可通约、互不包含的。那它们之间是否存在互补关系呢？

5.4 不同理论之间或许可以互补

虽然不同的语言理论之间不可通约、互不包含，但在解决具体问题上，或许存在互补的关系。以系统功能语言学（SFL）和认知语言学（CL）为例，王寅总结并指出，近年来学者们常争论 CL 与 SFL 的包含关系，有人（Lakoff & Johnson 和蓝纯）认为前者包含后者，有人（Langacker, Redeker & Janssen）认为后者包含前者，后来 Langacker 指出两个学派互补（王寅，2006：6）。王寅认为"CL 与 SFL 具有真正意义上的互补性，是因为它们在很多关键观点上存在较为一致或接近的看法"（ibid.），并总结了 SFL 和 CL 二者之间存在六大共性。王寅指出，"两者研究的侧重点虽存在一定的差异，但在主要观点、原则和方法上大致相通。据此，我们才有理由将这两个学派视为互补"（ibid.）。

我们认为，要评价两个理论是否具有互补性，须考虑两方面因素：

（1）要看这两个理论**是否有共同的研究问题**。只有都研究了相同问题的理论我们才能拿来进行比较，否则，若两个理论所要和所能解决的问题风马牛不相及，就谈不上互补。

（2）要看这两种理论**是否从不同的角度或用不同的方法对该问题进行研究，并能补充对方的不足**。只有相互能弥补对方所忽视或无法涵盖的研究内容的理论才能说是互补的。

具体到 CL 与 SFL，我们发现，二者都从各自的理论体系出发，对"语篇何以构成连贯"的问题作出了解释。下面，我们将从认识论和方法论两个方面来论证，CL 与 SFL 关于语篇连贯机制的解释是否存在着互补性。

5.4.1 CL 和 SFL 关于语篇连贯机制的不同解释

我们都阅读过各种各样的语篇，可能是报刊上的新闻，可能是学术期刊上发表的论文，也可能是一封电子邮件，或是一台烤箱的说明书。无论何种语篇，其成为一篇文章的一个必要条件就是语义连贯，否则非但不忍卒读，甚至不知所云。那么，什么是连贯呢？在语篇的建构和理解过程中，意义的连贯是如何实现的呢？CL 和 SFL 试图解释构成语篇连贯的机制，但它们的研究路径不同。

5.4.1.1 SFL 对语篇连贯的解释

Halliday & Hasan（H & H）(2001) 认为语篇是一个意义概念，由句子组成，并由句子体现。但句子必须遵守谋篇机制（texture）才能构成具有语义连贯的语篇（text）。SFL 认为语篇的谋篇机制包括衔接和语域两方面：

衔接是语篇连贯的内部因素，是把上下文联系起来的机制，它是由纵横交错的衔接纽带（cohesive ties）组成。每个衔接纽带有两个端点，把语篇中跨句子的两个项目联系起来。衔接本身也是一个语义概念，通过词汇语法手段实现；

语域是语篇连贯的外部因素，即语篇的情景特征，由语场（field）、基调（tenor）和语式（mode）三个方面组成。

关于语篇的连贯、语域和衔接的关系，张德禄和刘汝山（以下简称张 & 刘）继承并发展了 H & H 的衔接理论，指出"连贯是语篇在情景语境中产生的总体效应。当语篇在内部和外部，线性和层级性上都衔接时，语篇就形成一个意义整体；当这些衔接机制与情景语境相关时，它就行使了功能。当这两个条件都满足时，语篇就是连贯的"（张 & 刘，2003：34）。三者之间的关系如图 5.1 所示。

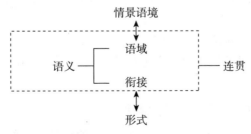

图 5.1 连贯、语域、衔接（张 & 刘，2003：34）

SFL 假定语言是一个分层次的选择系统，通过对词汇语法的选择来实现语义，而不同的词汇语法体现出不同的语义。同样地，在此理论框架内，语篇连贯仍然是一个逐层选择的问题：需要在特定语域特征下，通过词汇语法的选择来实现意义连贯；也需要通过衔接手段或衔接机制来实现语义衔接。二者关系如图 5.2 所示。

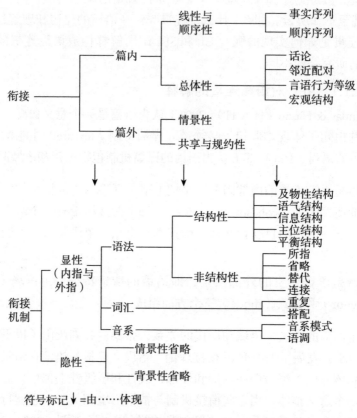

图 5.2　衔接与衔接手段（张 & 刘，2003：29）

由于 SFL 从社会学角度研究语言，因而语篇连贯本质上被视为在特定社会文化语境下，人们选择适当的词汇语法，以实现社会交往中意义的连贯的问题。而基于具身哲学的 CL，在思维与实在之间加入了身体的因素，即把具身性的认知机制视为产生思维的前提。下面，我们讨论 CL 范式下的语篇连贯问题。

5.4.1.2　CL 对语篇连贯的解释

CL 范式下的语篇连贯机制被看作是**心智连贯或认知连贯在语言表达**

上的体现。王寅（2005，2006）曾尝试运用理想化认知模型（ICM）、认知参照点（CRP）、当前语篇空间模式（CDS）、原型范畴理论、突显、概念隐喻和象似性等认知语言学的概念来分析语篇连贯。他认为，"所有这7种具体方法都可归结到'互动具身性（interactive embodiment）'和'心智连贯性（mental coherence）'这两个基本原则，从认知角度来说，语篇连贯主要就是建立其上的，而不能仅依赖连接词或概念"（王寅，2006：8）。因此，CL认为语篇的连贯根本上不能归结为语言形式衔接上的连贯，而是**基于互动具身性的心智连贯**。

需要说明，SFL同样也没有把衔接手段当作语义衔接本身，而是认为，"形式特征是用于体现衔接关系的，他们本身不是衔接关系"（张&刘，2003：21）。下面我们将具体比较CL与SFL对语篇连贯机制的研究路径，并分析它们是否具有互补性。

5.4.2 CL和SFL对语篇连贯解释的互补性

我们已经看到，CL和SFL都对语篇连贯机制做出了解释，但它们的认识论基础不同，解决问题的方法也不同。那么，二者在认识论和方法论上是否水火不容、无法共存呢？下面我们将论证两种不可通约的理论却可以在解决同一问题时，形成互补的作用。

5.4.2.1 CL和SFL在认识论上的互补性

我们先来比较一下CL和SFL对语篇连贯机制的解释的研究路径。

表 5.2 CL 与 SFL 对语篇连贯的解释比较

	CL	SFL
语篇连贯的本质	心智的连贯性，本质上取决于互动具身性	衔接＋语域，是满足特定社会文化语境下，社会交往中意义的连贯
研究视角	意义连贯是人作为生物存在的必然的表达方式和理解方式	意义连贯是人作为社会存在，实现社会交往的必然要求
语篇连贯的手段	① ICM ② CRP ③ CDS ④ 原型范畴理论 ⑤ 突显 ⑥ 概念隐喻 ⑦ 象似性等	根据语域特点，选择衔接手段，通过词汇语法实现
语篇连贯与衔接的关系	语言形式的衔接只是冰山一角（Van Dijk, 1988），心智连贯决定语篇衔接的方式	语言形式的衔接是社会文化意义连贯的体现，社会文化语义的连贯决定衔接方式的选择。

前面讨论过CL与SFL在认识论上的区别：CL主要强调心智的身体属

性，认为心智关于实在的认识并不可能是客观的、离身的（disembodied）。我们所认识的实在只能是具身性的实在（embodied reality），即王寅所谓的"认知世界"或"人化自然"（王寅，2005）；SFL 也否认我们关于实在的知识是所与的（given）、客观的，而认为实在是不可知的，我们所认识的实在是通过语法释解或建构的实在。它主要强调知识的社会属性，把知识视为通过语法和社会话语建构的产物。

然而，我们认为这两个方面观点都各有侧重，彼此互补。因为 CL 虽然承认认知世界是通过身体与环境交互建构的，并且认为心智的认知模型不可避免因社会–文化而异（society-culture specific），但它忽视了一点：从个体和种群发生上看，语言或话语对个体和种群的认知模型也具有建构和塑造作用。事实上，人除了具有共同的概念化能力或认知机制外，大多数人从出生就生活在一个话语世界（discourse world）里。我们赖以生存的不仅有 Lakoff & Johnson（1980）所说的隐喻（metaphor），还有 Halliday 所说的元语言（metalanguage）[2]（2001：195）。如果我们把关于实在的知识都归结为来自具身性的心智建构，就无法解释不同社会和文化的意识形态的差异。

例如，为何中西方文明的差别会如此巨大？黑格尔曾说"中国是一切例外的例外，逻辑到了中国就行不通了"（甘阳，2005）。为什么同样作为人，具有相同的认知机制，中西文明却差别却巨大呢？显然，我们不能把对世界的认识和对经验的理解仅仅归因于具身性的心智构建。甘阳指出中西文明自古无瓜葛，"中国是一个西方很难了解的文明，是完全外在于他们的，西方也是中国很不容易了解的，两大文明之间的差异太大"（ibid.）。中国的传统文化自汉武帝以来，就深受儒家学说的影响，易中天指出"尽管有王朝的更替，帝国制度仍能维持二千多年之久，一个重要的原因，就因为历朝历代的统治者，都坚持以儒家思想为官方意识形态"（2007：132）。可见，不同语言和文化背景的人们虽然具有共同的、具身性的认知机制，但他们也生活在特定的社会话语环境之中，他们的思维方式必定被这种话语所塑造。SFL 正是从社会学的角度研究语言对思想的建构和塑造作用，即把人看成是特定的社会的存在，而语言则是塑造人们社会意识形态的主要工具。

---

[2] Halliday 在他的 "New Ways of Meaning—The Challenge to Applied Linguistics" 一文中说到 "A grammar, I have suggested, is a theory of experience; a theory that is born of action, and therefore serves as a guide to action, as a metalanguage by which we live."（2001：195）

反过来说，我们也不能因此就夸大语言差异所造成的思维的差异性，还要看到人作为生物存在的共性，即不同语言、文化和人种的人们虽具有不同的概念系统，但却有着相同的概念化能力，这是他们可以互相学习和理解的基础。

由此可见，CL 与 SFL 在认识论上具有互补性：前者从人的生物的普遍性上研究语言的认知规律，后者从社会文化的特殊性上研究语言与社会的互动关系。然而，这两个理论在方法论上是否可以互补呢？下面试举例说明。

5.4.2.2　CL 与 SFL 在方法论上的互补性

在方法论上，两种理论的互补也不是指简单地把两者相加，而是需要针对不同的问题，或是同一个问题的不同方面，去选择不同的理论进行解释。下面，我们将通过三个实例来说明，CL 与 SFL 在方法论上也具有互补性。

例 1：SFL 比 CL 更能揭示语篇的内涵

Halliday（1973）根据及物性分析了诺贝尔获得者 William Golding 的小说《继承者》(*The Inheritors*) 的语言特点。"这部小说讲的是一个文化落后的部落被先进的部落所征服和消灭的过程。从客观世界的角度讲，落后的部落的世界观被限制在一个狭小的范围内，只能看到一些可以感觉到的过程和其与不同实体之间的简单关系，看不到过程与不同实体的复杂的内在联系。在语言上反映非及物物质过程、心理过程和行为过程的大量出现"（张 & 刘，2003：121）。例如：

① The bush twisted again. ② Lok steadied by the tree and gazed. ③ A head and a chest faced him, half-hidden. ④ There were white bone things behind the leaves and hair. ⑤ The man had white bone things above his eyes and under the mouth **so that** his face was larger than a face should be. ⑥ The man turned sideways in the bushes **and** looked at Lok along his shoulder. ⑦ A stick rose upright **and** there was a lump of bone in the middle. ⑧ Lok peered at the stick **and** the lump of bone **and** the small eyes in the bone thing over the face.

"在此例中，所有的物质过程、行为过程和心理过程都是不及物过程。其中有四个过程是故事的主人公 Lok 做主语，但都是表达他的行为、动作和心理过程。这些动作和行为都没有对象和目标，是自发的和盲目的。这种相同的及物模式把六个过程联系起来，共同突出了一种意象：Lok 在这个世界是一个无助的、没有能力控制自然、驾驭事物的人，从而为他的覆灭埋下了伏笔"（ibid.：121-122）。

我们认为，除了及物性所揭示的 Lok 行为的盲目性和自发性外，这段话里的衔接手段也反映出 Lok 眼里的世界是一个孤立的、没有因果关系和逻辑联系的世界。这段话采用的衔接手段非常简单：共有八句话，每句话之间没有逻辑连接词，而且其中有五句（①②③④⑧）是简单句；两句（⑥⑦）是由"and"连接两个简单句组成的并列句；只有句子 ⑤ 是一句由"so that"连接的表示目的的主从复合句。这也表明，在 Lok 眼里的世界，除了有些简单的并列关系和直接的目的关系外，主要都是孤立的事物和事件，这些事件对于他没有什么因果关系或逻辑联系，一切对于他来说都是自发的、偶然的、无规律的。由此可见，作为土著人，Lok 的认知水平还很低，他相对于外部世界仍然处于自在的、而不是自觉的状态。

就此例而言，用 SFL 比用 CL 更能揭示语篇的特殊含义。

例 2：CL 比 SFL 更好地体现概念隐喻的投射作用

Some old people are oppressed by the fear of death… ① The best way to overcome it—so at least it seems to me—is to make your interests gradually wider and more impersonal, until bit by bit the walls of the ego recede, and your life becomes increasingly merged in the universal life. ② An individual human existence should be like a river—small at first, narrowly contained within its banks, and rushing passionately past boulders and over waterfalls. Gradually the river grows wider, the banks recede, the waters flow more quietly, and in the end, without any visible break, they become merged in the sea, and painlessly lose their individual being…（Bertrand Russell，1988）

对这段语篇，用 CL 比用 SFL 能更好地解释句 ① 与句 ② 之间的连贯关系。

在句 ① 和 ② 中，都有"wider""recede"和"merge"这三个词，表面上看，这是使用了重复（repetition）的词汇衔接手段。然而，在句 ① 中，这三个词分别与"interest""walls of the ego"和"life"搭配，而在句 ② 中，它们分别与"river""banks"和"waters"搭配。如果用 SFL 的衔接理论解释，则这两个句子具有词汇衔接关系，因为这两个相连的句子使用了词汇重复手段。

不过，这种解释仍然显得比较肤浅。事实上，这两句话间的语义连贯，主要依靠的是一个系统的（systematic）比喻——人生就像一条河流：河流从源头开始，先是涓涓细流，然后逐渐汇成波涛奔涌的大河，到最后安静、平缓地融入大海。人生亦如此，从幼年的稚嫩弱小到成年的朝气蓬勃，甚至狂放不羁，再到晚年的安详从容。也就是说，句①和②其实是靠概念隐喻——"人生是一条河"（life is a river）投射形成连贯的。通过将"河流"这个具体、直观的认知域映射到抽象概念——人生的认知域，使"人生"这个抽象概念获得了系统的、连贯的意义。

例3：需要同时使用 SFL 和 CL 两个理论加以解释

木秀于林，风必摧之

堆出于岸，流必湍之

行高于人，众必非之

用 SFL 的衔接理论解释：首先，在语法衔接手段上，这段话是由三句并列的排比句组成，具有相同的语法结构；其次，在词汇衔接上"秀""出"和"高"属于近义词，表示出类拔萃的意思，而"摧""湍"和"非"也是近义词，表示贬损打压的意思；最后，三句话都以"之"字结尾，形成尾韵。通过相同的语法结构，词汇衔接上的近义关系以及语音上的押韵，整个语篇相互衔接。

然而，仅用衔接理论解释是不够的，该语篇的连贯还需考虑概念隐喻的投射作用，即前两句"木秀于林，风必摧之；堆出于岸，流必湍之"是自然现象作为始源域（source domain），投射到目标域（target domain）——揭示人际关系上嫉贤妒能的现象，由此说明该现象从自然到社会，具有普遍性。

可见，CL 和 SFL 不仅在认识论上互补，在方法论上也互补。对某些问题，我们采用一种理论更合适；对另外一些问题，我们需要用别的理论解释更便利，或者对同一个语篇，我们可以同时使用两种理论揭示其意义连贯的机制。对于语篇连贯的机制，我们并没有试图寻找一个唯一正确的理论加以解释，而是具体问题具体分析，选用 CL 或 SFL 两种不同范式的理论加以解释，只要其解释是有效的、实用的，我们就认为是合理的。因此，对理论的选择与评价，我们采用的是实用主义真理观。长期以来，人们受逻辑实证主义或逻辑经验主义的影响，认为真理只有一个。事实上，对于什么是真理，有不同的观点。下一小节，我们将介绍不同的真理观，以及对于不同的理论，我们该如何选择和评价。

5.5 实用主义真理观与理论的评价和选择

从古至今，对真理的解释主要有三种，即符合论（correspondence theory）、实用主义（pragmatism）和融贯论（coherence theory）。多数哲学家采用**符合论**的真理观，例如亚里士多德对真理的论述为：说是者为非，或说非者为是，是假的；说是者为是，或说非者为非，是真的（陈波，1998：243）。该定义被当作符合论的经典定义。其当代的代表人物有早期的维特根斯坦、奥斯汀和波普。而**实用主义**真理观以美国哲学家皮尔士、詹姆斯和杜威等为代表，他们有两个基本主张：**（1）真理是与实在相符合；（2）符合在于观念的实践功效**（周&朱，2003：184）。所谓**融贯论**是指一个理论系统内的命题或陈述之间只要保持一致性和无矛盾性就是真理，而不管理论与实在是否符合或实用。代表人物有新黑格尔主义者布拉雷德和逻辑经验主义者纽拉特（ibid.）。

符合论的真理观受逻辑实证主义或逻辑经验主义的影响，假定科学理论可还原为基本的经验命题，认为经验是一切科学知识的基础，一切有实际内容的科学知识的真假最后都取决于经验的证实。他们提出了"证实原则"和"命题的意义在于其证实方法"的口号。然而，我们将看到，Quine 提出的整体主义知识观有力地驳斥了经验论的两个教条，由此彻底颠覆了逻辑经验主义的理论基石，最终导致逻辑实证主义的衰落（陈波，1998：394）。

Quine 指出，现代经验论的两个教条是：

（1）分析真理与综合真理的截然区分，所谓分析真理就是意义不依赖于事实的真理，而综合真理是基于事实的真理；

（2）还原论，即每一个有意义的陈述都等值于指称直接经验的词项的逻辑构造（1980：20）。

对于第一个教条，Quine 指出，"分析陈述与综合陈述之间并没有这样一条界限可划。这只是经验论者的一个非经验的教条，一个形而上学的信条"（ibid.：37）。而第二个教条，即还原论或证实论，其实是把整个科学分解为一个个孤立的陈述，又把陈述还原为关于直接经验的报道来考察其经验意义（陈波，1998：200）。而 Quine 指出，这种还原论或证实论是根本错误的，因为，"我们关于外部世界的陈述不是个别的，而是仅仅作为一个整体来面对感觉经验的法庭"（1980：41）。他还说"我们所谓的知识或信念的整体，从地理和历史的最偶然的事件到原子物理学甚至纯数学和逻辑的最深刻的规律，是一个人工的织造物。它只是沿着边缘同经验发生关系。换句话说，整个科学就像一个力场，其边界条件是经验"（ibid.：42）。

Quine 还从翻译的不确定性（indeterminacy of translation）和指称的不可测知性（inscrutability of reference）推论出经验决定理论的不充分性论题，即"观察证据不足以决定理论必须采取的形式，理论词项的观察标准是可变通的、不充分的。这种可变通性、不充分性告诉人们：相对于所有可能的观察而言，理论所采取的形式是多种多样的。在观察阶段，人们根本不可能预见到理论的形式，后者是通过一系列不可还原的类别跳跃而到达的，这里没有'必然性的暗示'"（陈波，1998：330）。Quine 说"全部科学，数理科学、自然科学和人文科学，是同样地但更极端地被经验所不充分决定的"（1980：45）。

可见，CL 和 SFL 两个理论，它们面对同样的经验问题——语篇何以连贯时，它们的解释进路完全不同。反过来说，面对同样的语言现象，CL 和 SFL 也分别构造出不同的理论对其进行解释。这也说明不同范式的理论之间并没有可还原的基础，它们互不兼容、互不包含。因此，**对于一个理论，我们只能把它作为一个整体看待**。Quine 从对基础主义和还原主义的批判中，推论出整体主义知识观，它包括下述要点（陈波，1998：330-331）：

（1）我们的信念或知识是作为一个整体来面对感觉经验的法庭，接受经验检验的是知识总体，而不仅是整体边缘或离边缘较近的陈述，如直接观察陈述、各门具体科学的陈述等。

（2）对整体内容的某些陈述的再评价必将引起整体内部的重新调整，对其真值的重新分配。因为它们在逻辑上是相互联系的，而逻辑规律也不过是系统内另外一些陈述。

（3）在任何情况下整体内部的任何陈述都可以免受修正，假如我在其他部分做出足够剧烈的调整的话。

（4）基于同样的理由，在顽强不屈的经验面前，整体内的任何陈述都可以被修正，甚至逻辑数学也不例外。

（5）之所以如此，是因为经验证据对理论整体的决定是不充分的。

（6）所以，在理论的评价和选择上，不存在唯一确定的真理性标准，而是受到是否方便和有用这样一些实用主义的考虑支配，同时还要顾及该理论是否具有保守性、温和性、简单性、普遍性、可反驳性、精确性这样的特征。

从 Quine 的整体主义知识观推论出来的实用主义的真理观为我们评价不同理论提供了一个不同于符合论真理观的标准。"由于经验决定理论的不充分性，理论本身包含对经验证据的超越与突破，在行为证据的基础上，我们无法唯一地确定理论内各孤立陈述甚至是其中的一个小的部分的经验内容与经验蕴涵"（陈波，1998：343）。因此，Quine 认为"'关于我们的科学是否或在多大程度上与物自体相符合的问题'是一个'超验的问题'，在他的哲学中是'消失掉了的'。这样一来，我们在评价与选择理论时，就不应以是否与实在一致或符合为标准，而是应以是否方便和有用为标准"（ibid.）。他说"每个人都被给予一份科学遗产，加上感官刺激的不断的袭击；在修改他的科学遗产以便适合于他的不断的感觉提示时，给他以指导的那些考虑，凡属合理的，都是实用的"（Quine，1980：46）。

库恩受到 Quine 的整体主义思想的影响（陈波，1998：399），他的范式理论也蕴涵着实用主义真理观。**他认为范式只是人们用来认识世界、解决难题的一种方便的工具，它们只有好坏之分，而无真假之别**（注意，好坏不是真理标准而是价值标准，比如以是否实用为标准的）。**他认为范式不是对客观世界的认识，更不是对客观世界的规律性的反映，它是在不同社会条件下形成的科学共同体的共同的心理信念**。新旧范式的转换也不是认识的深化，而是心理上的变化或格式塔的转换。他主张范式之间是不可通约的，这不仅包括观察语句和理论语句意义的改变，而且还包括范式在方法、问题范围和解答标准上的区别，即范式的改变意味着科学的基础、语言和定义、乃至于科学家整个世界观的转变，因此是不可通约的（欧阳康，2001）。

基于以上讨论，我们得出如下结论：

（1）CL 与 SFL 具有相同的研究问题，但属于不同的语言研究范式，它们之间不可通约，不存在包含关系；

（2）CL 与 SFL 不仅在认识论上，而且在方法论上具有互补性；

（3）对于能解决相同问题的不同理论的选择和评价，我们应采取实用主义真理观；

（4）Quine 的科学主义的态度也给我们以积极的启示：保持实验与怀疑的精神。正如陈波所指出的"他 [Quine] 不承认有任何不可错的终极真理存在，这种观点使一切科学理论永远面对经验证据的检验，并永远对反常与批判保持开放，从而为科学进步腾出地盘，扫清道路"（陈波，1998：369）。

第六章

语言学与哲学的关系

我们在第二章谈到，我国的语言学研究有重实证、轻理论，"有学术、无学派"的特点，这与我国的语言学研究者相对缺乏（科学）哲学素养、科学的方法论指导、忽视或不太了解哲学对语言学的指导意义不无关系。厘清语言学与哲学的关系有助于语言学家从哲学高度、用哲学视角审视自己的研究。正是看到哲学对语言学的指导和滋养作用，2007年，在钱冠连、王寅等老一辈语言学家们的倡议和带领下，外语学界成立了中西语言哲学研究会。按照钱冠连先生的观点，该学会旨在"从语言哲学这一营养中，发掘出全新的研究方向……用新的方向和新的解答方式来引领新的语言研究和发展"（钱冠连，2009：8）。钱先生认为，哲学是语言学的"营养钵"或"摇篮"，王寅（2008，2017）提出语言学应当与哲学"合流"，它们"互为摇篮"的观点。

在钱先生看来，很多语言学理论都与哲学存在渊源关系，换句话说，语言学的研究问题、研究方法等最初都来自哲学家们的思想和理论。然而，我们需要思考，是不是哲学就是产生语言学理论的源头活水？如果是这样，为何西方哲学家要从语言科学中寻找解决哲学问题的手段呢？为何他们还专门探讨"为何语言对哲学重要"（Hacking，1975），"语言学对哲学有益处吗"（Vendler，2003）等问题呢？究竟语言学与哲学是为谁所用，谁是思想源头？它们之间到底是怎样的关系？

本章我们将在梳理国内外学者之见的基础上，尝试回答以下几个关键问题：为何西方哲学家也研究语言问题？哲学家与语言学家的研究问题和目标上有何异同？语言学与哲学是如何相互影响的？

6.1 国内外学者之见

关于语言学与哲学的关系，杨生平教授曾指出："哲学不同于具体科学的特点使它成为具体科学研究的基础;具体科学若用哲学的方式去思考,必能深化其研究。语言学与哲学的关系是个别与一般的关系,哲学对它的研究也具有指导意义"(杨生平,2007:11)。钱冠连则认为语言哲学对语言学是单向滋养的关系——就像营养钵对钵中的小苗的关系,也像摇篮对摇篮中的婴儿的关系。在钱先生看来,随着20世纪初分析哲学的兴起,语言哲学逐渐开始发展壮大,产生了大量的经典著述。这些富有哲学营养的思想成果,就像一个大的营养钵,让西方语言学家从中汲取智慧与营养,创立了诸如语用学、语义学、句法学、修辞学、外语教育与二语习得等语言学分支学科,将语言学研究朝着更加精细化、专业化方向发展。他认为,我国的语言学家也需要从语言哲学这一营养钵中,发掘出全新的语言研究方向,通过哲学思维去探索新的语言研究领域,推动语言学研究进入一个新时代(钱冠连,2009)。戴瑞亮也持类似观点:"语言问题的探索离不开哲学,任何语言观究其根源都与特定的哲学观相联系"(戴瑞亮,2018:81)。

王寅与江怡则持双向影响观。王寅最初提出"合流说",倡导将语言学与哲学,特别是与语言哲学紧密结合起来。因为西方哲学家提出的很多观点至今对语言研究仍有很重要的指导意义。打通语言学与(语言)哲学之间的通道,解决两界相分离的两张皮,尽早实现两界的合流,相互取长补短,将成为语言学研究的新增长点(王寅,2008:28)。在2017年,他又提出"互为摇篮观",宣称"是哲学的,定能为语言研究所用;是语言的,必然关涉哲学理论,这两个学科唇齿相依、同生共长,他们具有'互为摇篮'的紧密关系"(王寅,2017:1)。不过"互为摇篮"这个提法多少有些让人感觉有点奇怪——究竟是"鸡生蛋,还是蛋生鸡"呢?江怡也认为语言学与哲学的关系是双向的。他说,"一方面,语言学思想来自于哲学,语言学家通过与哲学家的思想交流产生新观念;另一方面,哲学家通过与语言学家的交流也产生新的哲学思想,甚至可以说,许多重要的哲学家,特别是当代的许多哲学家,也是语言学家"(江怡,2014:1)。不过,江怡只说明了"是何"(what),却未阐明为何(why)它们是双向的关系。

综上,大多数国内学者认为哲学对语言学具有十分重要的指导意义,甚至在语言学的发展中发挥着根本性的作用,语言学植根于哲学这一"营养钵"中,哲学孕育出了语言学。就哲学对语言学研究的重要作用,江怡曾断言,"语言学的进步只有从哲学视角出发,才有可能"(江怡,2010:1)。当然,如果了解西方的科学史可知,**整个西方的科学都脱胎于西方的哲学,**

哲学是西方科学之母。所以说西方的语言学脱胎于哲学也毫不奇怪。

相对来说，国内学者较少提及语言学对哲学的影响或意义。但西方哲学在20世纪初发生的"语言转向"以及语言哲学的兴起与蓬勃发展，显然表明语言分析或语言研究已成为哲学研究的重要手段之一。例如，美国著名哲学家Quine在《词语和对象》一书中阐明，语言是哲学研究的领域之一，又是研究哲学问题的视角和出发点。在Quine看来，语言是我们发现和了解外部世界的重要手段，通过语言我们能够更好地把握这个世界。除此之外，哲学研究的是语言所表述的外部实在，语言在某种程度上成为哲学研究的对象和本体。复杂的哲学问题可以转换成单纯的语言问题，通过对语言问题的解决进而解决哲学问题，但是哲学问题并不完全等同于语言问题（陈波，1996）。Quine还强调："逻辑必须通过语义上溯把真归诸于语句而间接地归诸于实在，也就是通过谈论语言来间接地谈论世界"（周建斌，2003：34）。在他看来，我们要在语言科学中寻找解决哲学问题的手段。

万德勒在《哲学中的语言学》中讨论了语言学能否帮助哲学发展。他认为结构语言学的某些实际应用会得出一些哲学结论。语言事实并不总是摆在明面上放眼可见，他们有时候会深深隐藏。哲学家有时需要借助对他的工作语言有清晰的了解以及对这门语言如何作用有深入地洞见才能达到某一类哲学结论（陈嘉映，2008）。

Carnap（1963）认为哲学研究的对象是语言而不是整个世界，而语言研究的核心问题是语言意义，故语言意义研究构成了哲学的核心论题。从某种意义上说，哲学问题来源于语言问题，语言问题的解决将推动哲学的进步。

在Katz看来，20世纪的西方哲学经历了两次语言转向。在19世纪末、20世纪初，哲学发生了第一次语言转向，语言分析首次成为哲学家们关注的焦点；20世纪50年代哲学经历了第二次转向，在此期间语言学再次成为哲学家关注的焦点。虽然两次哲学转向目标都是语言，但是目的各有不同：第一次旨在摆脱唯心主义哲学的影响，而第二次意在用语言学来发展哲学（刘瑾，2009）。

Saussure对语言哲学做出了重要贡献。他提出的结构主义语言学认为，语言的意义并不取决于语言符号与外部实在的关系，而在于语言符号之间的对比关系。即王寅所谓的"关门打语言"。

在20世纪前半叶，Bloomfield的结构主义描写语言学盛行一时，然而，这种描写性的研究方向导致语言本质这一核心问题未被解决。Chomsky 提出，语言就是存在人们大脑中的一种语言机制。"通过对自然语言的特性、结构、组织及其使用的研究，旨在获得对人类知识的具体特性的了解，并且对人类的本质进行一番探索……"（Chomsky，1975：261）。由此可见，**Chomsky 认为语言不是表达人类思想的工具，而其本身就是思想**。对语言本质问题的解决有助于对人类本质的研究，进而解决人类社会中存在的哲学问题。

综上，对于语言学与哲学的关系问题，西方学者与国内学者的观点存在差异：前者更关注语言学对哲学发展的影响和促进作用，可以说，语言分析作为一种研究路径，对澄清并解决哲学问题发挥着至关重要的作用。而后者更注重研究哲学对语言学的影响。

我们不禁要问，为什么西方哲学家会关心语言问题？为什么语言学的许多问题，最初来自哲学家们提出的问题？

6.2　为何西方哲学家也研究语言问题？

自西方哲学诞生起，语言始终是哲学家关注的对象之一。古希腊哲学的早期本体论研究虽侧重于探究组成世界的最终成分，试图寻求世界和宇宙的本源和某种形而上学的本质，但亚里士多德在其《解释篇》中对动词和名词进行了定义，并对语言问题进行了一定的研究和探讨；在《范畴篇》中，他对词进行了范畴化分类（任燕燕，2017）。

近代以来，西方哲学经历了一场"认识论转向"，哲学研究的主要问题从本体论转向了认识论。对认识论的研究和对语言的研究是密不可分的，因为认识的基础和来源对应着语言意义的起源。19 世纪末，自然主义辉煌之后陷入低谷，自然理性学说逐渐发展壮大，并取代了自然语言的历史地位。哲学开始了自我救赎之路。在此期间，思维范式不断转换，从先前的"我们认识这个世界什么"转向了"这个世界言说了什么"。这是意识哲学向语言哲学范式的转换（沈贤淑 & 陈婷婷，2016）。19 世纪末之前，语言对于哲学研究都是作为一种理性的思考工具。进入 20 世纪后，哲学研究出现了语言转向，哲学家们重新审视语言，并使之成为哲学研究的本体和对象。

为什么会发生语言转向？陈嘉映（2013）在其《简明语言哲学》一书中提到，19 世纪末、20 世纪初发生的语言转向的直接缘由是一批以 Moore、

Russell 为代表的新兴哲学家对当时英德主流哲学的批判。他们质疑传统哲学中的命题，认为布拉德雷的形而上学中存在很多意义不明确的概念现象。例如，"金山"在现实世界中并没有实体与之对应，导致名称概念没有所指。该如何理解"金山"成为哲学家们绕不开的话题。Russell 认为，想要解决这个问题，有两条路可以选择：第一条路，承认这种不存在的实体概念在某种抽象世界中的存在。显然这种解释与 Russell 心中的现实存在不符；第二条路，不承认名称概念必须要在客观世界中找到实体存在，即名称未必有所指，这也与其心中的意义指称论不符。于是他提出对语言中的客体进行描述，即摹状词理论。他认为一切哲学问题可以通过对语言进行逻辑分析，得出结果。要改善哲学研究，首先就需要澄清所使用词语的意义，这是进行哲学研究的先决条件。通过对词语意义的研究，很多哲学家意识到，**澄清词语意义这项工作绝对不是为哲学研究做准备的前提任务，而是哲学研究的真正内容，是哲学研究客观的对象，哲学研究应该从认识论的苦海中解脱出来，转移到语言本身这一主体上来**（陈嘉映，2013）。甚至有哲学家们认为，对命题本身意义的研究不久会占据哲学研究的主导地位，彻底代替对认识能力的研究，传统的认识论将完全在哲学研究领域消失。哲学问题将逐渐清晰化，那些不清不楚的问题将不复存在，凡是可以表达的概念，就可以表达清楚，那些无法解释的问题，无非是无意义词语的存在，也不是真正存在的问题。真正的问题是可以通过语言分析得到解答的。

除此之外，现代逻辑学的诞生也促进了哲学的语言转向。现代逻辑学通过对语言进行逻辑分析，推动了语言研究与哲学的结合。毫不夸张地说，现代逻辑学是语言学转向的内在动因。Moore（2014）在继承了逻辑分析思想的基础之上，反对形而上学的哲学观，强调通过语言分析辨别意义含糊的命题。Russell（2001）认为很多哲学问题经过仔细分析发现，**并不是哲学本身的问题，而是语言和逻辑问题**，因此他也强调语言分析对哲学研究的重要价值，希望通过对语言的逻辑分析解决现有的哲学问题。维特根斯坦同样认为很多哲学问题在本质上就是语言问题。其《逻辑哲学论》的出版更加促进了哲学的语言学转向。该书强调逻辑的重要性，用逻辑构建整个世界大厦，用逻辑分析的方法解释存在的问题。这有力地冲击了笛卡尔等哲学前辈构建的哲学分析范式。维特根斯坦从 Russell 的观点中得到启发，运用谓词逻辑的分析方法，提出了现代逻辑中的真值表，并用现代逻辑的思想解释整个世界。他的逻辑分析强调"逻辑图像论"，而其又以图像与语义关系展现出来，进而强调语言与世界的联系（任燕燕，

2017）。通过"原子命题"与"原子事实"之间的一一映射关系阐释了语言与世界的一一对应关系。逻辑上的对应是前期维特根斯坦构建世界语言体系的方式，这种理想语言框架的建立"要求语言按照既定的标准表达说话人的意思，同时要求语言词汇与真实世界的逻辑对应"（ibid.）。从某种程度上说，这些大哲学家的开拓，是语言哲学得以产生和发展的基石。

现代逻辑对哲学的语言学转向的重要作用不仅体现在它的诞生促进了语言转向，它更深深植根于语言哲学的发展始终。可以说，不了解现代逻辑，就难以理解语言对哲学研究的内在意义。综上，现代逻辑的出现和发展，让哲学家们运用新的逻辑手段对语言进行分析，可以揭示出古典哲学中存在的意义混乱问题。可以说，借助现代逻辑手段进行语言哲学研究极大地推动了哲学的发展。

同样，现代语言科学的兴起和发展，在哲学的语言学转向中发挥了重要作用。19世纪末、20世纪初，语言学迅猛发展，其中最为重要的成果是Saussure对普通语言学的建立，它为哲学的语言学转向奠定了语言学的理论基础。其《普通语言学教程》的出版更是语言学界的一场"哥白尼式革命"。他认为传统语言学没有从传统逻辑中独立出来，只能称之为语文学。传统语言学家也没有回答语言的本质这一核心问题，对于语言的内部结构和存在状态研究更是没有涉足。他希望能够对语言进行深入研究，尤其是对语言本体进行探讨，让人们认清语言的本质（刘艳茹，2007）。因此，他建立语言本体论研究，旨在解决人们对语言本质的误解问题。首先他区别了"语言"和"言语"这两个概念，强调语言的本体是"语言"，而非"言语"。语言具有社会性，言语具有个人性，语言被赋予意义在于其社会性。就声音的本质而言，人发出的声音和世界万物发出的声响并无区别，之所以人类声音具有不同意义，是因为社会赋予其内涵，语言是人类特有的意识活动（ibid.）。Saussure通过对语言本质的研究，建立起了普通语言学。普通语言学也成为当代语言哲学发展的重要理论基础。从这种意义上说，现代语言科学的建立促使了哲学的语言转向。

最后，对哲学中的心理主义的反对，为哲学的语言转向增添了动力。心理主义在19世纪末20世纪初颇为流行，心理主义哲学家们希望通过对内心世界的研究来探讨意义问题。弗雷格认为，某个概念的含义并不是各个不同的认识主体在使用它的时候产生的主观的、心理的东西，而是具有客观性的、能够被任何可能的认知者所把握的客观存在（喻郭飞，2016）。对概念的理解不能基于各个认知主体的内心的感受，而应该通过言语表达背后的逻辑关系进行意义确定。他进而认为，语句是具有客观意义的存在，通过对它们进行分析，可以了解它们背后存在的内在思想，把握实在。

胡塞尔与弗雷格观点一致，他从现象学角度对语言进行研究和分析，关注的是语言表达本身的意义。他认为意义存在于表达活动和理解活动中，但就意义本身而言，又是独立于表达活动和理解活动的。在他看来，语言表达的本质在于它的意义。也就是说，即使语言表达的意义没有实现，它仍然具有意义。这说明意义的存在是客观的，不以人的心理活动而发生变化（ibid.）。无论是弗雷格还是胡塞尔都极力反对心理主义。他们都认为，对心理活动的解释难免存在主观因素，不具有客观性，但是对命题的意义却可以进行客观研究。二者对哲学中的心理主义的反对，间接地促进了哲学的语言研究。

综上，西方哲学家对语言的探索一直都存在，但随着20世纪初哲学的语言转向的发生，哲学家们重新审视语言，视其为哲学研究的对象和本体，推动哲学研究进入了一个新时代。

6.3 哲学家与语言学家的研究问题和目标

通过前两节的论述我们得知，哲学家与语言学家的工作在20世纪的语言转向后正式出现了交集，哲学家的研究问题不再仅仅囿于思维与存在的关系问题，抑或人与世界的关系问题，大批哲学家转而研究语言与世界的关系问题、语言与思维的关系问题等等，大批的哲学家也同样是语言学家，如维特根斯坦、Chomsky、奥斯汀、塞尔等。虽然语言学家研究的主要是语言（学）问题，譬如语义学、句法、语音学等语言本体，及母语和二语习得特征、机制、路径等语言习得问题，但没有哲学思想指导的语言学研究注定难有大的突破和理论建树。随着语言哲学和分析哲学的诞生，许多语言学家也开始思考并探究诸如语言与世界、语言与心灵、语言与思维之关系的语言哲学问题。从某种意义上说，语言哲学或分析哲学使语言学家与哲学家的研究问题和目标产生了交集。然而，背景不同、理念不同的语言哲学家在研究视角、研究路径及研究目标上还是各有不同的。

基于对国内相关文献的初步梳理，相关研究路径大致可以分为5类：（1）追溯语言学理论与哲学的历史渊源（如陈保亚，1997；徐海铭，程金1998；周民权，2011；吴昕炜，2013等）；（2）阐述和厘清二者的相互影响（如潘文国，2004，2008；杨生平，2007；倪梁康，2007；周建设，2002；

蔡曙山，2001，2006；江怡，2007；陈嘉映，2003；朱长河，2012；王寅，2012，2017等）；（3）论证哲学对语言研究的启示和利用价值（如钱冠连，2008，2009；曾如刚，2012等）；（4）从哲学角度研究语言问题（如王寅，2008，2012，2014，2015；王爱华，2008，梁瑞清，2007；廖巧云，2013；潘文国，2013；薛旭辉，2017）；（5）通过语言分析探讨哲学问题（如李洪儒，2005，2007，2009；刘利民，2007；杜世洪，2007；单峰，2013；卢汉阳，2014；王天翼，王寅，2015；潘文国，2016等）。

从国内的研究情况看，依侧重点的不同，语言学与哲学的结合其实可分为（4）与（5）两种路径。潘文国教授将之区分为语言哲学和哲学语言学。他认为，"语言哲学是从语言的角度研究哲学，关心的是哲学，要解决的是西方哲学的本体问题，语言只具有方法论的意义"（潘文国，2006：111）。语言哲学并没有脱离哲学这一母体环境。吴刚也指出，"专业哲学家研究语言的目的主要是研究有关哲学问题"（吴刚，2005：53）。但他又认为哲学和语言学之间相互影响，甚至难分彼此。不过，我们认为哲学家与语言学家的工作并不是不分彼此的，因为无论是哲学家研究哲学还是语言学家研究哲学，都是在研究哲学而不是语言学。当然，语言学家的研究对象是语言，包括语言结构、语言现象、语言习得等等，研究目标是解决语言问题，建构语言理论。不难发现，具备哲学素养的语言学家，比如Chomsky、Lakoff & Johnson等在研究语言问题时，往往具有更好的直觉，能找到更有价值的研究问题。可见，**具备一定的哲学素养对语言学创新来说是必要条件。**

从另一方面来看，Vendler专门探讨语言学究竟能否，以及在何种意义上有助于哲学探索的问题。他认为，通常所说的语言哲学（the philosophy of language），应该区分为三个不同概念：

（1）语言学哲学（philosophy of linguistics），是对意义、同义词、释义、句法、翻译等语言共相进行哲学思考，对语言学理论的逻辑地位和验证方法进行研究。因此，语言学哲学是科学哲学的一个特殊分支，与物理学哲学、心理学哲学并列。

（2）语言概念哲学（linguistic philosophy），包括基于自然语言或人工语言的结构和功能的任何一种概念研究。比如亚里士多德关于存在（being）的哲学思考，Russell的限定摹状词理论，赖尔关于心智概念的著作，都属这类研究。

（3）语言哲学（philosophy of language），是除上述之外关于语言本质、语言与实在的关系等包含哲学性质的论著，如 Whorf 的《语言、思维和实在》，或许还有 Wittgenstein 的《逻辑哲学论》，应属此范畴（Vendler，2003：8-10）。

Vendler 认为他的研究属于第（2）类。毋庸置疑，不论语言学哲学、语言概念哲学，还是语言哲学，都是在哲学思维指导下综合语言学与哲学的语言哲学研究。

那么，语言学是如何影响哲学的？语言为何对哲学研究如此重要？Hacking 说，"语言之所以对哲学远比对动物学更重要的一个原因在于，哲学家考虑我们普通的思维和论证方式往往不是产生清晰的和令人满意的技术语言，却常导致歧义、模糊、矛盾和悖论"（Hacking，1975：5）。他认为，一些语言哲学家沉迷于意义理论，一方面为了给词义划清界限，消除混乱和歧义；另一方面将母语中隐含的概念明晰化，以避免概念陷阱。但这些工作只是语言学对于哲学探索作出的次要贡献（Hacking，1975：7）。基于案例分析，他认为语言研究对哲学的影响经历了三个发展阶段：（1）观念时期（the heyday of ideas）；（2）意义时期（the heyday of meaning）；（3）语句时期（the heyday of sentences）。语言对哲学研究至关重要的主要原因在于，语言在知识产生或生产中所扮演的角色。具体来说，随着人类认识的发展，知识的性质也在发生改变，当今哲学是知识概念演变的结果。古希腊时期，人们认为知识就是对第一原理的证明，关于事物原因的知识来自对事物本质的发现。观念时期，知识则被视为个人（或通过经验作用于笛卡尔的"自我"［ego］）在头脑中形成的对实在的观念，这种观念又反作用于经验，如此循环往复。观念的呈现方式是心理语篇（mental discourse）。意义时期，Frege 提出的意义（Sinn）具有客观性或公共性，指人类代代相传的共同知识。他认为意义才是信念和知识的承载，意义使得公共语篇（public discourse）成为可能。现代知识具有语句性质，因为现代的知识主要表现为理论。所谓理论，是"解释一组事实或现象的观念或陈述的图式或系统"（ibid.：160），因而理论其实是一组系统的陈述或语句。以语句方式呈现的理论知识不属于个人，而是以期刊、图书、电子文本等方式发表而成为公共的、客观的知识，属于波普尔所谓的"第三世界"自治的领域。总之，Hacking 认为，当今语言对哲学的重要性就如同观念对 17 世纪的哲学的重要性一样，那时的观念与今天的语句都作为认识主体与认识对象之间的中介。而当波普尔把知识看成是独立于认识主体的自治语篇时，认识主体被消解，知识就完全成为公共的、客观的、语句性的，因而语言对哲学就显得愈发重要了。

关于语言学对哲学的影响和促进作用，Katz（1985a）认为，20世纪西方哲学的第二次语言转向的主要特点是哲学家开始应用现代科学语言学理论解决哲学问题。Quine（1980）是第一个将语言科学用于解决哲学中的语言问题的英美哲学家，为后来的哲学家树立了榜样。在《语言学中的意义问题》和《经验主义的两个教条》等论著中，他审察当时的语言学，并在评论分析性和同义性的问题时，采用结构主义语言学的替换原则。Carnap（1950）和其他逻辑经验主义者试图建立形式句法和语义系统，但由于这些理论对自然语言无能为力，只有依靠当时的句法学理论，进而解决自然语言的语法问题。Katz & Fodor（1963）都认为，哲学家区分有无意义以及揭示自然语言逻辑结构时遇到的困难，只有用语言学的精细理论才能完成。

在自然语言的语义理论方面，一般有两种不同的区分和解释语义概念的研究路径：意义理论和指称理论。它们分别对应于哲学和逻辑学中的语义概念，都得益于语言学的研究成果。意义理论有两种建构语义概念的理论定义方法（直接依据句法和音系概念定义，利用句法和音系建构语义概念的理论定义），从而为自然语言表达式提供表征手段。不过，这是用 Carnap 的意义公设来陈述语义事实。在指称理论方面，主要可以基于蒙太古（montague）的理论，用模型理论方法解释自然语言的外延结构。当然，最有说服力的还是 Chomsky 的理论对哲学问题的解释。转换生成语法和语言学习天赋论是用现代科学的语言学理论复活天赋知识的理性主义立场（Katz，1985a）。可见，语言科学的发展推动和促进了哲学问题的解决与深化。

相反，哲学也深刻地影响着语言学的发展。Lakoff & Johnson 曾指出，"当今的语言学是一门饱含哲学的学科。许多语言学理论的创立者和最著名的实践家们都在日常语言哲学、形式主义哲学、形式逻辑或这些哲学的各种结合中受过训练。很多其他语言学家通过自己的大学训练，吸收不同研究传统中重要的哲学假定"（1999：469）。

6.4 语言学与哲学相互影响

关于语言学与哲学的关系，有两种不同的观点。一种观点认为，它们是个别与一般的关系，既相互区别又相互联系。区别在于：哲学是一种系统的世界观和方法论，它以整个世界为研究对象，揭示其中的一般规律（杨生平，2007）；而语言学的研究对象是语言，用经验科学方法研究人类语言的本质和普遍规律。联系在于：哲学为语言学提供了认识论和方法论指导，语言学反作用于哲学，影响或改变哲学。另一种观点认为，语言学是经验科学，其总结是经验概括，表述偶然事实。哲学活动在先天真理领域，哲学命题不是经验性概括，也不能由经验性概括支持；即便基于某一特定自然语言得出的经验证据，也无法达到普遍性的哲学结论。杨生平持前一种观点："哲学相信具体科学但又超越具体科学，它不满足于具体科学对世界部分问题的思考，但又相信并依赖于具体科学，一旦具体科学发现证伪了某种哲学理论，哲学又会在事实与理性推理的基础之上重新寻求世界的规律。""哲学不同于具体科学的特点使它成为具体科学研究的基础，具体科学若用哲学的方式去思考，必能深化其研究。语言学与哲学的关系也是个别与一般的关系，哲学对它的研究也有指导意义"（ibid.: 11）。

Vendler 驳斥第二种观点。他的辩护是将语言类比为象棋，因为语言和象棋都是规则性活动或者规范性活动。他认为，语言学家就好比通过观棋来总结象棋游戏规则的人（Vendler，2003）。语言学虽然是经验性描述，但对规范性活动的经验研究有别于对纯自然活动的观察和概括。语言学家所关注的不仅是对弈者在做什么，而且是他们对这门游戏都知道什么。与象棋相比，语言中的先天真理有很多更难掌握，因为很多规则还未被陈述，有些先天真理又离这些规则很遥远。语言结构包含的某些先天真理对于讲母语的人仍然隐而不彰，只有语言学家才能发现关于语言的某些真理。语言学家是专门为语言编码的人，哲学家应该欢迎语言学家为他提供帮助。哲学家使用语言学家的成果，但他得出的结论是哲学结论，而非语言学结论。

我们也赞同第一种观点。因为一方面，哲学家需要利用语言学的经验性证据论证自己的观点或证伪他人的论点；另一方面，语言学家的工作如同用显微镜对语言进行系统、仔细地分析。具备哲学素养的语言学家能更好地把握方向，在纷繁的语言现象中不致迷失在琐碎的问题中，而是能找到有重大价值的研究问题。从这个意义上说，哲学应当内化为语言学家的宏观思维素质，使他们在选择研究方向、解决具体问题时，具有更高远的眼光、更深刻的洞察力和更敏锐的直觉。

然而不同于其他学科，语言学与哲学，尤其与认识论之间有着更加特殊的关系。原因有二：一是语言与思维或人的认识能力密不可分；二是语义学旨在研究语言符号与外部现实的关系，而语义问题离不开人对意义的理解，这必然涉及语言与思维或心智的关系。因此，语言学与认识论交织、渗透的原因在于，无论是研究语义问题还是认识论，都绕不开三元关系。下面，我们将在三元关系框架内解析语言学与哲学的关系。

6.4.1 语言本体论与语言学理论

在西方哲学史上，有关本体论的理论有唯名论、概念论和实在论。**语言本体论的唯名论、概念论和实在论分别把语言的本质看成物理实在、心理实在和抽象客体。**

Bloomfield 的结构主义语言理论属于唯名论。他认为语言实在体现在话语的物理声音中。为了反对 19 世纪语言学中的心理主义，使语言学真正成为一门科学，他接受当时的新实证主义的科学观，反对观念论者把语法看成心理实在的理论。主张唯名论的语言学家还有 Harris 和 Quine 等。他们将主要精力用于言语资料的搜集和整理上，在分析语料的基础上概括、归纳语法规则。然而，由于这种语言观认为语言是外在于心智和大脑的机制，无法正确解释人类语言的习得过程，一些语言学家开始转向内在，把语言看成一种心理实在，主张概念论。

洪堡特、Sapir、Whorf 和 Jakobson 等属于早期概念论或观念论的语言学家，Fodor、Chomsky 和 Lakoff & Johnson 等属于现代观念论者。洪堡特说，"语言就其真实的本质来看，是某种连续的、每时每刻都在向前发展的事物。即使将语言记录成文字，也只能使它不完善地、木乃伊式地保存下来，而这种文字作品以后仍需要人们重新具体化为生动的言语。语言绝不是产品，而是一种创造活动。因此，语言的真正定义只能是发生学的定义。语言实际上是精神不断重复的活动，它使分节音得以成为思想的表达"（洪堡特，2002：56）。Sapir 认为，"语言中的音位不仅仅是像有些语言学家所感觉的那样，是从事抽象的语言学讨论的相当有用的概念，而确实是一种心理实在"（Sapir，1985：55-56）。赞同这一主张的还有布拉格学派的 Jakobson 等人。Chomsky（1985）从当代认知心理学的理论基础出发，认为语言知识的本质在于人类的心智/大脑中存在一套语言认知系统，表现为某种数量有限的原则系统。一旦拥有这一系统，人们就能产生和理解数量无限的新的语言表达式。他认为语言学属于认知心理学，最终属于人类生理学。Lakoff & Johnson（1999）认为，认知语言学的产生得益于认知科学和脑科学的发展，可以通过研究心智的概念结构和认知机制揭示语言的本质。

Katz 主张实在论语言观:"语句既不是存在于物理空间中的声波或墨迹,也不是此一时彼一时出现的或以心理事件和状态呈现的主观性的东西。语句是抽象和客观的实体,只有通过直觉和理性而不是感觉和归纳发现其结构"(Katz, 1985b: 173-174)。

然而,确定特定语言学理论的本体论只能界定其学科性质,而无法说明语言学与哲学互相影响的原因。只有在三元关系框架内解释二者的特殊关系,才能更好界定特定语言理论的学科性质和本质特征。

6.4.2 三元关系中的语义理论与认识论

对于三元关系,语言学家和哲学家一直见仁见智。我们已经论证,对三元关系的假定是建构语义理论和认识论的基石。以建构论和具身论的语义观和认识论为例,语义学和认识论中的三元关系表现为:语义学研究语言与实在的关系,认识论研究心智与实在的关系,它们通过建构论的语义观发生关联。Sapir-Whorf 的语言相对论和 Halliday 的建构论的语义观都强调语言结构或语法对思维或心智的塑造作用,认为语言结构决定、影响或建构思维结构,从而产生不同的意义和知识。相反,具身哲学认为心智结构决定语言结构。心智本质是具身的,因而语言也是具身的。心智能认识的实在也是具身的实在。

(1)理想语言学派与真值语义学中三元关系假定

真值语义学的认识论基础是理想语言学派的意义理论。该语义学主要关注语言符号,即词和句与实在的关系,却不理会或试图排除语言使用者的心理因素。这是因为理想语言学派认为,个人的感知心理不可靠,将认识论问题归结为语言问题,试图通过语言逻辑分析揭示思维和实在的结构。该学派假定语言、心智和实在与逻辑同构,因而认为语言逻辑分析不仅能消解哲学中的假问题,还可以揭示世界和心智的逻辑结构。这种同构观也称为语言图像论、逻辑原子论和表征论(representationalism)。它将语言看成一个表征系统,语言与实在和思维是映射关系,语言和思维是对外部世界的内部表征(包括错误表征)(Devitt & Sterelny, 1999: 137)。

此外,真值语义理论还坚持语言与实在的还原论或组合论(compositionalism),即认为语言反映现实世界的方方面面。世界和语言可还原为其基本的组成成分,语言的基本成分与世界的基本成分是一一对应或映射关系。早期 Wittgenstein 认为世界由事实组成,事实由事态或不可再分的原子事实或事态组成,原子事实表示事物之间最基本的关系。相应地，语言中的复合命题、原子命题分别对应事实和原子事实。要分析原子命题，需要了解语言的更基本的单位——名称（或思维对象）。名称则对应实在中的简单对象或事物。按照真值语义理论，一个命题的意义或真值取决于其组成成分的指称的性质以及该句子的句法结构（ibid.: 11）。也就是说，句子意义是其组成部分的函项，一个命题的意义部分取决于其组成成分，部分则取决于其组成部分的组合方式（ibid.: 21）。

（2）日常语言学派与语用学中三元关系假定

从日常语言学派意义理论衍生出来的语用学，则在语言与实在之间加入说话人的心理或意向因素。他们认为，人们使用语言往往不是为了判断命题的真值，而是为了实施言语行为，实现说话人言语背后的意图。因此，说话人的心理因素是不能排除的。不过，对话语意图的理解和判断不是基于个人的心理，而是社会规约，即强调社会、公共的心理，是社会交往中主体间应该遵守的合作原则、礼貌原则、顺应原则或关联原则等。

（3）结构主义的认识论与语义观对三元关系的假定

Saussure 的语义观则完全排除心智和实在因素。他认为语言的意义取决于语言符号之间的聚合关系和组合关系。他把语言比喻为象棋游戏，正如每个棋子的作用不是孤立确定的，而是在整个象棋游戏规则中体现出来的一样，一个词语的意义也是通过与其他词语的对比体现出来的。例如，"红"的意义并不是通过指称外部世界红色的物体来确定，而是通过"红"与"黑""黄"等词语的区别得以确定的。然而，Devitt & Sterelny 批评结构主义的认识论和语义观：语言符号虽然与象棋游戏有类似之处，但存在本质区别。人们使用语言不是为了玩语言游戏，而是用语言指称外部世界，获得关于外部世界的知识。因此，结构主义语义理论虽然对理解意义有一定洞见，但因其摒弃语言与实在和心智的关系而没有实际的意义，尤其对自然科学中的意义问题没有解释力。

（4）建构主义认识论和语义理论对三元关系的假定

Sapir-Whorf 的语言相对论、Halliday 系统功能语言学的语义观、Lakoff & Johnson 的认知语义理论，都基于建构主义的认识论。下面，具体分析这三种语言理论的认识论基础及其对三元关系的假定。当唯理论者和经验论者在为知识来自先天理性还是感觉经验而争论不休时，怀疑论者对他们的观点提出了质疑。一方面，他们认为唯理论是有问题的，因为要获得科学知识，经验必不可少；另一方面，他们也质疑感觉经验本身，认为感知对心智不是透明的、所与的，而是心智加工的结果。因而心智难免受到感官和语言等中介的影响。我们关于实在的知识不可能是真理，而是心智建构的结果。

Devitt & Sterelny（1999）用"饼干—模子"隐喻描述康德关于心智、物自体和表象之间关系的本体论思想。面团代表物自体，它对于我们来说不可及，即独立于厨师（人类）的心智。厨师用模子（概念）扣在面团上做出饼干，形成对心智可及的表象。所以康德认为，实在本身是不可知的、神秘的，我们所能认识的世界只是经过心智和感知建构的结果。尽管康德认为实在不可及，但他认为人类具有一些普遍的、先验的概念，比如因果、时间和欧几里得空间概念等，所以康德并不是相对主义者。然而，"当今的反实在论总是只保留康德的物自体和强加概念（imposed concepts），却遗漏掉他所强调的强加概念的普遍性。相反，他们认为不同语言、理论和世界观会强加给认识的世界，这样一种'构造世界'的观点非常流行，也称为'建构论'"（Devitt & Sterelny，1999：248）。Devitt & Sterelny 认为 Sapir-Whorf 的语言相对论假说属于建构主义认识论。该假说认为所有知识，包括逻辑、数学和科学知识都由语言建构。系统功能语言学也属于建构论语义观。不同之处在于前者强调不同语言对心智的塑造，后者主要研究同一语言的不同措词（wording）对意义的建构。具体说，语言相对论认为心智的结构受不同语言词汇和语法结构的塑造，操不同语言的民族对实在的认识不同。系统功能语言学研究人们在社会交往中使用不同的语言形式实现不同的社会功能，即用不同措词表达不同意义。该学派基于建构论，认为实在本身不可知，我们能认识的是经过语言建构的实在，也即 Halliday 的"实在就是我们的语言所说出来的样子"（2007：183）。

Lakoff & Johnson（1999）声称体验哲学不同于以往的哲学理论，不是基于先验思辨，而是以认知心理学和认知科学等经验科学的新发现为基础提出的，并基于对日常语言的系统归纳，发现思维具有具身性和想象性。具身的认识论认为所有知识都是具身性和想象性的心智建构。意义也是具身的和想象的心智建构的产物。

可见，由基于理想语言学派意义理论的真值语义学到基于日常语言学派意义理论的语用学，到 Saussure 的结构主义语义理论，再到基于建构主义认识论的语言相对论、系统功能语言学和认知语义学，语言学理论的演变和发展始终与认识论或知识论交织在一起，并且它们之间的互相影响和渗透都围绕着三元关系展开。

通过讨论语言学与哲学的关系问题，我们可得出如下结论：

（1）从宏观和微观两个层面看，语言学与哲学之间不是孕育和衍生关系，而是互相影响、促进和渗透的；

（2）语言学与哲学的特殊关系可以在语言、实在和心智的三元关系框架内解释。

另外，我们可以得到以下启示：

（1）由于对语言本质的研究应与心智和实在因素相结合，语言理论的建构应基于特定的认识论或以建立新的认识论为旨趣；

（2）今后对语言学理论的批判和建构有了一个更清晰的思维框架，即可以从其对三元关系的假定入手，审察现有理论的不足和适用范围，从而为建立更加合理、更有解释力的语言学理论奠定基础；

（3）建构语言理论除了需要语言学家具备哲学素养，更需要与心理学、人类学和神经科学等经验科学整合，使得建构的语言理论不只是形而上学的玄想，而是建立在经验科学证据基础上的真正科学理论。

第七章

当代语言学是认知科学大家庭之一员

读者们或许还记得，我们在第一章中，举了个认知神经语用学的例子，以说明认知神经科学与语用学的交叉融合，可以产生新的跨学科研究领域。确实，跨学科是当今学科发展的一个趋势。随着科技的飞速发展，对于什么是语言，即语言的本质或本体是什么的回答，已与过去的认识大不相同。什么是语言的本质，取决于一个理论或学派**假定**语言学究竟要研究什么，或在什么层次或维度上看待语言。前面说过，Saussure 把语言的本质看作是符号系统；Halliday 把语言看作是实现社会交际的意义选择的（潜势）系统；Chomsky 则从心理学和生物学的维度看语言，认为语言的本质是生物在演化过程中，由于基因突变产生的一套递归的运算系统；Lakoff & Johnson 从具身认知的维度看语言，认为语言的本质是具身心智的产物等等。又比如，什么是植物的本质呢？从表面形态上看，许多植物一般包括根、茎、叶、枝、花、果等等。但这只是表象，植物学家要弄清植物的本质，还需要深入到微观和宏观的领域才能揭示出更多的属性。走向微观，植物学家会把植物的各种活动，物质、能量、信息的转化还原到细胞水平、分子水平、甚至电子水平。他们还创造了"细胞工程""基因工程"等方法，可迅速繁殖和创建植物新品种。比如，在分子水平，他们发现绿色植物的生存靠的是叶片中的叶绿素把日光能转化为化学能（简称"光合作用"），释放出氧气来维持其生存。如果研究走向宏观，则研究的课题涉及"环境保护""生态工程"，甚至扩大到地球生物圈的组成及其调控的研究等。目前，植物学已发展为包括众多分支的知识体系。所以，对于什么是植物学的回答，会随着人们认识的深化而发展。同样地，"语言学"这一概念也不是一成不变的，也会随着时代和科技的进步而演化。近年来，随着认知科学的发展，越来越多的研究者开始把语言看作是通过大脑神经系统实现的高级认知功能。因此，当代语言科学的研究本体，除了传统的符号维度、社会文化维度、心智运算的维度外,还需要深入到认知神经科学的维度,语言学应看成是认知科学大家庭的一员。

人类自古就对心智是如何认知世界的问题充满好奇。而直到到笛卡儿开创认识论哲学,人们都只能通过行为观察加上哲学思辨去猜想心智的本质。至于大脑究竟是如何加工信息,如何认识世界的,仍然只是一个无法探知的"黑箱"。随着计算机时代的到来,人们把大脑对信息的加工过程类比为计算机的信息处理过程,即提出了"人脑是计算机"的隐喻。Chomsky 的转换生成语言学是受这个时代思想影响的产物。当代,随着神经科学对脑损伤患者的大脑功能与结构的对应关系的推测,尤其是神经影像技术的出现,人们可以探测大脑在进行认知加工过程中的神经活动。亦即,对认知的研究是从外部的行为观察和哲学思辨,逐渐演变到更加客观、科学的实证研究范式。

本章,我们将讨论以下几个方面的问题:(1)什么是认知科学(第一代和第二代之分);(2)综述对心智的哲学研究和科学研究;(3)语言本体观是如何伴随着心智研究的发展而演变的;(4)当前的认知神经语言学的相关研究综述;(5)厘清语言科学解释的层次,以及语言、心智、脑三者的关系;(6)超学科视域下的语言科学研究;(7)如何建构认知神经语言学理论的方法论模型。

7.1 两代认知科学

什么是认知科学呢?唐孝威认为,**狭义**的认知概念主要指人脑处理信息的过程,**较广义**的认知把动物和机器都包括进去,**再广义**的认知指智能,而**更广义**的认知指心智与脑(2012:2)。武秀波也认为,认知科学是研究人、动物和机器智能的本质和规律的科学。研究内容包括知觉、学习、记忆、推理、语言理解、知识获得、注意、情感、意识和动作控制等高级心理现象。它是在心理学、计算机科学、神经科学、语言学、人类学、哲学 6 个相关基础科学交界面上发展起来的高度跨学科的新兴科学,其中人工智能和认知神经科学是认知科学的主要学科(2006:2)。

而 Lakoff & Johnson(1999)认为,这种定义属于"第一代认知科学",因为该定义仅仅把认知看作是信息的、抽象的、离身的(disembodied)符号运算或算法,是基于"人脑是电脑"的隐喻。"第二代认知科学"认为,**认知是具身的,认知不仅是人脑的功能,我们整个身体也都参与其中**。即人脑不仅只是处理来自外界的信息,它也时刻加工来自我们身体并源源不断向大脑输送的信息，包括皮肤、肌肉、骨骼、内脏、血液，以及更加微小的化学物质，比如神经递质、荷尔蒙等。因此，可以说我们的大脑不是传统意义上的电脑，而是一个超级智能电脑，它与身体不断地进行交流和对话，**我们大脑的认知加工是经过身体的预处理后的认识活动**。而身体对信息的加工很大一部分在我们的意识之外。更确切地说，我们靠内省、反思、感知到的有意识的思维只占大脑加工信息的很少一部分（大约5%），95%的信息其实是我们无法意识到的、隐性的信息加工。人脑并不是在无生命的硬件（hardware）上加工信息，而是在由神经细胞、神经纤维、神经网络等构成的、有生命的湿件（wetware）上处理的。而这种生物性材料决定了我们的认知是具身的，而非纯粹抽象的、符号运算式的信息加工方式（Damasio，2018；Mayer，2018；Meteyard 等，2012）。

从心智研究的历史来看，人类对心智的研究经历了**从哲学到第一代认知科学，再到第二代认知科学，即具身的认知神经科学**的发展演变过程。下面，我们先综述对心智的哲学研究和科学研究。

7.2 对心智的哲学研究

在西方，哲学是一切科学之母。认知科学也脱胎于人们对心智的哲学思辨。从历时角度来看，心智的哲学研究经历了从本体论到认识论，再到认识论的"语言转向"，和心智哲学等发展阶段。

7.2.1 从本体论转向认识论——从"何物存在"到"对于存在我知道什么"

自古以来，人类从未停止过探索自身认识能力的本质、来源和限度等问题。比如，尽管古希腊哲学家们的主要兴趣集中在研究本体论——"何物存在"上，但以亚里士多德为代表的许多思想家都讨论过知识的本质问题，包括心灵的本质、各种感官（视觉、听觉、触觉等）在知识中扮演角色、理性的角色、人类认识的限度等论题。不过，早期的探索只能通过哲学思辨或猜想心智是如何获得知识的。

笛卡尔是现代认识论的开创者。在他生活的时代，经院哲学占统治地位并敌视科学。经院哲学家们以圣经的论断、神学的教条为前提，用亚里士多德的三段论法进行推论，得出符合教会利益的结论，这种方法的基础是盲目信仰和抽象论断。笛卡尔认为经院哲学是一派空谈，只能引导人们陷入根本性错误，不会带来真实可靠的知识，必须用新的正确方法，建立起新的哲学原理。为此，他提出怀疑的方法（method of doubt）和探究的方法（method of inquiry）。这两种方法结合的结果是推动了哲学的认识论转向（epistemological turn）（沃尔夫，2009：48）。该转向的核心是两个基本问题在秩序上的简单逆转——从古代前苏格拉底时代的宇宙论者（pre-Socratic cosmologists）到笛卡尔时代，哲学家们将"对于存在我知道什么、对于宇宙的本质我能知道什么"等相关问题放在"何物存在，和宇宙本质为何"等相关问题之前，即把考虑认识（knowing）问题放在了存在（being）问题之前。所有最重要的哲学家，如莱布尼兹、洛克、贝克莱、休谟及康德，都将认识论的探讨作为其著作的核心（ibid.: 51）。

关于知识的来源，笛卡尔认为来自上帝赐予的心灵（mind），而脑（brain）控制的人类行为至多是动物所具有的那些行为而已。因此，他主张心身或心脑二元论，认为心灵与身体（包括脑）是互相独立的，心灵是一种精神实体，而脑是物质实体，知识来自心智的理性思维而非感官的经验。虽然他并不完全排斥经验在认识中的作用，但认为单纯经验可能出错，不能作为真理标准。在他看来，数学是理性能够清楚明白地理解的，所以数学的方法可以用来作为求得真理的方法。他的梦想是创造一套数学物理，舍弃观察和从视觉、嗅觉、听觉及触觉而来的资料收集，而是由逻辑及数学前提与经过严格演绎证明来建立的一套普遍的科学体系（ibid.: 60）。

7.2.2 认识论的语言转向——将心智问题还原为对语言的逻辑分析

然而，到了19世纪和20世纪之交，笛卡儿的理性主义心智观和把数学当成先验真理的论断受到了当时科学和哲学思潮的挑战。这是由于一方面，在物理世界的研究中，当时自然科学的革命性进展逐渐使传统哲学关于自然的思辨成为多余的累赘。毕竟，倘若我们能依据数学计算预测天体的运行轨迹，并能用仪器观测到它们的运动，那些关于宇宙的思辨和空想就不再有存在的必要了。另一方面，在冯特（Wilhelm Wundt，1832年8月16日—1920年8月31日）开创实验心理学之后，对人的精神现象的研究逐渐从哲学中分离出来，成为一门实证科学——心理学。其首要目标是研究数学和逻辑思维的心理基础，如，密尔把逻辑和数学的基础归结为心理联想。这意味着实验心理学开始向柏拉图、笛卡儿关于数学和逻辑的先验性的观点发起挑战（赵敦华，2004）。

尽管弗雷格、皮亚诺、Russell和怀特海等人把数学的基本概念和规则纳入逻辑演算系统，证明了数学命题的分析性和数学公理系统的逻辑性，从而首次把数学的基础归结为逻辑。但这并没有最终回答心理主义的诘难：**如果数学的基础是逻辑，那逻辑的基础是什么呢**？如果确如心理主义者所说，逻辑的基础不过是心理活动，那么数学归根到底还是经验的知识。

于是，一些哲学家在 20 世纪初开始对数学的逻辑基础进行探讨，并开拓了一个新的哲学领域——**语言的意义理论**，实现了现代哲学的"**语言转向**"。在上一章我们已经介绍过，弗雷格、Russell、维特根斯坦、克里普克等语言哲学家主张逻辑实证主义，旨在将认识论问题还原为语言的逻辑关系问题。他们认为，自笛卡儿以来，哲学家们提出的认识论都是无法实证的形而上学理论。要认识人的认识问题，或"知识何以可能"的问题，应放弃对"看不见的"心灵的各种猜想和揣测，通过逻辑地分析心灵的外在表现——语言，来揭示心灵和世界的本质。他们假定语言与心智和实在是逻辑同构的，认为逻辑由语言体现，语言的意义是与逻辑规则相辅相成的对应领域。语言的意义既不属于物理世界，也不属于个人的心理世界，而是存在于事实、思想和语言之间。他们通过对语言的概念进行逻辑分析进入传统哲学的各个领域：世界、客体、思想、自我、真理、规律、经验、善恶、美丑等等（ibid.: 57）。

后期的语言哲学家奥斯汀、格莱斯、塞尔和维特根斯坦等人提出，语言的意义不是存在于语言符号的逻辑关系中，而在于语言的使用中。因而，他们将语言的意义问题归结为在特定社会语境中，遵守公共的社会规约的意图或意向性（intentionality）。哲学研究从追求纯客观的、逻辑的、理性的心智范畴开始进入公共心理领域，并进一步延伸到心智哲学。

7.2.3 心智哲学的兴起——关于心脑关系的争论

塞尔、普特南、斯特劳森等哲学家认识到，要弄清心智如何认识实在（reality），需要首先了解心智的结构、机能和性质，以及心智与身体、心智与脑的关系。因此，哲学研究的重点从语言哲学转向了心智哲学（philosophy of mind），即转向对心智的本质、心理事件、心理功能、心理性质、意识，以及心智与身体，特别是与大脑关系的探讨。

心脑关系问题是心智哲学的核心问题，对此的认识主要分为三大派别："心脑同一论"（the identical theory of mind and body）、"心脑二元论"（mind-brain dualism）和"心脑的功能主义"（mind-brain functionalism）。柏拉图、亚里士多德和笛卡儿都属于**心脑二元论者**。他们认为思维和理性都是心智的功能，本质上独立于作为物质的身体和大脑。巴门尼德和斯宾诺莎则主张**一元论**，认为心智和身体在本体论上并不属于不同的实体，而是同一的。一元论又分为物理主义（physicalism）和唯心主义（idealism）。**物理主义**把世界的本原还原为物质的，心智也是物质进化的结果；而**唯心主义**认为世界的本原是精神的，一切存在都是精神的，外部世界要么是精神本身，要么是由我们的精神创造的错觉。

随着计算机科学的兴起，人们开始将人脑与计算机或人工神经网络数学模型在行为水平上进行类比，提出了**心脑的功能主义**主张，并基于信息论、控制论等人工智能理论建构语言的认知处理模型。下一节，我们介绍认知科学是如何研究心智的。

7.3 对心智的科学研究

自 1956 年认知科学诞生以来，对心智–大脑认知功能的研究主要有三种视角（罗跃嘉，2006）：

（1）认知心理学视角；

（2）人工神经网络视角；

（3）认知神经科学视角。

认知心理学视角是把人脑类比为计算机，采用自上而下的策略，即先确认一种心理能力，再去寻找它所具有的计算结构。基于人工智能理论建构的心智认知处理模型主要发展了四大理论体系：

（1）物理符号论。这是人工智能的认知科学理论，该理论把认知过程看作是对来自外部输入的离散物理符号的处理过程。

（2）联结理论。该理论认为认知活动本质终于神经元间联结强度不断发生的动态变换，它对信息进行并行分布式处理。这种联结与处理是连续变化的模拟计算，不同于人工智能中的离散的物理计算。

（3）模块论。受计算机编程和硬件模块的启发，Fodor 提出认知功能的模块性，认为人脑在结构和功能上都是由高度专门化并相对独立的模块组成，这些模块复杂而巧妙的结合，是实现复杂精细认知功能的基础。

（4）生态现实论。该理论反对物理符号论，认为认知决定于环境，发生在个体与环境的交互作用中，而不是简单发生在每个人的头脑之中（ibid.: 11）。

人工神经网络研究视角是把大脑看作是一种神经网络，应用类似于大脑神经突触联接的结构进行信息处理的数学运算模型，由大量的节点（或称神经元）之间相互联接构成。每个节点代表一种特定的输出函数，称为激励函数（activation function）。每两个节点间的连接都代表一个对于通过该连接信号的加权值，称之为权重，这相当于人工神经网络的记忆。网络的输出则依照网络的连接方式，权重值因激励函数的不同而不同。而网络自身通常都是对自然界某种算法或者函数的逼近，也可能是对一种逻辑策略的表达。这是采用自下而上的策略，先建立一个简单的神经网络模型，再考察这个模型所具有的认知功能。从最简单的模型入手，不断增加它的复杂性，就有可能模拟出真正的神经网络，从而了解认知的真相。可见，这与真正的神经及突触连接并不相同。

认知神经科学则是运用无创伤性脑功能成像技术包括 PET、fMRI、SPECT、ERP、MEG 等。通过记录不同的物质变化，使我们从脑外观察到脑内的具体部位进行高级功能活动的物质图像。这也是采用自下而上的策略，但与人工网络不同，它是从真正的大脑工作方式入手、来研究认知。尽管这还不是对高级功能活动本身的观察，但毕竟与原来不能无创伤地从脑外观察相比发生了质的变化。

从心脑关系上看，前两种研究视角都是基于心脑的功能主义假设，即将人脑与计算机或人工神经网络数学模型在行为水平上进行类比，而不管作为其物质构成的生物细胞和电子元件的区别。然而，随着神经科学的发展，这种脱离人脑的功能主义认知观已再难成立。

这是因为一方面，人脑虽然是个信息处理系统，但与传统的计算机大不相同。Feldman（1985）指出，人脑以毫秒级速率计算，这比现有的计算机慢百万倍。因为许多认知活动的反应时间不过上百毫秒，人脑必须在一百个计算时步（time steps）内解决困难的识别问题。这一时间限制还表明脑细胞之间传递的信息必须是简单的……Feldman 说"这一切对认知科学来说到底意味着什么？它意味着人们传统地把人脑看作只是一个直接译解象数理逻辑、生产系统或转换生成语法之类的形式描述系统的观点不复成立。也可能人们的认知机制可以用这些方法来'描绘'，但那一百步限制排除了人脑直接利用这些描写方式的可能性。即使转换语法到头来被证明是一个完整的语言理论，另一个关于人脑如何处理语言的理论还是必不可少的"（郭承铭，1993：4）。

另一方面，对心智的研究离不开对脑的研究。在认知心理学时代，大脑被视为黑匣子，认知心理学家们很少考虑其理论的神经基础或者关于现象的脑机制。人们对认知和脑的研究分别归属于认知科学和神经科学。他们建构了信息论、控制论及计算机的概念来理解和解释心理（和语言）现象，并构造各种认知心理模型，认为计算机的程序员无须研究运行程序的硬件——脑，而只需在行为分析水平上发现运行的心理程序，对于脑的研究是神经科学家的任务，不是心理学家的任务（魏景汉，2008：5）。20世纪70年代后期，认知神经科学的出现才突破了认知科学与神经科学之间的知识壁垒。这是因为近年来，脑功能成像技术的出现和研究正在不断地为认知过程的脑机制提供大量有价值的信息。"有些争论多年的不同理论由于增加了脑内激活位置、激活程度、激活时间等方面的指标而变得清晰了，有些难以研究的问题（如反馈抑制）由于有了脑功能的指标而变得容易研究了。这些事实使广大心理学家认识到，应该而且必须放弃研究认知可以脱离脑而进行的观点，用心理活动脑机制的概念取代心理与计算机程序之间的类比"（ibid.）。魏景汉认为，"现在必须放弃这样的观点：认知的研究可以脱离脑的研究而进行……心理学已经进入了认知神经科学时期"（ibid.：6）。语言的认知研究也不例外，杨亦鸣等说，"当语言学研究的目的从描写人类语言行为发展到解释人类语言能力的时候，语言学就不可逆转地走上了认知科学的道路，语言学由此迅速逼近语言神经机制和脑功能的研究，最终形成了跨学科的神经语言学"（杨亦鸣，2010：5）。

研究问题与研究方法总是相辅相成、相得益彰的关系，新兴的认知神经科学和突飞猛进的技术必将给语言学带来研究范式的转换。例如，在发明显微镜之后，医学和生物学就从对生命现象的肉眼观察进入到了细胞层次的微观研究范式，研究问题由此变得更加深入和细化。而随着基因工程的相关技术，如核酸凝胶电泳、核酸分子杂交、细菌转化转染、DNA序列分析等的开发和利用，生命科学的研究领域更是进入了分子水平阶段，研究范式再次发生革命性的转变。正如魏景汉指出的，"新方法的出现，特别是方法学的突破往往是新学科出现的条件"（2008：4）。生物心理学家James Kalat也说，"几乎在任何领域的所有研究上取得的进步都有赖于不断改进的测量手段"（2008：iii）。他举例说，"我最近听到一个研究人员描述的新方法能让他测量在不到一秒的时程内，从单个轴突上释放的神经递质。果真如此，可以想象，我们就能解答在今天连问都还无法问清的问题了"（ibid.）。

我们认为认知神经科学带给语言研究范式的改变至少会体现在如下三个方面：

（1）研究层次的深化或微观化。从早期在宏观层次上对语言现象的描述和分类，到基于某个哲学基本假设，演绎构造语言认知理论假说，再到基于认知神经科学的实证研究和科学解释，对语言与心智和脑的关系的研究愈趋科学化。

（2）研究领域的交叉化和集成化。语言学不再局限于研究语言现象和言语行为，而将与认知科学的相关学科交叉整合，集成为超学科的研究领域，共同探索语言、心智和脑的奥秘。

（3）研究方法和手段的科学化和高新技术化。语言的研究不再停留在语言文字和人类行为的表层，而须深入到脑神经层面，利用尖端技术对产生语言现象和言语行为的神经机制寻求科学解释。

下一节，我们将简要梳理心智研究的演变发展对语言本体观的影响。

7.4 心智研究的发展与语言本体观的演变

上面提到了对心智的探究经历了从哲学思辨到认知心理学，再到认知神经科学的历程，相应地，**语言研究的本体也从"外在"走向"内在"，即走向探究语言的认知本质**。事实上，不同的语言理论都从不同的认识论出发，具有不同的语言本体观，他们对心脑关系的认识可总结如表7.1。

表7.1 不同心智哲学观的语言理论及其认知观和代表人物

认识论基础	语言理论	代表人物	语言本体观
逻辑实证主义	真值语义学	理想语言学派：弗雷格、Russell、维特根斯坦（前期）	假定语言、心智和实在是逻辑同构的，通过对语言进行逻辑分析，揭示心智和实在的结构
语言使用论	语用学	日常语言学派：奥斯汀、格莱斯、塞尔、维特根斯坦（后期）	语言的意义来自会话者通过有意图（意向性）的话语产生的会话含义或言语行为。会话含义的解读则基于特定语境中公共心理所遵循的社会规约，如合作原则、礼貌原则、关联性或顺应性等
经验论（行为主义）	结构主义语言学	Bloomfield	因无法直接研究语言的认知心理，主张通过行为（观察语言行为者对刺激的反应）推测语言使用者的认知心理

(续表)

认识论基础	语言理论	代表人物	语言本体观
唯理论	转换生成语言学	Chomsky	认为人类心智具有与生俱来的语言习得机制，只要给予有限的语言素材，这一机制就能帮助人们习得某一特定语言的语法
语言相对论	Sapir–Whorf假说	Sapir、Whorf	认为语言结构塑造心智的结构，不同的语言具有不同的认知或思维方式
符号计算主义	计算语言学	John von Neumann 和 Winston	将心智类比为计算机，基于信息论、控制论等人工智能理论建构语言的认知处理模型
社会建构论	系统功能语言学	Halliday	从社会学、人类学等相关理论出发，认为心智结构受到社会文化环境，尤其是语言的建构，不同的语言表达实现不同的社会意义
具身论	认知语言学	Lakoff、Langacker等	从具身哲学出发，认为心智的本质是具身的，语言的意义和语法结构都具有具身性

可见，**对于语言的本质是什么的问题，既要取决于特定的认识论基础，又取决于时代和科技的发展水平**。因前面都已有过较多论述，在此不再赘述。下面，我们举一例子来说明，任何理论都不是终极真理。随着对语言本质认识的深入，新出现的研究范式有可能证实、修正或证伪许多传统理论。例如对儿童语言学习的研究表明，其过程既非 Skinner 的"外部强化论"，也非如 Chomsky 的"天赋论"所言。十个月以下婴儿的话语感知和产出使用普遍模式（universal pattern），能分辨世界上任何语音的细微差别，以备他们习得任何语言。但一岁后，儿童大脑开启专门语言模式（language-specific pattern），仅对母语的语音敏感。研究还发现，语言不是大脑自治的认知能力，儿童大脑很早就依靠一般的感觉和认知能力调适话语的感知和产出，人类在婴幼儿早期就具备了语音、词汇、句法的知识。"妈妈语"（motherese）夸张的语音语调也有助于儿童的语言学习（Kuhl & Damasio，2013：1355-1360）。除了儿童语言习得研究，第二语习得、失语症等也都是新的研究范式能够大有作为的领域。可见，心智研究从认知科学走向认知神经科学，对语言的科学研究也将深入到认知神经的层面。

7.5 基于认知神经科学的语言研究

认知神经科学的迅猛发展使得对语言的研究愈来愈与认知科学和神经科学交叉融合，成为日趋自然科学化的学科——语言科学。语言的认知研究有望在神经层面获得机制性解释和验证，目前从事这方面研究的主要来自以下三个领域：

（1）神经语言学界。运用病理观测和脑成像技术等手段研究语言认知的性质和规律，可分为两种研究路径。第一种为演绎型研究，是基于哲学、心理学或神经科学的假设构建一套不悖于大脑事实的语言理论体系。如神经认知语言学家兰姆（Sydney Lamb）建立的语言关系网络模型（程琪龙，2004），Feldman（2006）和 Lakoff（2008）为具身的语言认知理论寻求神经科学证据的研究。第二种为经验型或实证型研究，是通过对失语症患者的观测或运用 ERP、fMRI 等脑成像技术推测各种语言现象的神经实现，以验证、修正、精细化相关语言理论。如杨亦鸣（2000）有关中文大脑词库的研究，梁丹丹（2010）以及冯骏（2015）对动名分离现象的讨论，周统权等（2010）对动词复杂性的探讨，杨波、张辉（2007）对通感现象与通感形容词的脑神经基础的研究，朱琳（2015）对构式语法和镜像神经元的相容性的探讨等，都对传统的相关语言理论进行了完善、补充、确证或修正。

（2）认知心理学界。运用失语症观测和脑成像技术研究语言认知加工的神经机制。如彭聃龄等（2004）运用 fMRI 技术研究单字词的自动语音激活，周晓林等（2004）有关汉语听觉词汇加工中声调信息对语义激活的制约作用的研究，韩在柱、毕彦超（2009）对阅读理解的脑机制的探讨，杨洁、舒华（2010）关于对习语理解的大脑半球机制的研究，陈庆荣和杨亦鸣（2017）通过眼动研究古诗阅读的认知机制，张辉（2018）对二语学习者句法加工的神经机制研究等，都试图通过观察语言的加工过程探讨脑的认知机制。

（3）临床医学界。主要研究言语障碍［分为发声障碍、发音（构音）障碍、及语流障碍（口吃）］、语言障碍（包括儿童语言发育迟缓、失语症）、听障儿童的言语和语言障碍等，如林馨、王枫（2010）使患者逐步实现语言康复的目标，司博宇等（2013）基于声控游戏进行儿童言语障碍康复系统的设计，刘玉娟（2018）对婴幼儿言语障碍的探讨。

因目标、旨趣各异，这些不同进路的研究各自揭示了语言–认知–神经三者关系的不同侧面，使研究的领域愈趋广泛和深入。然而，目前相关学科间还未形成有机整合，也尚未建立起系统的研究方法学。具体表现在：

（1）从学科内部看，还需厘清语言学系统内部的结构和层次以及不同层次之间的关系；

（2）从学科外部看，尚未系统、科学地整合语言学与认知科学的其他相关学科，形成跨学科、多学科、甚至超学科研究领域和方法学；

（3）从研究方法论上看，我国语言学界尚存在重实证研究、轻理论体系建构的问题，因此需澄清理论研究与实证研究的关系、假说演绎法与经验归纳法的关系。

该如何系统地研究语言呢，语言、心智和脑之间的关系的关系是什么呢？我们将在下一节讨论。

7.5.1 厘清语言科学解释的层次

在第一章，我们已经讨论过，对语言研究分不同的层次，即从外在表象上看，语言是实现社会交往的手段之一，表现为适应于特定社会和文化中的言语和行为或属于语言的行为层或现象层。从内在认知机制上看，语言是人脑的高级认知功能（属于心理层和神经生理层研究的范畴）。同时，在上一章我们讨论过，语言与哲学中的意识问题、认识论问题密切相关。传统的语言研究主要是在现象层面对语言和言语进行分类、描述。这就如同早期的生物学（biology）——将不同种类的植物、动物等分为纲、目、属、种。而到了认知神经科学时代，语言可以从行为、认知心理、神经回路、神经元甚至到分子层次加以研究和解释。这如同到了分子生物学时代，生物学就与物理、化学等学科日趋融合产生了生命科学（life science）一样。正因如此，Chomsky（2002，2010）指出，语言学终将与脑科学统一，可以从心理学、神经科学等不同层次去研究。

目前，对语言的研究也分"从外向内"和"自内而外"两种路径。从外向内是通过观察、语料统计分析等手段，研究社会文化中的语言行为/现象，提出相关理论假说，再接受行为、心理和脑神经实验的检验，以获得汇聚性证据。自内而外则是基于认知神经科学的相关研究发现，构造关于语言认知加工的模型，用于解释更多的语言及认知现象。

我们认为，语言学家的任务应包含构造假说和验证假说两大方面，它们之间是相辅相成的。前面讨论过，西方理论假说的构造往往采用的是**"自上而下"的假说演绎法**，即基于特定的哲学假定，再佐以相关的自然或社会科学证据，建构一套内部逻辑融贯的理论体系。国内的学者较多采用"自下而上"的经验归纳法。比如,陆丙甫的轨层理论、戴浩一的时间顺序理论、沈家煊的关联标记理论等等(金立鑫,2007),都是基于对语料的分析、归纳构造一套关于语言结构规律的假说。验证假说是否科学则需要通过科学实验。

不过,传统的理论验证主要还停留在语言现象层或行为层,比如Chomsky的内省法和基于语料库的统计分析法等。而随着认知神经科学的发展,不能再满足于停留在语言的表象层,更应深入到语言底层的心理层和神经层寻找科学依据,对相关语言行为构造机制性**解释模型**。

7.5.2 语言学需要进入超学科发展模式

得益于认知神经科学的发展,语言学除了在自身学科内部向纵深方向发展外,还需要在外部与认知科学的相关学科,包括神经科学、哲学、心理学、人类学、人工智能和教育学等之间会发生多层次、多维度、动态的交叉整合(见图7.1),涌现出超学科的研究领域。这是因为一方面,语言在本质上属于人脑的认知机能,研究语言就不可避免要涉及认知科学和神经科学。另一方面,随着研究领域的拓展,教育学、心理学等学科的研究也与认知神经科学交叉融合,成为教育科学和心理科学。语言学及应用语言学将与这些学科交叉,会产生涌现效应。传统的跨学科(interdisciplinary:指两个学科之间的交叉)、多学科(multidisciplinary:指三个以上的学科间交叉)研究(见图7.2)已不足以解决一些新问题,而需要多种学科来推动超学科(transdisciplinary)研究模式的出现。

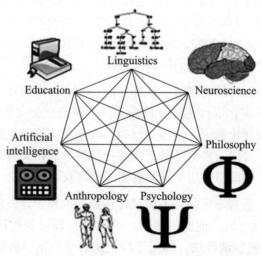

图7.1 语言学与认知科学的相关学科交叉整合(Miller,2003)

第七章 当代语言学是认知科学大家庭之一员

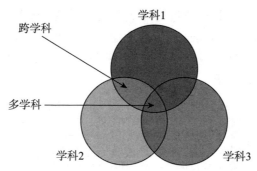

图 7.2 跨学科与多学科的学科间交叉关系
（经济合作与发展组织，2010：139）

按照小泉英明（Hideaki Koizumi）提出的超学科知识发展模型，随着语言学与相关学科之间桥梁的建立，将会逐渐出现一门具有独特方法与组织的子学科，并进入动态的元结构发展过程（见图 7.3 左）。新建的超学科可反过来对母学科产生影响，母学科可同时产生几个子学科。这些子学科又可产生新的子学科，以此类推，呈现知识的爆炸性增长（见图 7.3 右）。比如，神经科学、语言学、教育学、心理学的交叉融合，可以产生认知神经教育语言学等等。

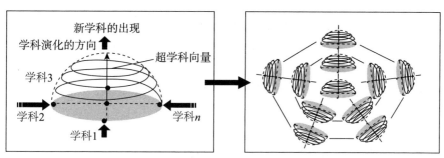

图 7.3 超学科的知识发展模型
（经济合作与发展组织，2010：139）

在超学科视域下，语言学与其他相关学科交叉整合，我们该如何评价语言研究的不同层次的证据效度呢？下面我们进一步讨论。

7.5.3 认知神经语言学的方法论模型

我们提出，今后的认知神经语言学的理论建构应当自上而下分为五个层次：哲学层、语言现象层、认知行为层、心理层、认知神经层。这五个层次分属两大环节：构造假说的环节和验证假说的环节，它们彼此互动。这是因为建构的理论需实证科学的证据支持，否则只是未经验证的假说；而实证研究只有在理论假设的驱动下才获得解释，否则神经影像呈现的只是无意义的图像（如图7.4所示）。

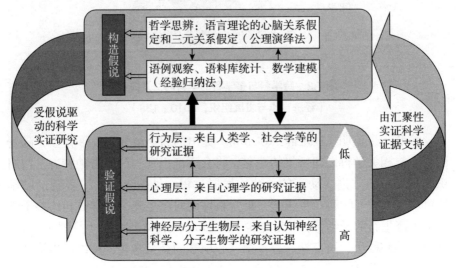

图 7.4　认知神经语言学的方法论模型

前面已经阐述过，哲学是建构语言理论体系的"地基"。语言理论大厦都是从特定的地基出发，搭建而成的。西方的语言理论正是通过这种演绎的方式，将纷繁复杂的语言现象纳入特定的认识论框架内，从而获得系统的认识。然而，传统的语言研究，如 Chomsky 和 Lakoff & Johnson 的理论，由于无法获得大脑认知神经的相关研究证据，对理论的验证主要靠对语言的直觉、内省或概括。但通过这种方式获得的证据的效度比较低，因为我们的心智大部分是无意识的，无法通过内省获知。

我们认为，认知神经语言学理论的哲学假定是**心身一元论，即假定心智的认知功能都来自大脑和身体互动产生的神经活动，不是来自其他神秘的、抽象的、离身的心灵或社会交互中的涌现等等**。在认知神经语言学的方法论框架内，哲学思辨和对语言现象的概括总结和直觉内省等都属于构造假说层。而验证假说分为行为层、心理层和神经层。与 Chomsky 和 Lakoff & Johnson 等的理论不同，认知神经语言学不再把内省直觉当作实证证据，而是可当作理论假设的一部分。

验证假设的证据可来自人类学、社会学、心理学、神经科学等，但这些证据处于不同的层次,具有不同效度:从行为层、心理层到神经层,证据效度递增。也就是说,该方法论将有助于对语言假说的合理性或解释力进行评价。评估证据的效度一方面取决于证据来源的层次(层级越低,效度越高),另一方面取决于证据之间的兼容性(若不能兼容,则需调节它们之间的适配度),来自行为层、心理层和神经层的证据形成汇聚证据。并且,这五个层次不是单向的,而是双向的互动关系,可使研究不断深入。总之,研究语言的本质需要以**认知神经科学**为科学基础。

此外,本方法论将有利于开展超学科研究。过去,语言学的不同研究方向"各自为政",缺乏总体目标和联系,也无法评估各种研究成果对语言科学研究的支持度。在该模型内,人类语言学、社会语言学、计算语言学等处于语言认知研究的表层/行为层,心理语言学属于中层/心理层,而神经语言学、生物语言学处于底层/神经层。上面层级的研究发现可作为下面层次进行实证研究的假设,而下面层次对上面层次进行证实(或证伪)。从思辨性研究→描写性研究→实证性研究,以及从行为层→心理层→神经层,证据效度递增。

在第一章我们曾以语用学为例指出,传统的语用理论,包括合作原则、礼貌原则、关联理论和顺应理论等大都是基于哲学、社会学、心理学等相关理论构造的假说。认知心理学的发展,促使人开始使用心理图式、象似性、隐喻等理论解释语用现象。但这些既未得到经验科学的验证,也未能提供语用认知的因果解释。近年来,通过脑损伤及自闭症患者的脑发育异常推知:正常人的语用能力必须具备良好的自我知觉(需内侧前额叶皮质的参与)、自我知识、对他人的知觉(都需要镜像神经元为心理模仿提供神经基础)和社会知识(需眶额皮质的参与)(Bear,2011;Gazzaniga,2014)。杨亦鸣(2007)通过失语症病人的研究,推论认为人脑中存在掌管语用的神经机制。

尽管我们强调语言理论体系的构建应以认知神经科学为基础,但并不主张采取简单的还原论立场。对语言认知的系统研究,还需要基于复杂性科学,把语言学纳入认知科学的大框架内,与其他相关学科如哲学、心理学、神经科学、人类学、人工智能、教育学交叉整合,形成超学科研究领域,共同探索语言、心智和脑的奥秘。

第八章

复杂性科学视野下的语言科学研究

人类语言是一个多层次、多维度、有生命力、不断演化的系统。然而，受传统的科学方法论思想和分析哲学的影响，对语言的研究主要是采取静态的、分析的、演绎逻辑的、原子论的路径（atomistic approach），或基于形式规则的语法、封闭的算法或符号的表征等方法。这些研究路径从方法论本质上看都属于还原论（reductionism），即试图通过把复杂现象分解或还原为简单的要素和组分，去认识和把握事物本质或客观规律。语言学家们往往将语言分解为字、词、句、篇等层次，并在音、形、义等维度上研究其结构和意义，将语音分解为音素、词分解为词素、词义分解为义素等。为了便于研究，在学科内部形成各种分工。比如，将语言学学科分为理论语言学、描写语言学和应用语言学，它们之下又细分不同的研究方向。

这种分析的研究方法尽管对研究简单系统和复合系统比较有效的，比如把宏观物质分解为微观的分子、原子、质子和电子等，以及把活塞式内燃机拆分为曲柄连杆机构、机体和气缸盖、配气机构、供油系统、润滑系统、冷却系统、起动装置等。但对于复杂动力系统包括语言、认知、大脑、社会等则存在根本的缺陷。这是因为语言与其相关因素包括社会、文化、行为、认知心理、脑神经等有着丰富多彩、动态的互动。通过这种互动，语言由此形成一个非线性、动态、不可还原、涌现的复杂系统。

由于具有上述属性，对复杂系统并不能用还原的方法去认识和理解。譬如，对人类社会不能将其分解为不同的团体，再到不同的个体，然后到组成个体的分子，比如碳水化合物以及一些微量元素。换句话说，组成生物的化学元素并不是靠简单相加或化合就能形成活的生命、人类意识以及关系复杂的人类社会的，即"系统大于部分之和"。正如西利亚斯（Paul Ciliers）所指出的，"复杂系统并非仅仅是由其组分之和构成，而且也包括了这些组分之间内在的错综复杂的关系。在'割裂'（cutting up）一个系统时，分析的方法破坏了所要寻求理解的东西"（2006：2）。因此，有必要探讨复杂性科学对语言研究的方法论意义。

8.1 当前语言研究方法中存在的问题

当前的语言研究主要是基于还原论的传统，但还原的方法对复杂系统往往显得无能为力。那么何为复杂系统？语言为何是复杂系统？还原论的方法在解释语言现象方面有何缺陷？

8.1.1 什么是复杂系统？

顾名思义，复杂系统就是具有复杂性的系统。什么是复杂性呢？胡笔吟认为，"复杂性，是认知主体对认知对象不完全可知的认知关系特征……是系统上层涌现属性不能通过确定性图灵机上多项式时间算法归因于低层组分属性与规律的系统特征"（2010：83）。简言之，复杂系统是低层次要素通过涌现形成的，这种涌现是非线性的、不可还原为低层次组分的。

在《复杂性与后现代主义：理解复杂系统》中，西利亚斯区分了简单系统、复合系统与复杂系统。他说"许多系统貌似简单，但仔细考察时却显示出显著的复杂性（如树叶）。另外一些貌似复杂，却可以简单地描述，例如某些机器（如内燃机）"（2006：3）。复合系统指一些系统，虽然由非常大量的组分组成，承担着精致复杂的任务，但却能够被精确地加以**分析**，比如CD播放器、雪花、芒德布罗集。而复杂系统往往由错综复杂的**非线性**关系和反馈回路所构成，每次只有可能对某些方面加以分析。而且，这些分析总是会引起种种曲解。复杂系统往往与活事物联系在一起，比如细菌、大脑、社会系统、语言等都属于复杂系统。由于无法给出关于复杂系统的确切定义，他提供了一张复杂性系统特征的清单（西利亚斯，2006：5-6）：

（1）**复杂系统由大量要素构成**。当要素数目相对较少时，要素的行为往往能够以常规术语赋予正式描述。不过，当要素数目变得充分大时，常规的手段（例如某个微分方程组）不仅变得不现实，而且也无助于对系统的任何理解。

（2）大量要素是必要条件，但非充分条件。我们并没有兴趣将海滩上的沙粒当作复杂系统（来研究）。**要构成一个复杂系统，要素之间必须有相互作用，而且这种相互作用必定是动力学的**。一个复杂系统，会随着时间而变化。这种相互作用，不一定必须是**物理的**，也可以设想成**信息的**转移。

（3）**相互作用是相当丰富的**，即系统中的任何要素都在影响若干其他要素，并受到其他要素的影响。不过，系统的行为，并不是由特定要素相联系的相互作用的精确数量所决定。如果系统中有足够的要素（其中有一些冗余），若干稀疏关系的要素也能发挥与丰富的要素相同的功能。

（4）相互作用自身具有若干重要的特征。首先，相互作用是**非线性的**。线性要素的大系统通常会崩溃成为许多的与之相当的小系统。**非线性也保证了小原因可能导致大结果**，反之亦然。这是复杂性的一个先决条件。

（5）相互作用常常是作用于某个相对小的短程范围，即主要是从直接相邻接受信息。**长程相互作用并非不可能**，而是实践上的制约迫使我们只能作这种考虑。这并不预先排除大范围的影响——因为相互作用是丰富的，从一个要素到任何另一个要素的途径通常包含着若干步骤。结果是，相应的影响也按此方式进行了调整。这可以通过若干方式得以增强、抑制或转换。

（6）**相互作用之间形成了回路**。任何活动的效应都可以反馈到其自身，有时是直接的，有时要经过一些干预阶段（intervening stages）。这样的反馈可以是正反馈（加强，激发），也可以是负反馈（减低，抑制）。两种反馈都是必要的。在复杂系统中相应的术语叫作复归（recurrency）。

（7）**复杂系统通常是开放系统**，即它们与环境发生相互作用。事实上，要界定复杂系统的边界往往是困难的。系统的范围并非系统自身的特征，而常常由对系统的描述目标所决定的，因而往往受到观察者位置的影响。这个过程被称作构架（framing）。封闭系统通常都只是复合的。

（8）**复杂系统在远离平衡态的条件下运行**。因此必须有连续不断的能量流保持系统的组织，并保证其存活。平衡不过是死亡的另一种说法。

（9）**复杂系统具有历史**。它们不仅随着时间而演化，而且过去的行为会对现在产生影响。任何对于复杂系统的分析，如果忽视了时间维度就是不完整的，或者至多是对历时过程的共时快照。

（10）**系统中每一要素对于作为整体系统的行为是无知的**，它仅仅对于其可以获得的局域信息作出响应。这一点极其重要。如果每一要素对于作为整体的系统将要发生什么都"知道",那么所有的复杂性都必定出现在哪一要素中。这会导致,在单个要素并不具有必要能力的意义上的物理上的不可能性;或者在某一特定单元中整体的"意识"的意义上,构成了一种形而上学的冲动。**复杂性是简单要素的丰富相互作用的结果,这种简单要素仅仅对呈现给它的有限的信息作出响应。**当我们观察作为整体的复杂系统的行为时,我们的注意力就从系统的个别要素转移到了系统的复杂结构。复杂性是作为要素之间的相互作用模式的结果而**涌现**出来。

方锦清则将复杂性归纳为如下十大特征(2002:8):

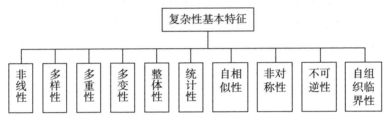

图 8.1　复杂性的十大特征

总之,复杂系统作为整体是不可分析的、不可预测的、不可还原的。它是内部要素丰富的、非线性的、动态的、反馈性的相互作用的结果,具有开放性、非平衡性、涌现性、历史性或时间性等特点。西利亚斯认为人脑是已知的最复杂的系统,语言由于也不能完全进行分析性描述,因而也属于复杂系统。

8.1.2　复杂的语言被简单化研究

语言本属于复杂现象,但由于受西方的科学方法和分析传统的影响,语言系统的复杂性尚未得到有效研究,而是被人为简单化对待了。

- **简单化研究的历史渊源**

传统的科学研究基于这样一种形而上学的信念:自然界的基本规律是理性的、简单的、数学化的。伽利略、牛顿、爱因斯坦等都是这种观点的典型代表,他们相信"简单就是美",试图通过把复杂的事物还原为更简单的行动主体(agent)或过程,去把握复杂的世界。柯瓦雷说,"经典物理诞生的过程包含了一种理性化的努力,换言之,**包含了一种空间几何化和自然规律数学化的努力**"(2008:105)。例如,伽利略的落体定律、牛顿的万有引力定律和广义相对论分别能用简单的数学公式 $h=1/2gt^2$、$F=G\frac{M_1 \cdot M_2}{R^2}$ 和 $E=MC^2$ 表达出来。

这种分析的、还原的、特别是数学化的研究方法源自古希腊哲学传统，到文艺复兴时期开始深入人心，逐渐取得了正统的地位，成为科学方法论的主流。此后几乎所有自然科学学科都沿袭这一研究传统。

数学作为一种逻辑发展和认识自然的工具，是希腊人的创造。**首先是毕达哥拉斯学派提出了非常重要的两条论断：第一条，自然是根据数学原理建立的；第二条，数的关系居于自然秩序背后，统一、解释自然秩序。**而最有效地推广自然的数学研究的希腊人是柏拉图。"柏拉图认为真实世界是根据数学设计的，我们通过感官所知觉到的是真实世界不完美的再现。**实在和物理世界的可理解性只有通过数学才能把握，因为'神永恒地将一切几何学化'**"（克莱因，2007b：44）。对于柏拉图来说，"数学不仅是理念和感觉之物之间的中介；数学秩序是实在本性的真正描述。柏拉图还奠定了公理演绎方法的原则。他将这种方法看成是将知识系统化并到达新知识的理想途径"（ibid.）。

柏拉图认为通过感觉经验无法获得确定、可靠的知识而只有依靠逻辑、数学等理性思维。他在《理想国》中说："如果任何人试图获知感官的东西，不管瞪眼向上或眯眼向下，我都不会说他会真正获知什么——因为这永远得不到真知；同样我也不会说他的灵魂在向上看，而是向下，哪怕他是仰面浮在海上或躺在地上在研究"（克莱因，2007：3）。

这种理性主义的传统也深刻地影响了之后的西方科学文化和思想。受古希腊理性传统和基督教教义的影响。甚至像哥白尼的日心说虽然有悖我们的日常感知，却被最终接受，不是因为日心说比地心说更准确，**而是因为其数学上的简单性**。克莱因说，"为什么数学家和天文学家作了如此巨大的改变，转到日心理论？我们将会看到，在这场革命中数学起了决定性的作用"（ibid.：73）。

文艺复兴时期和随后几个世纪的数学家和科学家是正统的基督教徒，他们接受了这样一教义——**基督教上帝根据数学设计了宇宙**。这样，16世纪、17世纪和多数18世纪的数学家的工作是一种宗教追求。探求自然的数学规律是一种献身行为，会揭示上帝的创造物的荣耀和伟大。"数学知识，即关于上帝的宇宙设计的真理，变得和圣经的任何一行一样神圣不可侵犯。人类不能希冀像上帝自己同样清楚地理解神圣的计划。但人至少可以怀着谦卑和谦逊寻求接近上帝的心智,从而理解上帝的世界"(ibid.: 47)。

正是有了这些形而上学的信念和宗教信仰,西方科学家对于一个数学上更简单的天文学理论的接受变得自然起来了。克莱因说:

> 在探索数学如何揭示和确定我们关于物理世界的知识的过程中,我们已见到人们接受行星运动的日心理论是出于数学的理由。**如果数学上的优点不是那样明显,这一理论能否生存是很难说的,尤其是考虑到教会的反对**……然而,这一理论的确存活下来,而我们将看到,其他理论也是这样,尽管违背我们的感官知觉或迫使我们接受感官知觉达不到的物理实在。接受这种理论的基本理由是从17世纪的数学对科学的统治,再加上那个时代普遍接受数学是真理这一信念(ibid.: 92)。

同样地,伽利略在他的《恒星使者》(Sidereal Messenger, 1610)中写道:

> 哲学(自然)写在永远展现在我们眼前的大书上。我是指宇宙,但是如果不首先学习写这本书所用的语言、不掌握所用的符号,我们就不能理解它。**这本书是用数学语言来写的**,符号就是三角形、圆形和其他的数学图形,没有它们的帮助,人类不可能理解书中一个字,只能徒劳地在黑暗的迷宫中漫游(克莱因,2007b: 102)。

像伽利略一样,牛顿希望"**从清楚可证实的现象出发,构造定律,这些定律用数学的精确语言描述大自然的运作**。应用数学推理,可以从这些定律中推导出新的定律"(克莱因,2007b: 118)。正如他的《自然哲学之数学原理》的书名所指示的,牛顿的工作完全是数学的。而且他说,"他的目的是发现并表述那种精确的秩序,其中'万物在量度、数量和重量上井然有序'"(克莱因,2007b: 118)。

爱因斯坦也说,"我从引力论中还学到了其他东西:经验事实不论收集得多么全面,都不可以帮助人们提出如此复杂的方程。**一个理论可以用经验来检验,但是经验中没有通往理论的道路**"(爱因斯坦,2006: 38)。

总之,从古希腊到近代科学一直沿袭着用数学的方法探索宇宙的奥秘,正如克莱因所总结的:

> 数学关系是宇宙之钥,万物通过数学得以理解,这种毕达哥拉

斯-柏拉图哲学是伽利略通过公式联结现象的量的侧面的方案中的精髓。这种哲学直到中世纪一直都很活跃，尽管像在毕达哥拉斯学派中那样，经常包含在更广的神秘创生理论中，其中数作为被创物的形式和原因。伽利略和牛顿脱去了毕达哥拉斯教义上的神秘联想，给它妆上了新式样，开创了现代科学的风尚（ibid.: 136）。

不难理解，Chomsky 的生成语法理论也是来自这种理性传统——试图将复杂的语言简化或抽象化为一套基于（数学的）递归原则的句法生成系统，并假定所有的表层结构各异的语言都从普遍语法派生出来。**他的理论很容易为西方学术界所推崇，恐怕与西方科学的传统不无关系。**

8.1.3 简单化语言研究中的缺陷

由于还原论的方法在西方科学中取得了辉煌成就，人文社会科学学科也纷纷仿效这种"硬科学的"的研究路子。无论是学科划分还是具体课题的研究都基于上述科学传统和信念。研究者们主要采用原子论进路，通常采取将系统结构拆分，将结构的意义置于独立的层次上。譬如，语言学家们往往将语法和语义划分为相互独立的层次，语法层次被看作是对于语义层次的特定补充。假定一个概念，可以用西班牙语，也可以用日语来"执行"，但仍然保持着其本质意义。类似地，世界上的一个对象，可以在大脑中，也可以在计算机中加以表征——在此，执行不同，但表征相同（西利亚斯，2006：15）。

然而，这种表征的观念对语言概念的理解并不恰当。比如"阴""阳"和与之直接相关的许多概念如"相生""相克""五行""太极""四象""八卦"等并不是孤立地指称外部世界中的实体，也很难在其他语言文化中找到对应的概念和实体，而是需要置于整个汉语文化的系统中才可获得意义。类似地，"上帝""理性""存在""意识""物质""精神"等概念也是西方文化系统中彼此关联的语义场。还有，现在的认知语法和构式语法也发现，句法与语义并不是分离的，而是存在互动的关系。因此，西利亚斯认为，对于语言这样的复杂系统，用表征的概念加以理解是不恰当的。**因为意义并不是语言符号与某个外部概念或对象的一一对应所赋予的，而是由系统自身的结构组分之间的关系所赋予的。**这一思想类似于索绪尔的结构主义的语义观。他认为意义是过程的结果，而这个过程是辩证的——涉及内部和外部的要素。这个过程也是历史的，因为系统先前的状态是至关重要的。这种过程发生在活跃的、开放的复杂系统中（ibid.: 15-16）。

分析的传统和方法一方面导致语言学的分支学科和研究方向变得日益细化和彼此孤立，使得不同方向的研究者对语言的认识和理解互不了解，也难以形成整体的认知；另一方面也使得语言学与其他相关学科的本然联系被人为割裂，各个学科成为散落在知识海洋上的孤岛。这种愈来愈细化的分科也导致语言研究者的研究领域变得日趋狭小和精细，使得即便在语言学内部不同研究方向的学者之间也有"隔行如隔山"的感觉——研究音系的人不懂语义，研究句法的人不懂语用，研究社会语言学的不懂心理语言学、神经语言学等等。研究者往往各自基于不同的视角、站在不同层面上，孤立地研究语言（表 8.1 所示）。这些层次的研究往往互相分离、各自为政，语言学被人为地割裂得支离破碎，导致研究者们各自都在"盲人摸象""见木不见林"。

表 8.1　不同的语言研究层次及其对象和研究方法、视角

语言研究的层次	语言研究的对象	语言研究的方法和视角
社会文化层	特定文化中的语言如何塑造和建构人的思想和意识形态	从社会学、文化研究、传播学、人类学等维度研究，属于社会语言学、文化语言学、人类语言学等的研究范畴
语言符号层	语言的字、词、句、篇的音、形、义	属于音系学、句法学、语义学和语篇分析等的研究范畴
认知行为层	特定社会语境和情景语境中，语言使用中所遵循的社会规约及意向性的言语行为	属于语用学研究的范畴
认知心理层	语言的认知心理结构，包括意象图式、概念隐喻、概念转喻、原型概念认知等	从认知心理学视角加以研究，属于认知语言学研究的范畴
认知神经层	语言理解和产生的脑神经机制	从认知神经科学的维度进行研究，属于认知神经语言学的研究范畴

此外，我们已经论述过，语言学并不是一个孤立的学科，而是与其他相关学科，包括哲学、心理学、人工智能、神经科学、教育学等都互相交织。然而，由于传统学科的划分，使得这些有着天然联系的学科彼此分离。即便有些交叉性研究，也未能达到应有的集成或涌现（emergence）

效应。比如，随着认知神经科学和技术的发展，传统的心理学、教育学都从基于哲学思辨和行为实验、心理实验的研究深入到脑科学层面去揭示大脑和心智的"黑箱"，使得心理学成为心理科学，教育学成为教育科学，语言学与认知神经科学的结合也愈来愈朝向语言科学的轨道发展。这些学科由于都以认知神经科学为基础，它们互相交叉、集成，又会涌现出新的研究问题、方向甚至学科。这也导致今后的学科发展，不能仅仅满足于跨学科和多学科研究，更需要多种学科来推动超学科研究领域的出现。

在上一章，我们简单介绍了日本学者小泉英明提出的超学科知识发展模型。他认为，随着学科的发展，专业化研究愈加精细，但同时专业化学科也愈显出其自身存在的不足：一方面各个学科都产生了海量的知识却难以系统管理和整合，另一方面学科之间的知识壁垒逐渐变得更高大、厚实，但它们之间的分割也许变得缺乏逻辑性——这种静态的学科方法在变得不适应新知识的产生时，是无法提供跨越学科边界的途径的（经济合作与发展组织，2010：139）。

而超学科知识发展模型下，多种相关学科之间相互交叉融合，将会逐渐出现一门具有独特方法与组织的子学科。一旦这一新的学科形成以后，就可以进入动态的元结构的发展过程，作为一门已经确立的学科来对超学科的进一步发展发挥作用。而且，它还可以提供反馈来影响母学科。另外，这整个过程同时并存于许多学科中，创造出一种动态的知识发展方式（图8.2 A-D）。

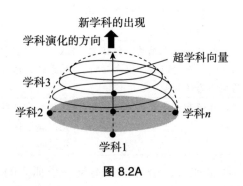

图 8.2A

超学科成熟后进入动态的元结构中，成为一门确定的科学，能够为未来学科交叉大发展作出贡献（ibid.：140）。

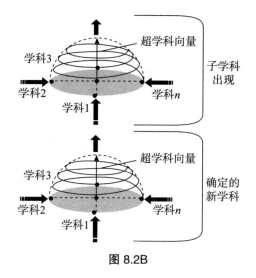

图 8.2B

一旦形成一门新的成熟学科后,该学科可以延伸,而产生出一门新的子学科(ibid.)。

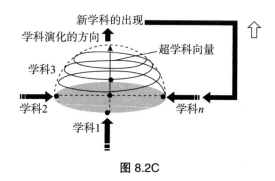

图 8.2C

除了对学科交叉的发展继续作出贡献,新建立的超学科领域也可以反过来对母学科产生影响(ibid.: 141)。

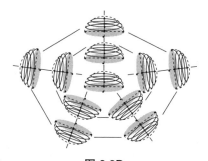

图 8.2D

母学科可以同时产生几个子学科。这些子学科也可以产生新的子学科，以此类推（经济合作与发展组织，2010：141）。

可见，这种的超学科知识发展模型是把整个科学知识系统看成是一个复杂系统，具有非线性、自组织性、反馈性、涌现性和开放性等特点。

8.2 科学研究方法从简单到复杂的演化

科学研究方法论与科学发展史是统一的，不同的科学发展阶段对应特定的研究方法。苗东升把科学的演化分为三个历史形态：前科学、简单性科学和复杂性科学，并相应地具有三种不同的研究进路。他认为前科学作为最初的历史形态是不分科的学问，是前工业文明的智力工具。第二个历史形态是西方主导下的近现代科学，特点为分科的学问，是工业文明的智力工具。为简便计，他称之为简单性科学，或还原论科学。所谓复杂性科学就是科学巨系统的一种新的历史形态，特点为跨学科的学问，是正在孕育中的新的文明形态——信息–生态文明的智力工具。科学整体作为系统，目前正处在由前一形态向后一形态的历史性转变初期，亦即从简单性科学向复杂性科学转变的初期（秦书生，2005：21）。

黄欣荣也认为，在科学发展的早期，比如古希腊、罗马时期，还未产生学科分化，几乎所有的科学都属于哲学研究的范畴，主要停留在对科学对象的外观的、模糊的、整体的把握上，反映在科学方法论上就比较早地出现了朴素的整体方法论。从文艺复兴开始，随着开普勒、伽利略和牛顿等科学大师们利用分析解剖的方法取得一系列的重大科学成就之后，分析还原方法成为科学方法论的主流。而随着科学研究的深入，人们发现分析还原方法并非万能，而是日益显示出其局限性。于是有些领域特别是在生物界，综合整体的方法又开始抬头。随着贝塔朗菲的一般系统论、维纳的控制论等一系列以系统为对象的系统科学学科群的兴起，综合整体方法逐渐走上了复兴之路（黄欣荣，2008：84）。

类似地，成思危也认为人类文明从工业–机械文明向信息–生态文明的大转变必然伴随着科学的大转折。而以还原论、经验论及"纯科学"为基础的经典科学正在吸收系统论、理性论和人文精神而发展成为新的科学——复杂科学（秦书生，2005：21）。

然而，目前，我国的语言方法论研究尚未涉及利用复杂性科学的理念整合不同层次的语言研究，而仍然是基于还原论的思想。例如有些研究主要局限于某一或某些层面,对所使用的方法和操作技术或规程进行介绍(如刘润清,1999;桂诗春,宁春岩,1997等);有的则从一些科学哲学的理论,比如波普尔的证伪主义、库恩的范式理论等出发,结合语言研究实例说明语言研究中的方法论思想(如金立鑫,2007);或是通过对语言学史的梳理,总结各个语言学流派使用过的研究方法,比如历史比较研究、结构主义的语符学研究法、社会语言学、认知语言学的各种方法论等(如王远新,2006);也有结合最新的科技手段,介绍认知语言学中的研究方法和技术(如束定芳,2012)。

这些方法仍然把语言学看作是一个相对封闭的、静态的简单系统或复合系统,希望通过分析其内部要素和组分,认识语言的结构、功能、性质等。而系统科学、复杂性科学的研究表明,一个系统内部的各层次,以及同一层次的各要素通过系统整合后,能产生"1+1>2"的效果,即整体大于部分之和。要素通过非线性、自组织后会产生不可分析、不可预测、不可还原的涌现效应。比如,Chomsky 的追问"儿童为何仅仅基于贫乏的语言输入就能生成无限的合语法的句子?",句法中为何会有构式现象?句子结构为何会受语篇结构和题材(genre)的影响?这些都不是还原论的分析方法所能解释的。

该如何利用复杂性科学的理念或科学哲学观和方法论进行语言研究呢?下面,我们将基于相关理论进行一些探讨。

8.3 复杂性科学下的语言研究方法论思考

复杂性科学研究方法的出现与计算机科学理论和工程技术的发展密不可分。这是由于传统的数学模型方法只能计算由简单要素构成的系统,对于复杂系统无能为力。复杂性科学的研究对象是由大量要素和复杂关系构成的系统和现象,凭借人工的计算能力,无法应付。只有具备强大运算功能的计算机出现后,才有可能对复杂系统进行探究。超大功能计算机出现后,通过计算机建模,模拟许多复杂现象的演化过程,能完成人类需要花很多时间和精力的计算。

8.3.1 复杂性科学的研究方法

复杂性范式是与主流的实证主义相对的一种新主张,实证主义的基础是还原主义。由于高层次的涌现属性不能被还原为低层组分运动规律,如生命运动不可还原为分子运动,对物理运动的观察与实验无法可靠地解释一切复杂现象，因此还原论并不可行。比如，二语习得研究中，往往通过设计实验，控制某些变量对学习者的影响。而事实上，在外语学习中，各种变量是共同作用于个体的，并且，这些变量不是简单相加对学习者产生作用，而是通过复杂的相互作用，产生涌现效果。又如，传统的语篇意义的理解和回指的研究中，很多现象都无法通过逻辑分析的方法编写为计算机语言，这也是机器翻译面临的困境。人们尝试将句子、语篇的结构分为不同的层次和类型，再建立知识库与各种语言结构匹配，试图达到对语句和语篇的理解。然而，这种尝试并未取得理想的效果。我们认为，根本原因还是忽视了语言和认知中存在的涌现性、复杂性和不可还原性等。

既然分析的方法不可行，该如何解决计算机对自然语言意义的理解的难题呢？我们认为，首先要意识到语言不是一个简单系统，很多情况下，特别是涉及大的语篇或话语的理解时，靠分析的方法是无能为力的。因此，需要在复杂性科学的视野下探索新的研究方法。

复杂性科学研究方法的特色主要有两方面：其一是隐喻，其二是仿真建模，即复杂性范式主张通过类比隐喻与仿真实验来发现复杂性规律（胡笔吟，2010：83-84）。隐喻适用于无法用逻辑语言精确刻画的情景，这既反映了复杂性科学研究的是背后因果规律**尚不可知**的系统涌现性属性，也体现了复杂性科学的解释学倾向。对隐喻的倚重，是由于现象背后规律发现的复杂性，需要隐喻的生动描写来将复杂性的机理封装起来，即采用一种系统策略逐层剖解复杂性（ibid.）。

仿真建模方法是复杂性科学的另一个显著特色。仿真研究以计算主义为哲学基础。根据 Deutsch（1985）的命题，任何物理系统都可以被量子计算机以有限操作来完美地模拟。由于复杂性现象具有时间性和历史性，从经验事实总结的规律不具有普适性，既不能可靠地解释复杂现象的背后原因，也不能准确地预测未来。也就是说，仿真可以克服现实世界中的历史性局限，研究成果在虚拟场景下可重复验证。他认为，实证方法仅在历史范围内检验结论，由于对复杂的历史背景刻画的不充分性，理论的适应性范围并不自明。经验是历史性且是认知主体建构的，过分执着于从经验中发现规律往往导致"只见树木、不见森林"；在获得确定性知识这一点上，经验分析不如仿真研究有效，当然仿真建模本身应该尽可能考虑事实情况（ibid.）。

概括而言，胡笔吟认为，复杂性科学的研究方法是一种将复杂现象通过隐喻封装为"黑箱"，再通过计算机仿真等更强大的模型工具来逐层分解"黑箱"、求得复杂性产生的内在规律的模型化研究方法。

另外，他认为**现代科学的重要特点是与技术及工程实践紧密结合，每个学科通常对自然规律问题、技术问题及工程问题三个层次都有涉及**，现实中我们很难区分科学家与工程师。实证知识与技术知识具有相对的独立性，不像工程知识那样不能脱离具体的目标及应用场景而存在。他认为科学本身并没有权力去讨论规范命题的内容，科学只能服务于规范命题。当具有社会权威背景的规范命题赋予科学去改造社会伦理道德观念（另一些规范命题）的使命时，科学才会通过人文社会工程间接地触及规范命题本身。以获得普遍有效的客观规律为目的的科学问题曾被认为是研究的核心甚至唯一的工作。

这一点对语言研究的启示是，今后的语言工作者不仅仅是理论家，而且要与相关工程技术人员建立广泛、密切的合作，走将理论与计算机建模技术相结合的路子。

8.3.2 复杂性科学对语言研究方法论的启示

随着复杂性科学的发展，语言研究方法也应吸收新的思想观念，反思传统还原论的缺陷，开拓新的语言研究视野，探索新的研究方法，并与传统的还原论的方法取长补短。我们认为，在复杂性科学的视野下，今后的语言研究需要在以下几个方面进行探索和尝试：

（1）厘清语言系统内部各个层次之间的关系，在分析研究的基础上，探索如何开展整合研究。

（2）打破学科之间的知识壁垒，拓展跨学科、多学科间的交叉研究，探索超学科发展的理论和模式。

（3）深入探索复杂性科学的研究方法，包括隐喻法和仿真建模等方法，并将之有效运用于语言研究中，使得语言学理论与计算机工程技术有效结合、互相促进。

从古至今，人类对知识探究的历程经历了古希腊、罗马不分科的前科学时代、近代的还原科学或简单性科学时代、到兴起于20世纪80年代的复杂性研究或复杂性科学时代。每一阶段的研究方法都与时代的科技水平密不可分。近代科学主要是通过分析的、还原的和数学化的方法认识世界，并在物理、化学等领域取得了辉煌成就，但对生命、社会、脑、语言等复杂系统的研究显得"力不从心"。随着计算机科技的发展，大大拓展了计算的能力，为人们处理复杂系统的问题提供了有效工具和手段。人们开始通过隐喻、仿真建模等方法去探索复杂系统的问题。

尽管复杂性科学还是一门新兴学科，无论在理论还是在方法论方面都处于探索阶段，但对语言研究的意义无疑是深远的，为语言学从分析性研究逐渐走向学科内部和外部系统整合的道路开拓了新的研究视野和发展方向。

第九章

创新人才的培养
——语言学专业研究生课程设置构想

当今科技进入信息科学、认知神经科学、生命科学的时代，语言学的性质和内涵也相应发生了变化。得益于认知神经科学和脑成像技术的发展，对语言的研究逐渐从语言现象层深入到认知心理层和认知神经层；从哲学思辨、臆测、构造假说到通过科学实验验证。由于语言与心智和脑一样，都属于复杂系统，即无法通过将语言还原为神经元、神经胶质细胞和神经递质等的生化性质、功能和结构去揭示其本质（西利亚斯，2006）。无论是探讨语言的演化、母语习得还是外语学习等问题，都需要把语言当作一个具有非线性、动态性、涌现性、自适应性、自组织性、不可还原性等特点的复杂自适应系统（CAS: complex adaptive system）。这就需要结合认知科学的相关学科，开展跨学科、多学科，甚至超学科研究。语言学除了需要向纵深发展外，还需在广度上拓展。相应地，研究生的教育和课程体系的建设也应与时俱进，引进认知神经科学、复杂性科学等新的视野、理论和方法。不幸的是，传统的学科划分是基于还原论的思想，把有着本然联系的学科分割得支离破碎。

一些学者开始探索如何改善这种现状。有些从宏观教育原则，有些则从微观教学方法等方面，探讨了外语专业研究生课程改革的问题。宏观探讨包括：从需求分析、教师发展、课程设置等方面，探索外语专业研究生学术能力的培养（王雪梅，2009a: 33-37；2009b: 44-50；2009c: 43-49；2010: 67-73；靳铭吉，2010: 78-81；王家钺，2004: 52-57）。他们认为，为了培养复合型、创新型人才，需要探索跨学科、跨校、甚至跨国的联合培养模式。微观教学方法改革包括：

（1）探索如何利用新的科技手段改进教学效果，提高学生的学习兴趣，改进教学内容、方法、教材和评价方式（文秋芳等，2006：11-13）。

（2）调查和反思当今语言学课程设置、教学模式中存在的问题；提出应转变教学理念，合理调整教材的难度和广度，改进教学方法、考评体系，教师发展等（吴格奇，2005：33-36；鞠玉梅，2007：31-33；潘之欣，2002：47-55；孟建钢，陈颖，2009：55-58）。可见，这些研究大多基于相关教育学理论，或从教师的教学实践中，通过调查、反思、总结而提出建议。

（3）王雪梅认为课程设置应该增强各方向的融合性，加大基于理论的交叉性和发展性课程的比例，各方向根据培养目标，设置研究方法、学术规范、论文写作、学术前沿等融专业理论知识与语言实践于一体的课程，发展学术能力。同时避免课程结构倾斜，注重课程的层级性、衔接性和个体性。最后注重显性课程与潜在课程的共同发展，在实践中不断评估、更新和补充课程（王雪梅，2013：149-150）。

在本章，我们将首先讨论目前的语言学学科定位中存在的问题。其次介绍一些国外顶尖大学的语言学课程设置。最后，我们提出超学科视域下，语言学研究生课程设置的构想。

9.1 我国目前的语言学学科定位中存在的问题

在第一章中，我们已经阐述了语言学的学科地位、学科性质以及面向未来的语言学学科建设等问题。并提出了以下基本观点：

（1）语言学不是语文学，而是科学，今后的语言学应当在科学轨道上发展。

（2）语言学的研究对象不应局限于研究语言符号或现象——字、词、句、篇的音、形、义，以及研究语言的现状、历史、结构和用法；而是需要打破学科间壁垒，与其他学科交叉融合，共同探索语言、心智和脑的奥秘。

（3）语言与心智、生命现象都是复杂自适应系统，不可用还原论加以解释；而是需要以超学科的模式，与认知科学的相关学科交叉融合，共同探讨语言、心智和脑的奥秘。

第九章　创新人才的培养——语言学专业研究生课程设置构想

鉴于此，语言学人才的培养不应继续停留在传统的教育模式——让研究生通过归纳语言现象，寻找描写语言的规律，或运用国外理论，解释汉语现象。而应在认知科学的知识框架内，与相关学科密切合作，探索语言加工的认知心理机制、神经机制、自然语言处理的数学模型、语言演化和习得的"涌现"现象等，并且要了解相关的哲学理论，学会用演绎的方法建构语言学理论体系。研究生的课程规划和建设应体现这一目标和宗旨。

然而，受传统语文学思想的影响，目前我国的语言学研究生教育中，不仅专业设置不够科学、合理，课程设置也有许多不尽如人意的地方，譬如：

（1）对语言学学科地位的认识不够明确；

（2）对学科性质的认识不够清楚；

（3）对研究生的课程设置不够科学。

关于问题（1）和（2），我们已经在第一章中作过详细论述，即就我国目前的情况看来，语言学尚未获得独立的学科地位，绝大多数高校的语言学专业主要设置在外语院校及普通高等学校中的中文系和外语院系。并且将"中国语言文学"和"外国语言文学"并列设为一级学科，而将"语言学及应用语言学"下设为二级学科（见图9.1），这种设置显然不够合理。

如图9.1所示，根据教育部关于《学位授予和人才培养学科目录（2011年）》的通知和《普通高等学校本科专业目录（2012年）》《普通高等学校本科专业设置管理规定》等文件，"中国语言文学"和"外国语言文学"均设为一级学科，"语言学及应用语言学"为下设的二级学科（ibid.）。

近年来，越来越多的专家、学者开始意识到语言学与文学属于根本不同的两类学科，并积极呼吁将语言学设为独立的一级学科。比如，2017年3月7日，全国政协委员、北京语言大学教授石定果在全国政协十二届五次会议教育界别联组会上建议，将语言学创立为独立的学科门类。2018年3月，全国政协委员、中国社会科学院语言研究所研究员王灿龙建议国家有关部门将语言学设置为一级学科。他说：

> 目前的学科分类没有充分认识和考虑到语言学的科学性质及其

学科群的特点，忽视了我国语言学近半个世纪（特别是近二三十年来）的发展和进步。但是时移而事异，今天的情况已发生很大的变化，国内的语言学研究机构和大学文学院（中文系）及外语学院的语言学研究课题与课程建设，已跟世界著名的语言学研究机构和大学语言学系基本同步。尤其重要的是，语言学产生了一系列交叉、新兴分支学科。现代语言学已经不是一个独立、封闭的单一学科，而是一个通过本体研究会聚众多交叉、新兴分支学科的语言学学科群（陆航，2018）。

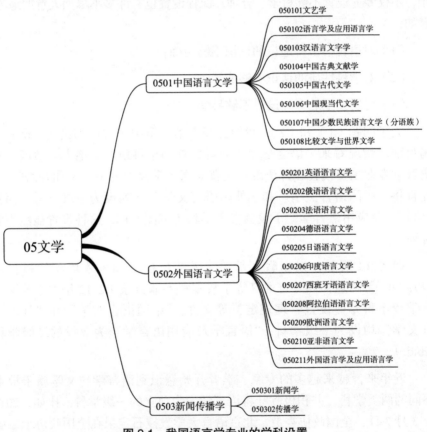

图9.1 我国语言学专业的学科设置

不过，《中华人民共和国学科分类与代码国家标准》（GB/T13745-2009）中倒是把"语言学"（学科代码：740）列为一级学科，与"文学"（学科代码：750）并列。但此学科分类仍然把语言学与语文学混为一谈，没能很好地区分这两个概念（图9.2）。

第九章 创新人才的培养——语言学专业研究生课程设置构想

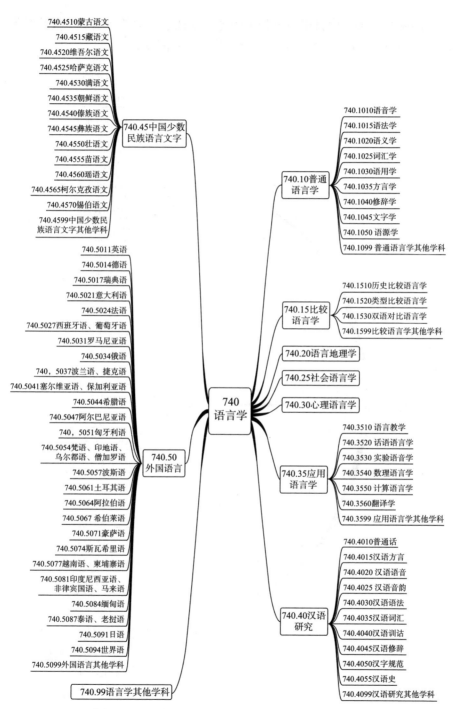

图 9.2 《中华人民共和国学科分类与代码国家标准》的分类（ibid.）

国家社科基金项目申报公告中的《国家社会科学基金项目申报数据代码表（2012）》也已将语言学与文学区分开来（图9.3）。

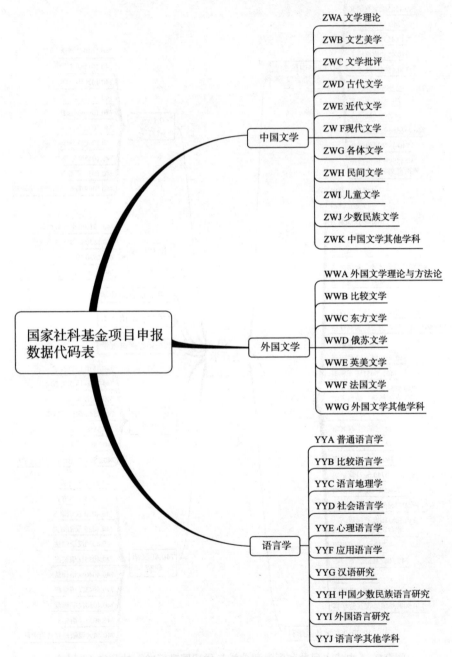

图 9.3 《国家社会科学基金项目申报数据代码表》的分类（ibid.）

但是，这种分类方法仍存在如下一些弊端：

（1）把语言学当作语文学的传统理念依然根深蒂固。比如在语言学下分汉语研究、中国少数民族语言研究、外语语言研究，这些都是把语言的本体看作是符号系统的研究传统，属于语文学的范畴。

（2）对语言认知本质的探索尚缺乏系统的顶层设计。在认知科学时代下，需要把语言看作是人类的一种高级认知功能。该怎样探索语言的认知本质，分哪些层次，如何获得汇聚性证据？这些问题尚需进行方法论的探索和学科建设的顶层设计。

（3）语言学学科内部分支研究方向比较零散，缺乏系统的逻辑联系，导致"条块分割""各自为政"的现象。比如，普通语言学、比较语言学、语言地理学、社会语言学、心理语言学、应用语言学、语言学其他学科之间究竟是什么关系，为何要这样分类？背后的学理基础是什么？在这些学科列表中似乎看不出它们背后的学理逻辑。

（4）语言学与其他相关学科的交叉研究还尚未获得应有的地位，仅在"语言学其他学科"中留有一点空间。

并且，这种愈趋细化的学科分类，一方面导致不同研究方向之间"隔行如隔山"——基本上研究音系的人不懂语义，研究句法的不懂语用，研究社会语言学的不懂心理语言学、神经语言学等；另一方面也容易造成研究生思想的贫乏，具体表现为：

（1）思想缺乏宽度。即研究视野狭窄，无法找到新视角开展交叉学科研究，导致创新力匮乏，只能盲目跟风。

（2）思想缺乏深度。即知识结构单一，往往将自己的研究设定在某一层面或一个狭小的方向上，无法深入到不同研究层次，为研究问题寻求汇聚性证据。

（3）思想缺乏高度。即缺乏必要的科学哲学素养和方法论意识，无法高屋建瓴地审视语言学与相关学科之间的联系，更无法将自己的研究纳入人类知识体系的整体系统结构（以至于有些研究生经常无法正确认识自己研究的意义）。

此外，在认知科学时代，语言学的发展日趋自然科学化，然而，按照教育部的分类，从未将语言学归属于理工科（或自然科学）范畴，而是隶属人文学科，与"文学"合为一级学科。这样的学科设置愈来愈限制，甚至阻碍了语言学在科学轨道上发展，也导致了如下三个方面的问题：

（1）在研究生课程设置上，对其科学性的认识不足。一方面，语言学研究生长期以来主要由外语院系及中文院系招收和培养，难以担当其作为科学研究语言的学科的重任；另一方面，由于受语文学传统的影响，我国语言学研究的目标、内容和方法等仍围绕着语言现象层面展开，即便有些跨学科研究，也主要与人文社科类学科如哲学、社会学、心理学、人类学及文化研究等交叉。难以通过与自然科学和工程技术交叉融合，丰富和拓展其研究内涵和手段，开展更为科学的语言研究。

（2）师资力量的短缺以及学科梯队建设也是一大问题。国内目前能招收神经语言学、数理语言学、计算语言学等方向的研究生导师数量和质量还存在较大缺口。按照当前的研究生课程设置，也无法解决后续人才培养的问题。

（3）由于对语言学学科内部的结构和层次缺乏清晰的认识，导致有些研究方向未能发挥其主导或核心的作用。例如，有些大学虽然开设神经语言学，却被列入应用语言学范畴，而不是作为语言学的核心内容。

事实上，我们曾在第一章论证指出，语言学的学科系统结构将从微观到宏观、由内至外包括内部语言学、外部语言学、应用语言学、语言学哲学和其他相关学科的交叉整合，形成有机的五位一体的系统发展格局（见图1.6）。这五个方面是互相渗透、互相影响的有机整体。其中内部语言学研究语言的本质规律，是整个语言学的核心，它也是外部语言学和应用语言学的基础。语言学哲学则对内部、外部和应用语言学这三个不同层次的语言学理论的认识论和方法论进行反思和批评。语言学与其他相关学科，比如，（认知）神经科学、社会学、教育学、心理学、哲学等之间整合、互动，形成超学科研究领域。**因此，我们认为，认知神经语言学并不是应用语言学，而是内部语言学，属于语言学的核心内容。**

有些先行者早已意识到语言学的科学属性，并招收了具有理工科背景的语言学方向的研究生。例如，北京语言大学在1987年创建了第一个以汉语信息处理为主要研究方向的语言信息处理研究所，研究计算语言学理论和面向信息处理的汉语语言理论，发展自然语言处理关键技术和知识库，开发相应的工具软件和应用软件，支持对外汉语教学和语言本体研究。该所招收具有计算机应用和应用语言学背景的硕士研究生、博士研究生。此外，2009年我国首家语言科学学院在江苏师范大学成立，主要研究方向包括理论语言学、神经语言学和工程语言学，并在国内招收神经语言学的硕士、博士和博士后。2018年10月29日，北京语言大学在国内率先成立了语言学系。2019 年 3 月 25 日，教育部发布通知公布了 2018 年度普通高等学校本科专业备案和审批结果。北京语言大学和上海外国语大学成为国内首批设立"语言学"本科专业的学校。

尽管如此，我国大多数语言学及应用语言学硕博士点仍主要招收文科方向的研究生。今后该如何将新兴的语言科学研究方向进行系统梳理，合理规划到研究生的课程体系中？如何与相关学科交叉整合，构建超学科发展平台？如何培育师资力量、教师发展以及教学资源的开发、整合和利用？这些将是未来研究生课程建设亟待解决的问题。

据梁梦溪（2016：137）对中国 11 所高校的语言学课程设置的调查，发现大多数学校还是以传统学科为主，有些学校虽然已开设了认知语言学、计算语言学、教育心理学、语言哲学等课程，但总体来看，课程设置依然比较零散，缺乏对系统的顶层设计（见表 9.1）。

表 9.1　人大、中大、复旦等 11 所高校的语言学与应用语言学硕士点课程设置（梁梦溪，2016：137）

硕士点课程 \ 高校	人民大学	中山大学	南开大学	复旦大学	广州大学	华东师范大学	上海师范大学	华中师范大学	重庆师范大学	东北师范大学	北京外国语大学
音系学				♠		♠*	♠				
词汇学	♠	△		♠							△
语法学		△			♠	♠△	△			△	△
现代汉语语法研究		△	△				♠	△	△		
理论语言学			♠△	♠△				♠		♠*	
句法学				♠						♠*	
认知语言学		△				♠				△	
语言规范化	△							♠			
语义学			△			♠*				△	△
语用学			△	♠△	△	♠*		△	△	△	
应用语言学	♠	♠	△								♠
计算语言学		♠									△
方言学			△	△	♠	♠*					
中介语			△							△	
社会语言学	△	♠	△	♠		♠				△	
第二语言习得			♠△	△						♠	

（续表）

硕士点课程		人民大学	中山大学	南开大学	复旦大学	广州大学	华东师范大学	上海师范大学	华中师范大学	重庆师范大学	东北师范大学	北京外国语大学
相关学科	汉字学	△		△		♠						
	对外汉语教学		△	△	△			♠*	♠	△		
	第二外语			△			♠*	△		♠		
	中外文化语言对比	△							♠		△	
	语言学名著选读		♠*		♠	△		♠*	△			
	语言哲学						♠*	♠	△			
	语言与文化				♠	♠			♠			
	教育心理学							△	△		△	
方法	语言学研究方法	♠	△	△	△		♠△	△	♠		♠	

（说明：♠代表必修课　*代表专业方向　△代表选修课）

国外的大学的语言学课程设置的情况又如何呢？是否有值得我们借鉴的经验呢？

9.2　国外顶尖大学的语言学课程设置举隅

我们2019年4月访问了2019年QS语言学专业世界排名前50所高校的学校官网和研究生部门网站。对其公布的培养方案，课程设置及授课内容进行了统计发现，这些世界一流的高校中，语言学基本上都具有独立的学科地位。不少高校，比如马里兰大学帕克分校、哈佛大学、斯坦福大学、麦吉尔大学等的学科设置中，有独立的语言学系（department of linguistics）。并且，它们更偏重于把语言当成是科学研究的对象。比如，2019年QS语言学专业世界排名第一的麻省理工学院将语言学系开设有心理语言学实验室（Laboratory in Psycholinguistics）、儿童语言障碍（Language Disorders in Children）等课程。马萨诸塞大学安姆斯特分校（University of Massachusetts Amherst）的语言学系，在2020年春季课程表中有语言与认知（Language & Cognition）、语言理论的心理学背景（Psychological Background to Linguistic Theory）等等（表9.2）。

第九章 创新人才的培养——语言学专业研究生课程设置构想

表 9.2 国外高校部分特色课程

国外语言学特色课程举例		
Massachusetts Institute of Technology（MIT） 麻省理工学院 （2019 年 QS 语言学专业世界排名第一）	University of Massachusetts, Amherst 马萨诸塞大学安姆斯特分校 （2019 年 QS 语言学专业世界排名第二）	University of Maryland, College Park 马里兰大学帕克分校 （2019 年 QS 语言学专业世界排名第三）
Lab in Psycholinguistics 心理语言学实验室	Special Topics:Psycholinguistics 专题：心理语言学	Psycholinguistics 心理语言学
Laboratory on the Physiology, Acoustics, and Perception of Speech 生理学、声学和言语知觉实验室	Psychological Background to Linguistic Theory 语言学理论的心理学背景	Issues in Psycholinguistics 心理语言学问题
Topics in Computational Phonology 计算音系学	Computational Linguistics: Use & Meaning 计算语言学：应用与意义	Computational Linguistics 计算语言学
Language Disorders in Children 儿童语言障碍	Language & Cognition（IE） 语言与认知	Seminar in Computational Linguistics 计算语言学研讨会
	Psycholinguistics Workshop 心理语言学研习会	Seminar in Psycholinguistics 心理语言学研讨会
		Seminar in Neurolinguistics 神经语言学研讨会
		Cognitive Neuroscience of Language 语言认知神经科学

当然，这些国外顶尖大学的语言学系课程设置是否有系统性、层次性和顶层设计，还有待于进一步研究。此外，在国外的许多大学中，学生的选课非常自由。他们无需按学校规定的菜单选课，而是可以根据学生自己的兴趣，自由地跨院系选课。比如，语言学系的学生可以选心理学系、社会学系、计算机系、法学系、人类学学院等课程。因此，仅从语言学系开设的课程看，并不太能说明问题。但这又启发我们，其实大学的不同院系之间，本来不应该把所有的学生局限在某一特定院系上同样的课程，或只给他们非常有限的选择自由。鉴于此，我们在 9.3 章节中对语言学研究生的课程设置提出一些初步的构想。

9.3 超学科视域下语言学研究生课程设置构想

今后如何在语言学研究生课程设置中体现超学科发展的视野,并分清内部语言学、外部语言学、应用语言学、语言学哲学四层次的语言学构架,遵循语言理论建构和检验的五层次方法论原则呢?我们拟提出如下建议:

(1)探索研究生跨系、跨校、跨国联合培养机制。通过建立跨院系、跨校、跨国的联合培养等机制,开发、利用和整合教学资源,让现有的语言学及应用语言学专业与心理学、医学(神经内、外科学)、哲学、教育学、计算机科学、数学等专业开展合作,搭建学科间合作平台。在选课时,可根据学生的研究兴趣,将与他们专业方向有关的课程作为必修课,其他的课程可作为选修课,以丰富学生的知识结构,扩大学术视野,为今后从事跨学科、多学科、超学科研究奠定基础。

(2)培养学生理性精神和理论批判能力。为研究生开设语言科学研究方法论以及科学哲学等课程,训练他们学会利用现代前沿技术进行语言研究,并培养他们的理论批判能力和科学理性精神。

(3)建立导师项目负责制。建立导师项目负责制,由导师带领研究生共同完成科研项目,促进学生将理论与实践相结合,在科研实践中发现问题,解决问题,创建理论。

参考文献

Bear, M. F., Connors, B. W., & Paradiso, M. A. 2011.《神经科学——探索脑（第3版）》（影印版）.北京：高等教育出版社.

Bloomfield, L. 1985. Language or Ideas? In Katz, J. (Ed.), *The Philosophy of Linguistics*. Oxford: Oxford University Press.

Boeckx, C. 2009. The Nature of Merge: Consequences for Language, Mind and Biology. In Palmarini, P., et al. (Eds.), *Of Minds and Language*. Oxford: Oxford University Press.

Carnap, R. 1950. Empiricism, Semantics, and Ontology. *Revue Internationale de Philosophie*, 20-40.

Chomsky, N. 1985. Methodological Preliminaries. In Katz, J. (Ed.), *The Philosophy of Linguistics*. Oxford: Oxford University Press.

Chomsky, N. 1986. *Knowledge of Language: Its Nature, Origin and Use*. Westport, CT: Praeger.

Chomsky, N. 1995. *The Minimalist Program*. Cambridge, MA: MIT Press.

Chomsky, N. 2000. *On Nature and Language*. New York: Cambridge University Press.

Chomsky, N. 2002. *New Horizons in the Study of Language and Mind*. Beijing: Foreign Language and Research Press.

Chomsky, N. 2005. Three Factors in Language Design. *Linguistics Inquiry*, (1).

Chomsky, N. 2010. Some Simple Evo Devo Theses: How True Might They Be for Language? In Larson, R. K., Deprez, V., & Yamakido, H. (Eds.), *The Evolution of Human Language*. Cambridge: Crambridge University Press.

Chomsky, N. 2011. Language and Other Cognitive Systems. What Is Special About Language? *Language Learning and Development*, 7(4).

Chomsky, N. 2013. Problems of Projections. *Lingua*, 130.

Damasio, A. 2018. The Strange Order of Things. New York: Pantheon Books.

Devitt, M., & Sterelny, K. 1999. *Language and Reality (2nd ed.)*. Cambridge: MIT Press.

Everett, D. 2005. Cultural Constraints on Grammar and Cognition in Pirahã. *Current Anthropology*, 46.

Feldman, J. A. 2006. *From Molecule to Metaphor: A Neural Theory of Language*. Cambridge, MA: MIT Press.

Fitch, W. T., Hauser, M. D., & Chomsky, N. 2005. The Evolution of the Language Faculty: Clarifications and Implications. *Cognition*, 97.

Frederici, A. D. 2017. *Language in Our Brain: The Origins of a Uniquely Human Capacity*. Cambridge, MA: MIT press.

Fukui, N. 2017. *Merge in the Mind-brain: Essays on Theoretical Linguistics and the Meuroscience of Language*. New York: Routledge.

Gazzaniga, M. S., et al. 2014. *Cognitive Neuroscience: The Biology of the Mind (4th ed.)*. NY: W.W. Norton & Company.

Gentner, D., & Jeziorski, M. 1993. The Shift from Metaphor to Analogy in Western Science. In Ortony, A. (Ed.), *Metaphor and Thought*. Cambridge: Cambridge University Press.

Hacking, L. 1975. *Why Does Language Matter to Philosophy*? Cambridge: Cambridge University Press.

Halliday, M. A. K. 1973. *Explorations in the Functions of Language*. New York: Elsevier.

Halliday, M. A. K., & Matthiessen, C. M. I. M. 1999. *Construing Experience Through Meaning: A Language-based Approach to Cognition*. London: Cassell.

Halliday, M. A. K., & Hason, R. 2001. *Cohesion in English*. 北京：外语教学与研究出版社.

Halliday, M. A. K. 2001. New Ways of Meaning——the Challenge to Applied Linguistics. In Fill, A., & Muhlhausler, P. (Eds), *The Ecolinguistics Reader: Language, Ecology and Environment*. London and New York: Continuum.

Halliday, M. A. K. 2004. *The Language of Science*. London and New York: Continuum.

Halliday, M. A. K. 2007. *The Language of Science*. 北京：北京大学出版社.

Hauser, M. D., Chomsky, N., & Fitch, W. T. 2002. The Faculty of Language: What Is It, Who Has It, and How Did It Evolve? *Science*, 298 (5598).

Hauser, M. D., & Watumull, J. 2016. The Universal Generative Faculty: The Source of Our Expressive Power in Language, Mathematics, Morality, and Music. *Journal of Neurolinguistics*, (43).

Hornstein, N. 2009. *A Theory of Syntax: Minimal Operations and Universal Grammar*. Cambridge: Cambridge University Press.

Hornstein, N., & Pietroski, P. 2009. Basic Operations: Minimal Syntax-semantics.

Catalan Journal of Linguistics, 8.

Jackendoff, R., & Pinker, S. 2005. The Nature of the Language Faculty: Clarifications and Implications. *Cognition,* 97(2).

Jackendoff, R. 2011. What Is the Human Language Faculty? Two Views. *Language,* 87.

Johnson, M. 1987. *The Body in the Mind: The Bodily Basis of Meaning, Imagination, and Reason.* Chicago and London: The University of Chicago Press.

Katz, J. J. 1985a. Introduction. In *The Philosophy of Linguistics.* Oxford: Oxford University Press.

Katz, J. J. 1985b. An Outline of Platonist Grammar. In *The Philosophy of Linguistics.* Oxford: Oxford University Press.

Katz, J. J., & Fodor, J. A.1963. The Structure of a Semantic Theory. *Language,* 39 (2), 170-210.

Kinsella, A. 2009. *Language Evolution and Syntactic Theory.* Cambridge: Cambridge University Press.

Kuhn, T. S. 1999. *The Structure of Scientific Revolution.* Beijing: China Social Sciences Publishing House Chengcheng Books Ltd.

Lakoff, G., & Johnson, M. 1980. *Metaphors We Live by.* Chicago: The University of Chicago Press.

Lakoff, G. 1987. *Women, Fire and Dangerous Things: What Categories Reveal about the Mind.* Chicago: The University of Chicago Press.

Lakoff, G., & Núñez, R. 1998. Conceptual Metaphor in Mathematics. In Koenig, J. P. (Ed.), *Discourse and Cognition: Bridging the Gap.* Stanford, California: CSLI Publications.

Lakoff, G., & Johnson, M. 1999. *Philosophy in the Flesh: The Embodied Mind and Its Challenge to Western Thought.* New York: Basic Books.

Lakoff, G., & Núñez, R. 2000. *Where Mathematics Come from: How the Embodied Mind Brings Mathematics into Being.* A Member of the Perseus Books Group.

Lakoff, G. 2008. The Neural Theory of Metaphor. In Gibbs, R. (Ed.), *The Metaphor Handbook.* London: Cambridge University Press.

Mayer, E. 2018. 毛佩琦（译）.《肠道·大脑·肠道菌》. 台湾：如果出版社.

Meteyard, L., et al. 2012. Coming of Age: A Review of Embodiment and the Neuroscience of Semantics. *Cotex,* (48).

Miller, G. 2003. The Cognitive Revolution: A Historical Perspective. *Trends in Cognitive Sciences,* (7).

Miyagawa, S., Berwich, R., & Okanoya, K. 2013. The Integration Hypothesis of

Human Language Evolution and the Nature of Contemporary Languages. *Frontiers in Psychology*, 4.

Moore, G. E. 2014. *Philosophical Papers*. London: Routledge.

Piattelli-Palmarini, M. 1994. *Inevitable Illusions: How Mistakes of Reason Rule our Minds*. New York: JohnWiley & Sons.

Pinker, S., & Jackendoff, R. 2005. The Faculty of Language: What's Special about It?. *Cognition*, 95 (2).

Popper, K. R. 1970. Normal Science and its Danger. In Lakatos, I., & Musgrave, A. (Eds.), *Criticism and the Growth of Knowledge*. Cambridge: Cambridge University Press.

Quine, W. V. 1980. *From a Logical Point of View (2nd ed.)*. Cambridge, MA: Harvard University Press.

Robins, R. H. 2001. *A Short History of Linguistics (4th ed.)*. 北京：外语教学与研究出版社.

Russell, B. 1988. How to Grow Old. In Alexander, L. G. (Ed.), *New Concept English (4)*. 上海：上海外语教育出版社.

Russell, B. 2001. The Problems of Philosophy. Oxford: Oxford University Press.

Sapir, E. 1949. *Languge: An Introduction to the Study of Speech*. New York: Harcourt, Brace and Company.

Sapir, E. 1985. *The Psychological Reality of Phonemes*. In Katz，J.，*The Philosophy of Linguistics*. Oxford: Oxford University Press.

Van Dijk, T. A. 1988. *News as Discourse*. Hove and London: Lawrence Erlbaum Associates.

Vendler, Z. 2003. *Linguistics in Philosophy*. 北京：华夏出版社.

Whorf, B. 1956. *Language, Thought and Reality*. Cambridge, MA: MIT Press.

阿达玛，J. 2008. 陈植荫，肖奚安（译）. 数学领域中的发明心理学. 大连：大连理工大学出版社.

波普尔，K. 2001. 猜想与反驳. 上海：上海译文出版社.

波普尔，K. 2005. 猜想与反驳. 上海：上海译文出版社.

蔡曙山. 2001. 论哲学的语言转向及其意义. 学术界（1）.

蔡曙山. 2006. 论符号学三分法对语言哲学和语言逻辑的影响. 北京大学学报（哲学社会科学版）（3）.

查尔默斯，A. 1999. 科学究竟是什么?. 北京：商务印书馆.

常晨光. 2004. 语法隐喻与经验的重新建构. 外语教学与研究（1）.

陈保亚. 1997. 二十世纪语言哲学的语言观分析. 哲学研究（3）.

陈波. 1996. 奎因的语言哲学. 北京社会科学（4）.

陈波. 1998. 奎因哲学研究——从逻辑和语言的观点看. 北京：生活·读书·新知三联书店.

陈嘉映（译）. 2003. 哲学中的语言学. 北京：华夏出版社.

陈嘉映. 2013. 简明语言哲学. 北京：中国人民大学出版社.

陈明远. 1983. 语言学与现代科学. 成都：四川人民出版社.

陈庆荣，杨亦鸣. 2017. 古诗阅读的认知机制：来自眼动的证据. 中国社会科学（3）.

程琪龙. 2004. 认知语言学概论：语言的神经认知基础. 北京：外语教学与研究出版社.

德夫林，K. 2009. 谈祥柏，谈欣（译）. 数学犹聊天：人人都有数学基因. 上海：上海科技教育出版社.

戴瑞亮. 2018. 语言问题的哲学探索——认知语言学哲学观述评. 中国石油大学学报（社会科学版）（6）.

杜世洪. 2007. 假装、连环假装与"假装假装"——从奥斯汀和陈嘉映谈起. 自然辩证法通讯（1）.

方锦清. 2002. 令人关注的复杂性科学和复杂性研究. 自然杂志（1）.

冯骏. 2015. 影响名动分离的超语言因素. 浙江社会科学（10）.

冯志伟. 2011. 语言与数学. 北京：世界图书出版社.

甘阳. 2005. 西方逻辑解释中国：生硬的纠缠. 二十一世纪经济报道. http://www.nanfangdaily.com.cn/jj/20050630/pl/200506270120.Asp.

郭承铭. 1993. 认知科学的兴起与语言学的发展. 国外语言学（1）.

郭贵春. 2008. 认知科学哲学问题研究. 科学技术哲学文库. 北京：科学出版社.

韩在柱，毕彦超. 2009. 无需语音中介的阅读理解机制——来自一例汉语失语症个案的新证据. 中国科学（3）.

洪堡特，W. 1999. 姚小平（译）. 论人类语言语言结构的差异及其对人类精神世界的影响. 北京：商务印书馆.

胡笔吟. 2010. 复杂性科学对会计研究方法论的意义. 经融经济（10）.

胡文仲. 2009. 新中国六十年外语教育的成就与缺失. 外语教学与研究（3）.

黄欣荣. 2008. 复杂性科学方法论. 河北师范大学学报（哲学社会科学版）（4）.

霍金，S. 2004. 万有理论：宇宙的起源与归宿. 海口：海南出版社，三环出版社.

江怡. 2007. 当代语言哲学研究：从语形到语义再到语用. 外语学刊（3）.

江怡. 2014. 作为哲学家的索绪尔. 外语学刊（1）.

金立鑫. 2007. 语言研究方法导论. 上海：上海外语教育出版社.

靳铭吉. 2010. 论俄语专业硕士研究生阶段的课程体系. 中国俄语教学（1）.

经济合作与发展组织（编）. 2010. 周加仙等（译）. 理解脑：新的学习科学的诞生. 北京：教育科学出版社.

鞠玉梅. 2007. 关于高校英语专业语言学课程教学的思考. 外语与外语教学（8）.

卡西尔, E. 2009. 甘阳（译）. 人论. 上海：上海译文出版社.

柯瓦雷, A. 2008. 伽利略研究. 北京：北京大学出版社.

科恩, H. 2012. 张卜天（译）. 世界的重新创造：近代科学是如何产生的. 长沙：湖南科技出版社.

克莱因, M. 2007a. 刘志勇（译）. 数学与知识的探求. 上海：复旦大学出版社.

克莱因, M. 2007b. 张祖贵（译）. 西方文化中的数学. 上海：复旦大学出版社.

克莱因, M. 2007c. 李宏魁（译）. 数学：确定性的丧失. 长沙：湖南科学技术出版社.

库恩, T. 2006. 科学革命的结构. 北京：北京大学出版社.

拉卡托斯, I. 2005. 科学研究纲领方法论. 上海：上海译文出版社.

劳丹, L. 1991. 二十世纪西方哲学译丛：进步及其问题——科学增长理论刍议. 上海：上海译文出版社.

李洪儒. 2005. 试论语词层级上的说话人形象——语言哲学系列探索之一. 外语学刊（5）.

李洪儒. 2007. 意见命题意向谓词与命题的搭配——语言哲学系列探索之六. 外语学刊（4）.

李洪儒. 2009. 疑问话语间接意向的推断——语言哲学系列探索（11）. 外语学刊.（5）.

梁丹丹, 韩笑. 2010. 名动分离原因综述. 当代语言学（2）.

梁梦溪. 国内高校应用语言学硕士研究生学科课程设置与规划. 文教资料（9）.

梁瑞清. 2007. 咖啡的芳香：论感觉经验的不可说性. 广东外语外贸大学博士论文.

廖巧云. 2013. 后现代哲学视域中的认知神经语言学进路. 外语学刊（5）.

列维-布留尔. 2007. 丁由（译）. 原始思维. 北京：商务印书馆.

林馨, 王枫（编）. 2010. 语言病理学. 杭州：浙江工商大学出版社.

刘大椿. 2006. 科学哲学. 北京：中国人民大学出版社.

刘丹青, 张伯江. 2010. 时势之必需, 学术之大业. 语言科学（1）.

刘瑾. 2009. 语言哲学问题探讨. 贵州社会科学（4）.

刘利民.2007.在语言中盘旋.成都：四川大学出版社.

刘润清.2003.西方语言学流派.北京：外语教学与研究出版社.

刘艳茹.2007.索绪尔与现代西方哲学的语言转向.外语学刊（4）.

刘玉娟.2018.0–3岁儿童语言和言语障碍的早期诊断与干预.中国特殊教育（9）.

卢汉阳.2014.语言学理论的哲学相关性考察.外语学刊（5）.

陆航.2018.【政协委员心声】王灿龙：将语言学设置为一级学科.http://ling.cass.cn/xzfc/xzfc_xzgd/201803/t20180306_3867873.html.

陆俭明，沈阳.2010.关于建设"语言学"一级学科的建议.语言科学（1）.

罗跃嘉.2006.认知神经科学教程.北京：北京大学出版社.

孟建钢，陈颖.2009.对英语语言文学专业硕士研究生教育改革的思考.当代教育理论与实践（2）.

倪梁康.2007.巴别塔之前与之后——语言哲学中的语言–哲学关系.世界哲学（4）.

欧几里德.2005.燕晓京（编译）.几何原本.北京：人民日报出版社.

潘文国.2004.语言哲学与哲学语言学.华东师范大学学报（哲学社会科学版）（2）。

潘文国.2006.哲学语言学——振兴中国语言学的首要之务.华东师范大学学报（哲学社会科学版）（2）.

潘文国.2008.从哲学研究的语言转向到语言研究的哲学转向.外语学刊（2）.

潘文国.2013.索绪尔研究的哲学语言学视角.杭州师范大学学报(社会科学版)（6）.

潘文国.2016.语言哲学三问.外语教学（1）.

潘之欣.2002.关于高校英语专业"语言学导论"类课程设置的调查.外语界（1）.

彭聃龄.2004.汉语信息加工及其认知神经机制的研究——20年研究工作的回顾.当代语言学（4）.

皮亚杰，J.1996.发生认识论原理.北京：商务印书馆.

朴金波.2006.西方哲学"语言学转向"的哲学史意义.吉林大学社会科学学报（1）.

齐建晓.2008.哲学的语言转向和语用学的哲学渊源.河南师范大学学报（哲学社会科学版）（4）.

钱冠连.2004.以学派意识看汉语研究.汉语学报（2）.

钱冠连.2007.以学派意识看外语研究:学派问题上的心理障碍.中国外语（1）.

钱冠连.2008.西语哲在外语界的传播与未来的发展.外语学刊（2）.

钱冠连.2009.西方语言哲学是语言研究的营养钵.外语学刊（4）.

乔姆斯基，N.2010.如何看待今天的生物语言学方案.语言科学（2）.

秦书生.2005.复杂性科学批判之批判.自然辩证法研究（6）.

任燕燕.2017.哲学的语言学转向：一劳永逸抑或临时避难所.外文研究（2）.

索绪尔，F.2007.屠友祥（译）.索绪尔第三次普通语言学教程.上海：上海人民出版社.

索绪尔，F.2011.高明凯（译）.普通语言学教程.北京：商务印书馆.

单锋.2013.论哈特法哲学理论的语言学方法与反科学主义意蕴——基于维特根斯坦语言哲学的诠释.南京师大学报（社会科学版）（2）.

沈家煊.2008.认知语义学.上海：上海外语教育出版社.

沈贤淑，陈婷婷.2016.西方现代哲学的语言转向及其体系构建.求索（9）.

司博宇等.2013.基于声控游戏的儿童言语障碍康复系统设计.现代教育技术（5）.

孙思.2005.理性之魂：当代科学哲学中心问题.北京：人民出版社.

孙思.2005.科学知识社会学相对主义知识观批判.自然辩证法通讯（3）.

孙思.2005.重建科学划界标准.自然辩证法研究（10）.

唐孝威.2012.认知科学导论.杭州：浙江大学出版社.

王爱华.2007.明达语言维度观及其哲学关照.广东外语外贸大学博士论文.

王初明，牛瑞英，郑小湘.2000.以写促学——一项英语写作教学改革的试验.外语教学与研究（3）.

王初明.2001.影响外语学习的两大因素与外语教学.外语界（6）.

王初明.2001.正确认识外语教学过程是提高外语教学质量的关键.外语与外语教学（10）.

王初明.2004.自我概念与外语语音学习假设.外语教学与研究（1）.

王初明.2005.外语教学应以学生为本——答文秋芳.现代外语（3）.

王初明.2005.外语写长法.中国外语（1）.

王初明.2005.以写促学中的词汇学习.外国语言文学（1）.

王初明.2006.外语学习的必要条件与大学英语四、六级考试改革的反思.中国大学教学（11）.

王基昱，丁玉玲.2010.维特根斯坦的语言哲学转向及其语用学意义.求索（11）.

王家钺.2004.应用语言学硕士研究生学科知识结构的构建和课程设置.外语界（60）.

王天翼，王寅.2015.认知语言学对西方哲学的贡献.浙江大学学报（人文社会科学版）（4）.

王雪梅.2009.认知风格与英语专业研究生的学术能力发展.山东外语教学（1）.

王雪梅.2009.英语专业研究生课程设置与学术能力发展.外语界（1）.

王雪梅.2009.从学术能力发展角度解析英语专业研究生导师的内涵与功能.外语界（6）.

王雪梅.2010.从学术能力的需求分析角度反思我国英语专业研究生教育.外语界（5）.

王雪梅.2013.我国外语学科研究生学术能力发展：问题与对策.上海：华东师范大学出版社.

王寅.2002.认知语言学的哲学基础：体验哲学.外语教学与研究（2）.

王寅.2003.认知语言学与语篇分析——Langacker的语篇分析观.外语教学与研究（2）.

王寅.2004.认知语言学之我见.解放军外国语学院学报（5）.

王寅.2005.语篇连贯的认知世界分析方法——体验哲学和认知语言学对语篇连贯的解释.外语学刊（4）.

王寅.2006.认知语言学与语篇连贯研究——八论语言的体验性：语篇连贯的认知基础.外语研究（6）.

王寅.2008.语言学新增长点思考之二：语言与哲学的交织对我们的启发.中国外语（1）.

王寅.2008.语言研究新增长点思考之四：后语言哲学探索.外语学刊（4）.

王寅.2012.新世纪语言学研究当与哲学紧密结合——基于后现代人本观的认知语言学.外国语文（5）.

王寅.2012.后现代哲学视野下的语言学前言——体验人文观与认知语言学.外国语（6）.

王寅.2013.再论索绪尔和语言哲学.山东外语教学（1）.

王寅.2013.索绪尔语言学哥白尼革命意义之所在（之一）.外国语文（1）.

王寅.2014.后现代哲学视野下的体认语言学.外国语文（6）.

王寅.2015.后现代哲学视野中的认知语言学——哲学第四转向后的语言学新论（下）.外语学刊（4）.

王寅.2017.哲学与语言学互为摇篮.外语学刊（2）.

王震，范琳.2018.生物语言学视角下语言机能争辩与思考.北京航空航天大学学报（社会科学版）（7）.

魏景汉，阎克乐等.2008.认知神经科学基础.北京：人民教育出版社.

文秋芳.2005.评析外语写长法.现代外语（3）.

文秋芳，丁言仁，陈新仁等．2006．构建合作型团队机制，培养创新性人才群体——英语专业应用语言学研究生培养模式的研究与实践．中国外语（2）．

沃尔夫，R．2009．郭实渝等（译）．哲学概论．桂林：广西师范大学出版社．

吴格奇．2005．"语言学导论"课程教学行动研究与教师知识体系的反思．国外外语教学（2）．

吴会芹．2009．"语言官能"假说之争中的高端对决．外国语（4）．

吴军．2014．数学之美．北京：中国工信出版社，人民邮电出版社．

吴军．2019．全球科技通史．北京：中信出版社．

吴昕炜．2013．论葛兰西哲学的语言学起源．江西社会科学（12）．

武秀波．2006．认知科学概论．北京：科学出版社．

西利亚斯，P．2006．曾国屏（译）．复杂性与后现代主义．上海：上海科技教育出版社．

徐海铭，程金生．1998．Chomsky语言观的哲学分析．外语教学（2）．

徐通锵．2007．语言是什么．北京：北京大学出版社．

薛旭辉．2017．意向性解释的价值向度：心智哲学与认知语言学视角．西安外国语大学学报（3）．

严世清．2002．论Halliday的语言哲学思想．外语研究（2）．

杨波，张辉．2007．跨感觉感知与通感形容词研究．外语研究（1）．

杨洁，舒华．2010．习语理解的大脑半球机制．心理科学（5）．

杨生平．2007．语言学、哲学、语言哲学及其关系．外语学刊（3）．

杨洋，董方峰．2018．语言进化研究：难题、争论与Chomsky的化解．科学技术哲学研究（5）．

杨亦鸣．2000．基于神经语言学的中文大脑词库初探．语言文字应用（3）．

杨亦鸣．2007．语言的理论假设与神经基础——以当前汉语的若干神经语言学研究为例．语言科学（2）．

杨亦鸣，徐杰．2010．语言学应该调整为一级学科．语言科学（1）．

杨亦鸣．2010．语言理论与语言障碍研究．北京：中国社会科学出版社．

姚小平．2002．人类语言学家Whorf的遗产——读论语言、思维和现实．外语教学与研究（1）．

叶浩生．2003．第二次认知革命与社会建构论的产生．心理科学进展（1）．

易洪波，李智谋（编译）．2006a．广义相对论的诞生与证实//相对论——广义及狭义相对论．重庆：重庆出版社．

易洪波，李智谋（编译）．2006b．相对论简史（代序）//相对论——广义及狭义相对论. 重庆：重庆出版社.

易洪波, 李智谋（编译）. 2006c. 爱因斯坦讲述相对论 // 相对论——广义及狭义相对论. 重庆：重庆出版社.

易中天. 2007. 帝国的终结. 上海：复旦大学出版社.

游汝杰. 2010. 语言学的学科地位问题. 语言科学（1）.

喻郭飞. 2016. 重估弗雷格与胡塞尔的反心理主义思想——以语言哲学中的意义理论为视角. 重庆理工大学学报（社会科学）（6）.

袁征. 1999. 美德是不是知识？——苏格拉底和孔子教学法的比较研究. 广东社会科学（6）.

曾如刚. 2012. 西方语言学发展史中的哲学思潮. 外国语文（6）.

张德禄, 刘汝山. 2003. 语篇连贯与衔接理论的发展及应用. 上海：上海外语教育出版社.

张辉. 2014. 二语学习者句法加工的 ERP 研究. 解放军外国语学院学报（1）.

张卉. 2018. 康德哲学对赫尔巴特教育学的影响. 全球教育展望（2）.

赵敦华. 2004. 西方现代哲学新编. 北京：北京大学出版社.

赵树智. 2008. 数学中的乐园：集合论的创立 //10 个震撼人心的科学发现. 长沙：湖南科学技术出版社.

周超, 朱志方. 2003. 逻辑、历史与社会：科学合理性研究. 北京：中国社会科学出版社.

周建斌. 2003. 奎因的语言哲学思想. 甘肃教育学院学报（社会科学版）（2）.

周建设. 2002. 语言研究的哲学视野. 首都师范大学学报（社会科学版）（2）.

周民权. 2011. 社会性别语言学的哲学渊源及方法论探究. 外语教学（4）.

周频. 2011. 再论语言、思维和实在三者的关系——基于科学实在论的立场. 科学技术哲学研究（3）.

周频. 2012. 论科学轨道上的语言学学科建设. 当代外语研究（10）.

周频. 2013a. 语言学专业研究生课程体系改革探索：基于认知科学超学科化发展视角. 外语界（2）.

周频. 2013b. 语言科学研究方法学探索——以认知神经科学为基础. 外语学刊（1）.

周统权. 2010. 语言理论与语言障碍研究. 北京：中国社会科学出版社.

周统权, 舒华, 柯友平. 2010. 动词的复杂性及其对言语加工的影响——失语症研究综观. 武汉大学学报（6）.

周晓林, 曲延轩, 舒华. 2004. 汉语听觉词汇加工中声调信息对语义激活的制约作用. 心理学报（4）.

朱长河. 2012. 公孙龙子与认知语言学的语言哲学观. 外国语文（1）.

朱琳. 2015. 镜像神经元和构式语法. 当代语言学（3）.

朱荣英. 2003. 西方哲学的语言学转向及其生存意境. 河南大学学报（哲学社会科学版）（1）.

朱志方. 2002a. 认知科学对现代哲学的挑战. 中国矿业大学学报（社会科学版）（1）.

朱志方. 2002b. 认知科学与具身的实在论. 哲学研究（2）.

后 记

一本书的诞生，有人说就像十月怀胎，终于盼来了孩子的降生。而我的感觉倒像是一场探索之旅暂告一段落。回顾来时路，想想出发的初衷——为什么要写这本书？这本书能为读者贡献什么样的新思想？带来什么样的启迪？澄清了什么前提？划定了什么界限？今后语言学将向何处去？

我想，总结起来，本书的贡献大致有如下几点：

1. 所谓理论创新就是改变人们认识世界的图景。语言理论体系从0到1的原创，就是深化、拓展或改变人们对语言本质的认识。这需要借鉴西方学术传统的假说-演绎法。靠经验归纳法无法建构自己的理论体系。并且，对前人理论的颠覆，不是靠找到一些反例就能实现的，而是需要建构一套更有解释力的理论体系。建构理论体系就如同建造一座高楼大厦。大厦的"地基"是某种特定的哲学假定。语言理论的"地基"都不可避免要提出对语言、心智和实在三者关系的假定。

2. 语言学是经验科学，应在科学轨道上进行语言学的学科建设。"科学"的定义并不是一成不变的，而是随着时代科技水平不断发展。同样，语言学的内涵也会随着科技水平的进步而演变。因而，语言的本体观（即什么是语言的本质）经历了从索绪尔的抽象符号系统、Halliday的社会符号系统、Chomsky的认知计算系统、Lakoff & Johnson等的具身认知系统，到生物进化系统、认知神经系统等等的演化。通过对这一前提的澄清和界限的划定，我们指出，语言学的研究对象、研究任务、研究方法、研究目标都会随着科学技术的发展发生相应的变化。

3. 语言学纳入认知科学的大家庭之后，以前基于还原论、以简单科学开展的单一的学科发展模式和学科建制，将不再适用于语言这一复杂研究对象。我们提出了要将还原论与整体论相结合，既要简单科学的分析方法，也需要增加复杂性科学的隐喻和仿真建模的方法。学科条块分割产生的高墙壁垒需要被逐渐拆除，语言学与认知科学的相关学科，包括哲学、心理学、神经科学、人类学、教育学和人工智能需要被集成，以走向超学科的知识生产模式。

  4. 要突破"有学术无学派"的瓶颈,需要培养有批判精神和创新意识的人才。研究生不能只做在别人的理论框架内添砖加瓦、施粉添墨、修修补补的常规科学研究者,而需要有多学科知识结构的融合。既要敢于批评和善于批评权威的理论,又要立志成为创立自己理论体系的科学革命性的人才。研究生课程体系应该进行顶层设计和系统改革,打破学科壁垒,鼓励学科交叉,为语言学的科学发展和理论创新找到突破点。

  上述思想,有些虽然是老生常谈的问题,譬如,语言学的学科地位、学科性质、研究生的培养等,却因前提未被澄清,界限未被划定,而导致许多认识上的混淆甚至混乱。比如,没有意识到语言学是经验科学,错把语文学当作语言学。受还原论和简单科学的研究传统的影响,语言学与其他学科彼此孤立,即便是同一学科内部的不同研究方向之间,也是"各自为政""盲人摸象"。没能意识到语言是复杂系统,需要用复杂性科学的方法加以研究。研究生的培养也因此缺乏科学的顶层设计,不少只能跟着别人"亦步亦趋",在别人的理论框架内"蹭热点、做填空"。有些思想,比如复杂性科学视野下的语言科学研究,超学科的知识生产方式等目前听起来颇具"理想主义色彩"或"超前的妄想"。但人如果只会"脚踏实地",不敢"仰望星空",便会失去前进的方向和远大的目标。如果只是屈服于现实的利益得失,而不会为了暂时看起来是"虚无缥缈"的理想而奋斗,人的超越性、创造力的星星之火将被湮灭,陷入自我限制、自我囚禁的奴役之境。

  我们希望这本《如何从0到1:语言科学研究方法论探索》的"绿皮书"能够帮助您开启自己的理论创新之旅,启迪您成为自己理论大厦的建筑设计师!

跋

周频 2006 考上复旦大学跟着我做博士研究。她是我带过的博士生中比较特别的一位。特别之处在于，她为人为学的真实、真诚、真性情和独立。她敢于批判权威、不人云亦云。一心专注于探究自己的研究问题，也善于发现真正有意义、有价值的问题。她为人坦率、待人真诚，既对事业充满激情，又会享受生活。

我有一个习惯，就是对我指导过的博士的研究成果，都会做一个统计。她在读博士期间，共发表了 9 篇论文，其中 6 篇发表在《外国语》《中国外语》《外语学刊》《自然辩证法通讯》等 CSSCI 期刊上。她因此获得了 2007—2008 学年复旦大学文科最高奖学金"笹川良一奖学金"、2008 学年复旦大学外文学院一等奖学金，和 2008 年度复旦大学外文学院"卡西欧"优秀论文奖。

她的博士论文选题不像一般人中规中矩地选择当时时兴的概念隐喻、概念转喻或构式语法研究，而是基于她良好的科学哲学的功底（她告诉我，她当时同时还考上了武汉大学哲学专业的博士），在她读完了 Lakoff 的 *Metaphor*、*We Live By*、*Women*、*Fire and Dangerous Things*、还有 *Philosophy in the Flesh* 等几部著作后，她发现了其中关于具身的科学实在论存在问题。后来，她又对 Halliday 关于语言隐喻理论对科学的论述提出质疑。再后来，她读了 Whorf 的 *Language* 和 *Thought and Reality*，发现他的科学实在观也存在问题。她由此在科学哲学界的权威期刊的《自然辩证法通讯》上发表了《三大语言理论的科学实在观批评》一文。她的《对语法隐喻与科学及真理相对论相关论题的反思》一文发表在《外国语》上。

2008 年第一期的《中国外语》上曾开辟过一个"学者对话"的专栏，上面刊登了她的论文《论理论的"内部批判"与"外部批判"——以王初明与文秋芳关于"写长法"之争为例》。其实，当时我并不看好她的这篇论文，认为国内学术批判的风气并不太普遍，是不大可能被发表的。没想到，时任《中国外语》主编的张后尘教授对此文格外青睐，开设了"学者对话"的专栏，还特邀时任中国社科院哲学研究所研究员、中国社科院研究生院的江怡教授撰写"对话和交流是学术的生命",以及北外中国外语教育研究中心的文秋芳教授的《对周频〈论理论的"内部批判"与"外部批判"〉的回应》,和广外的王初明教授的论文《争鸣一定要采取内部批判方式吗?》。这种对话和批判在国内的外语类期刊上是比较罕见的。之后,她的另一篇论文《论理论整合与理论的基本假定之间的关系——基于三大语言理论之基本假定的比较》也发表在《中国外语》上。

  一位学者能始终保持自己的独立的思想,不跟风、不人云亦云、不惧权威,还能大胆而坦诚地表达自己的学术观点,这是非常难能可贵的。

  她博士毕业后,在上外跟着束定芳教授做了两年的博士后研究,据说也取得了不俗的成绩。2011 年,她被引进到上海海事大学工作。我和我太太有时会自驾去临港的滴水湖休闲游玩。她会跟我们聊到她的研究走向。得知她开始关注语言学的一些根本性的问题。比如,她在《外国语》发表了《认知神经语言学方法论模型的建构》(该文当年被《中国高等学校文科学术文摘》转载),《语言学专业研究生课程体系改革探索:基于认知科学超学科化发展视角》刊登在 2013 年第二期首篇《外语界》上。还有《语言科学研究方法学探索——以认知神经科学为基础》《对索绪尔语言理论的科学精神与科学方法的探析与反思》和《论科学轨道上的语言学学科建设》等都发表一些学术期刊上。这些研究都体现了她对语言科学研究方法论的深入思考和探索。

  近年来,她的研究转向认知神经语言学、情感的概念化研究。先后到美国南加州大学和英国的萨塞克斯大学,学习认知神经科学、具身语义学和内感受神经科学。她的探索永远在路上……

  十年磨一剑,在此,祝贺周频的第一部凝结了她心血的方法论专著出版。我祝她事业、生活都能收获精彩!

熊学亮
复旦大学外文学院
2019 年 6 月 29 日